仏陀の真実の教えを説く

阿含経講義

【下】

桐山靖雄

平河出版社

仏陀の真実の教えを説く［下］

阿含経講義

仏陀の真実の教えを説く［下］――目次

XX 雑阿含経 身命経 人は業という依りどころによって転生する――〇一七
霊魂と身体……〇一八
人間を生じさせる業とはなにか？……〇四二
薪は尽きても火は燃える……〇二六
タンハーこそが、来世のあなたを生じさせる業である……〇四六
お釈迦さまの否定されたアートマン……〇三三
貪・瞋・癡の三獣心……〇五〇
霊魂否定がもたらす刹那的生き方……〇三四
霊的世界の実相……〇五二
無常であることの救い……〇三八
依るところがあるから転生する……〇四〇

XXI 増一阿含経 声聞品 来生を決定する命終の状態――〇五九
バラモンの神通力……〇六〇
お釈迦さまの教法の偉大さ……一〇〇
死後の運命をも変える戒の力……〇七一
仏教教理の裏付けとなる運命学……一〇三
善趣に生まれる持戒者……〇八二
お釈迦さまは本当に神通や占いを禁じられたのか……一〇六
横変死者をも救う戒の力……〇八三
肯定される真の奇蹟……一〇八
出家修行をする八関斎……〇八七
お釈迦さまと健康医療……一一一
塔寺を訪れて積む功徳……〇九〇
三悪趣を乗り越える仏道修行……一一四
バラモンの神通力の限界……〇九二

XXII

長阿含経 遊行経 お釈迦さまの死生観を記すお経 一二五

成仏法の修行は、表面意識、潜在意識、深層意識へと進む 一六九
聖者の流れに入る 一七二
お釈迦さまのおしかり 一七四
大切なのは死後の生処 一七六
法鏡とは仏弟子としてのチェックリスト 一七八
「仏・法・僧・戒」に対する堅固な信仰を獲得する 一八二
戒学・定学・慧学 一八五
あらゆる存在の相から解放される 一九二
法鏡とは不壊信を獲得すること 一九五
現在における「仏」、応供の如来の復活 一九六
真正仏舎利の降臨 一九八
来生を理解する「法鏡」 一二六
亡くなった大勢の仏弟子たち 一三三
人間の心と身体と魂を束縛する十種類の随煩悩 一三五
仏陀と阿羅漢 一四二
苦行と瞑想 一四三
習気を取り除く苦行 一四六
煩悩を止滅させる大善地法 一四九
習気が苦しむ苦行だからこそ効果がある 一五一
自分の心癖との戦い 一五四
仏陀に至る聖者の四つの階梯 一五七
意識しない心 一六〇
自分の中のアカの他人 一六三
進化の過程で必要だった前人間的動物本能 一六七

XXIII
雑阿含経　摩訶迦経　仏弟子が顕現した念力の炎――二〇七
奇蹟を起こしてこその宗教……二〇八
モンゴルの奇蹟……二一七
火光三昧と念力の護摩……二二一
不放逸に阿含の教法を歩め……二二二
徳によって成仏する……二二四

XXIV
雑阿含経　第一義空経　十二因縁の順観と逆観――二三一
「最高真実の空」を説くお経……二三二
蘊処界三科の法門……二三七
眼にアートマンはない……二三九
この五陰が滅しても異陰が相続する……二四二
「異陰」とは霊魂のこと……二四三
聞思修の三慧……二四六
縁起の法と四諦……二四八
十二因縁と苦の発生・消滅……二五一
十二因縁と浄め高める行……二六一

XXV
雑阿含経　七道品経・果報経・七種果経　涅槃へと導く七覚支法――二六七
念覚支と四念処観……二六八
四念処観は小乗の瞑想ではない……二七九
七覚支法の果報……二八二
二本の柱からなる念覚支の修行……二八九
念覚支が七覚支法の中心……二九〇
選び取ることが修行……二九二
宗教の与える救いとは……二九六
大乗仏教と安心……三〇〇
仏教が与えるものは「成仏」……三〇二
精進覚支は梵行と心解脱行……三〇四

修行が苦しいというやつは一人前になれない……三〇七
つらい修行の中に喜びを見出す……三〇八
喜びが自然に湧いてくる……三一五
心に微笑を持て……三二〇
定覚支は瞑想修行……三二三
修行法と梵行……三二四

仏陀の真実の教えを説く［上］ 目次

Ⅰ 雑阿含経 一切事経 在家成仏を説くお経 〇〇九

出家仏教と在家仏教 〇一〇
如是我聞と「阿含経」 〇一三
優婆塞とはなにか 〇一六
修行の根本となる信 〇二〇
正しく信を育てる戒 〇二四
徳のもととなる布施の行 〇二七
修行の害となるそろばん勘定 〇三〇
修行者を進歩させる聞・持・観 〇三三
自利の八法 〇三八
自利・利他の十六法 〇四三
正信を広める 〇四九
出家を超える優婆塞 〇五三

Ⅱ 雑阿含経 応説経 唯一の成仏法、七科三十七道品 〇六三

五蘊の瞑想法 〇六四
成仏できない僧侶たち 〇六六
成仏法と伏鶏 〇七一
三証そろった阿含宗 〇七六
因縁の鎖を断ち切る成仏法 〇七九
世界を救う唯一の仏法 〇八二

III

雑阿含経　自軽経　来世は日々の修行によって決定する　〇八九

マハーナーマの恐れ　〇九〇
来世を決定する命終の一念　〇九三
十界論　〇九六
現世での六道輪廻　一〇〇
六道を抜け出た四聖　一〇一
マハーナーマの不安　一〇五
善処に導く修行の功徳　一一一
恒常に仏に向かわせる日々の修行　一一四

IV

雑阿含経　申恕林経　如来は成仏に役立つ道のみを説く　一二一

お釈迦さまの不思議な問い　一二二
成仏に役立つ教え　一二五
四諦の法門　一三〇
四苦八苦　一三五
おまえ、苦しいだろう　一三八
仏教と仏法　一四一
道諦とは優婆塞の八法・十六法　一四三

V

雑阿含経　出家経　煩悩と業からの解脱　一五一

婆蹉種出家の問い　一五二
仏道の目的　一五五
凡夫の煩悩・五下分結　一六一
聖者の煩悩・五上分結　一六六
出家の梵行、在家の梵行　一六九
煩悩の解脱と業の解脱　一七六
梵行の有無による果報の違い　一七七
婆蹉種出家の讃嘆　一八四
阿羅漢とは仏陀のこと　一八七
阿羅漢を小乗としたからくり　一九二
三結さえ断てない大乗仏教　一九四

Ⅵ

雑阿含経　仙尼経　仏教の業報輪廻の思想――二〇五

仏教と業報思想……二〇六
希有講堂での議論……二〇九
六師外道……二一三
三種類の宗教家……二二五
縁によって生じる……二三〇
聡明なものだけが理解できる真理……二三二
我が世誰ぞ常ならむ……二三五
人間とは五蘊仮合の存在……二四〇
成仏できない弟子と、成仏できる弟子……二四三
法眼浄を得る……二四八
慢の相続……二五二

Ⅶ

雑阿含経　無知経　お釈迦さまの死生観・輪廻転生観――二六一

死後の存在……二六二
長夜に輪廻する……二六四
百穀草木皆悉く枯乾するとも輪廻は止まず……二六九
仏教の宇宙観……二七二
狗子とは凡夫のこと……二七六
五蘊観法……二八〇
実在するものはなにもない……二八三
「因縁空」だから人は救われる……二八四
善人になるのも悪人になるのも縁しだい……二八六

Ⅷ
増一阿含経　善聚品　輪廻転生を絶つ五根法――二九三
因縁に応じて課せられる成仏法……二九四
渇愛とは根元的な執着……二九九
十結と四沙門果……三〇二
修行の第一歩は我見をなくすこと……三〇五
疑惑と戒取を断てない大乗仏教……三〇九
五つの徳目からなる成仏法……三一二
成仏法を構成する梵行と特殊な修行……三一八
梵行とは滅罪生善の法……三一九
四沙門果と成仏の実相……三二三
成仏とは輪廻転生がつきること……三二七
成仏法を広げる梵行……三二八

Ⅸ
雑阿含経　分別経　梵行と特殊な修行からなる成仏法――三三五
修行に必須のゆるがない信心……三三六
梵行の四つの心得……三四三
空を悟る四念処法（念根Ⅰ）……三四六
体力と精神力の強化法（念根Ⅱ）……三五〇
四禅天と四禅法……三五三
四諦の法門の体得から得る智慧……三五六
梵行と修行法の相乗効果……三五九

Ⅹ
雑阿含経　向経　空しく終わらない五根法の功徳――三六七
必ず得られる四沙門果……三六八
空無果ならず……三七〇
お釈迦さまの叱咤激励……三七二

仏陀の真実の教えを説く［中］

目次

XI

中阿含経　七宝経　地球救済の予言経 ……〇一一

転輪王とお釈迦さま……〇一二
四門出遊縁起……〇一六
如来の七宝……〇二一
如来出現の予言経……〇二三
世界を救う如来の出現……〇二五

XII

増一阿含経　五戒品・有無品　財施は尽きても法施は尽きず ……〇三三

正しいお経の読み方……〇三四
一法とは広施のこと……〇三八
慳心とは自利だけの心……〇四〇
自利心だけの行者……〇四六
苦を断てるのは因縁解脱の法だけ……〇四八
利他心を起こさせる托鉢行……〇五〇
仏が感応する利他心……〇五四
二種類の布施……〇五七
尽きない法施……〇六〇
大乗仏教のもととなるお経……〇六三
正法を広めてこそ法施……〇六五
法恩と報恩……〇七一
法の世界に生きる広施の行……〇七三

XIII

増一阿含経　三供養品　運命を転換する下根の成仏法 ……〇八一

成仏法が説かれた二つのお経……〇八二
運と成功……〇八三

涅槃とは完全解脱の境地……〇九一
四苦八苦――人は苦の塊……〇九五
来世を決定する末期の境界……〇九九
成仏とは輪廻を絶ち切ること……一〇三
世間福と出世間福……一〇六
福の源は徳……一〇九
如来の真義……一一二
真正仏舎利こそ生ける如来……一一五
如来のもとで種えるべき功徳……一二〇
正法とはお釈迦さまの説かれた教法……一二三
聖衆とは正法を歩む師と弟子たちの集い……一二五
三善根（三福道）と優婆塞の八法・十六法……一二六
二つの涅槃界……一二八
人は因縁の操り人形……一三二
仏とは因縁の「ほどけた」人……一三四
すべてのものは因縁所生……一三八
三結断じた第一の聖者……一四二
人間を向上させる反省……一四四
欲貪と瞋恚は心の深層にある煩悩……一四八
三善根（三福道）は七科三十七道品の礎……一五一

XIV

増一阿含経 等見品 因縁因果の法則を超越する成仏法――一五九
知識と智慧の違い……一六〇
法の体得につながる真剣さ……一六三
如是我聞の落とし穴……一六九
文底秘沈と深秘釈……一七三
因縁因果の法則……一七五
来世成仏を説く『法華経』……一七九
因縁解脱とご利益……一八四
成仏のためのカリキュラム……一八九
大乗経典と解脱の階梯……一九四
須陀洹と天……一九七
十種の漏れ出るもの……二〇〇
心解脱と智慧解脱……二〇四
輪廻転生を絶つ五根法……二〇七

XV　雑阿含経　母乳経　人間は輪廻転生する存在――二一三

三分科経……二一四
人も宇宙も無始無終……二一九
人を輪廻に繋ぐ執着……二二二
人が飲む母乳の量と世界の総水量……二二三
苦の原因を知らない衆生……二二六
一切は常恒不変でなく因縁所生の存在……二二九
霊魂問答……二三一
言葉は仮構された概念……二三四
生死を繰り返すもとはタンハー……二三八
タンハーの断滅は因縁解脱から……二四一
現代における霊的問題の重要件……二四三
横変死の因縁と世界の危機……二四七

XVI　雑阿含経　堕胎経　罪業に苦しむ悲惨な霊体――二五三

神通力第一の弟子……二五四
マハーモッガラーナが霊視した肉段……二六〇
堕胎の業果……二六一
成仏できない二つの原因……二六四
罪障の重さ……二六七
仏舎利宝珠尊解脱宝生行は浄め高める行……二六八

XVII　雑阿含経　百槍経　苦集滅道の悟りを得よ――二七七

三百槍の苦……二七八
輪廻転生しても存続する苦……二八四
ラクダのような人生……二八七
因縁の苦しみ以上の苦はない……二九〇
四聖諦の悟りを得よ……二九三

XVIII

中阿含経　貧窮経　世俗の貧者と仏道上の貧者　三〇五

お釈迦さまと世間智……三〇六
貧窮する者の苦しみ……三一二
容赦ない財主の責め……三一六
宝の持ちぐされ……三二〇
四種類の人……三二一
商売と信仰……三二六
世俗の宝と仏法の宝……三三一
仏法の奇瑞……三三四
懺悔の大切さ……三四〇
村の刺（トゲ）と呼ばれる修行者……三四四
懺悔なく三不善の念に陥る……三四八
不善の修行者の行き着くところ……三五一
欲の善悪……三五三
慚愧は仏道修行の基本……三六二
修行を妨げるもの……三六四
因縁と闘うために必要な雄猛心……三六八
幸福を生む如法に得た財利……三七〇
天上クラスの事業家……三七四
慳貪を断つ慚愧……三七七
修行は楽しみの心で精進するもの……三七九
因縁切りの第一は「行動」……三八四

XIX

増一阿含経　有無品　止の瞑想で如来と一体になる　三九三

止の瞑想……三九四
入我我入しての礼拝……四〇〇
如来の当体は仏法……四〇二
御宝塔は如来の神廟……四〇五
仏の四無畏・菩薩の四無畏……四〇六
信念を持って説法に臨む……四〇八
人類愛に燃えることが仏陀の根本理念……四一一
お釈迦さまの成仏力と護摩法……四一三
成仏法とは成仏力を生み出す法……四一六
成仏法は日々の勤行と梵行の上に成り立つ……四一八

XX

雑阿含経

身命経

人は業という依りどころによって転生する

◉霊魂と身体

『雑阿含経《ぞうあごんぎょう》・身命経《しんみょうきょう》』（以下『身命経』）を講義します。これは死後の存在について最も分かりやすく簡明に説かれたお経です。

まずは、経文を読んでみましょう。

如是我聞。一時仏住王舎城迦蘭陀竹園。時有婆蹉種出家。来詣仏所合掌問訊。問訊已退坐一面。白仏言。瞿曇。欲有所問。寧有閑暇見答以不。仏告婆蹉種出家。随汝所問。当為汝説。婆蹉種出家白仏言。云何瞿曇。命即身耶。仏告婆蹉種出家。命即身者。此是無記。云何瞿曇。為命異身異耶。仏告婆蹉種出家。命異身異者。

是《かく》の如《ごと》く我《わ》れ聞《き》きぬ。一時《いちじ》、仏《ほとけ》、王舎城《おうしゃじょう》迦蘭陀《からんだ》竹園《ちくおん》に住《とど》まりたまえり。時に婆蹉《ばさ》種出家《しゅしゅっけ》有り。仏の所《みもと》に来詣《らいけい》し合掌《がっしょう》し問訊《もんじん》し、問訊し已《おわ》りて退《しりぞ》いて一面《いちめん》に坐《ざ》し、仏に白《もう》して言《もう》さく、「瞿曇《くどん》、所問《しょもん》有らんと欲《ほっ》す。寧《むし》ろ閑暇《かんげ》有りて答えて見《み》んと以《たま》うや不《いな》や」と。仏、婆蹉種出家に告げたまわく、「汝《なんじ》の所問に随《したが》って当《まさ》に汝の為《ため》に説くべし」と。婆蹉種出家、仏に白して言さく、「云何《いかん》が瞿曇、命《みょう》は即《すなわ》ち身《しん》なりや」と。仏、婆蹉種出家に告げたまわく、「命即ち身とは、此《これ》は是《こ》れ無記《むき》なり」と。「云何が瞿曇、命異《こと》なり身異なると為すや」と。仏、婆蹉種出家に告げたまわく、「命異なり身異なるとは、此も亦《ま》た無記なり」

此亦無記。

と。

◉現代語訳

このように私は聞きました。仏さまがラージャガハの竹林精舎にご滞在の時のことです。ある日、ヴァッチャ姓の出家（婆蹉種出家）が仏さまのみもとへ来詣し、合掌して挨拶をし、挨拶が終わると退いて座に着き、仏さまに質問いたしました。

「ゴータマさん、質問がございます。お答えいただくことができますか？」

仏さまはヴァッチャ姓の出家に告げられました。

「そなたのために、質問に答えましょう」

ヴァッチャ姓の出家は仏さまに申し上げました。

「ゴータマさん、霊魂と身体は同じものでしょうか？」

仏さまはヴァッチャ姓の出家に告げられました。

「霊魂と身体は同じかという質問には無記である」

「それではゴータマさん、霊魂と身体は別々のものなのでしょうか？」

仏さまはヴァッチャ姓の出家に告げられました。

「霊魂と身体は別々のものかという質問にも、また無記である」

◉解説

語句の説明からいたしましょう。

王舎城迦蘭陀竹園とありますが、王舎城というのは『雑阿含経・申恕林経《しんじょりんきょう》』（上巻・一二一―一四八頁）にも登場しましたが、当時の大国であったマガダ国の首都のラージャガハです。そのラージャガハの北にあった精舎が迦蘭陀竹園で、別名を竹林精舎《ちくりんしょうじゃ》といいます。迦蘭陀（カランダ）というのは、ラージャガハにいた長者の名前であるとされております。そのカランダ長者がお釈迦さまの教団に贈った竹林なので迦蘭陀竹園といい、別名を竹林精舎と呼ぶわけです。また、カランダは鳥の名前で、そのカランダがたくさん住んでいる竹林なので迦蘭陀竹園と呼ぶ、という説もあります。いずれにしてもお釈迦さまは、この竹林精舎にしばしば滞在し、布教伝道をされていました。

婆蹉種出家とは、ヴァッチャ（婆蹉）という姓の種族出身の出家ということです。この出家は『雑阿含経・出家経』（上巻・一五一―二〇二頁）にも登場しました。

瞿曇とはお釈迦さまの氏姓です。お釈迦さまはカピラヴァットゥという小国の太子、ゴータマ・シッダッタとしてお生まれになりました。このゴータマを漢字に音写して瞿曇といいます。

命とは霊魂のことです。日本の大乗仏教の僧侶たちは、「釈尊は霊魂を否定した」と口をそろえていいますが、釈尊の唯一の直説経典である「阿含経」の中には「命」以外にも、「意生身《いしょうしん》」「与陰《よおん》」「異陰《いおん》」「後世苦陰《ごせくおん》」「魂神《こんじん》」「神識《じんしき》」「心識《しんしき》」「精神《しょうじん》」「神《じん》」など、霊魂を表す言葉が登場しております。これには異論を挟む人もあるかもしれません。そこで、日本で最も権威のある仏教語辞典、『佛教語大辞典』（中村元著・東京書籍）の記述を次に引用します。

【意生身】いしょうしん　また意成身ともいう。①心だけの身体。意志によって生じた身体。（中略）④死後、次の生命をうけるまでの中有身のこと。

【魂神】こんじん　心識の異名。たましい。俗にいう霊魂。

【神識】じんしき　生きとし生けるものに具わっている心識。霊妙不可思議な心のはたらき。意識。魂。たましい。

【心識】しんしき　①たましい。

【精神】しょうじん　①精神魂神の意。たましい。第六意識を指す。②輪廻の主体としての精神的原理。

【神】じん　④霊魂。たましい。

では次に、それらの言葉が登場する「阿含経」の一例を紹介しましょう。

①意生身

この『身命経』の中で出てきます。

②与陰

「慢不断故。捨此陰已。与陰相続生。（慢を断つことができないから、この陰を捨て終わっても与陰が相続して生じる）」『雑阿含経・仙尼経』

●雑阿含経・身命経

③異陰

本書の『第一義空経』の講義で出てきます。

④後世苦陰

「因此縁此身壊命終。必至悪処生地獄中。是謂後世苦陰。(これに因《よ》り、これに縁《よ》って、身体が滅び命が終わっても、必ず悪処へと到り、地獄の中に生まれる。これを後世の苦陰という)」『中阿含経《ちゅうあごんぎょう》・苦陰経〔上〕』

⑤魂神

「時善見王忽然命終。猶如壮士美飯一飡。無有苦悩。魂神上生第七梵天。(時に、善見王《ぜんけんおう》は忽《こつ》然《ねん》と命終《みょうじゅう》した。あたかも壮士《そうし》が美食を平らげるかのように、死に際して苦悩はまったくなかった。その霊魂〈魂神〉は昇って第七梵天《ぼんてん》に生じた)」『長阿含経《じょうあごんぎょう》・遊行経《ゆぎょうきょう》』

⑥神識

「若命終時此身若火焼。若棄塚間。風飄日曝久成塵末而心意識久遠長夜正信所熏。戒施聞慧所熏。神識上昇向安楽処。未来生天。(もし命終ののちにその身があるいは火に焼かれ、あるいは墓場の中に棄《す》てられ、風や日に曝《さら》されて塵末《じんまつ》と化《か》しても、心意識《しんいしき》は永遠に正しい信仰に熏《くん》じられ、戒《かい》・布施《ふせ》・仏道の教えを聞く聞慧《もんえ》の行に熏じられ、霊魂〈神識〉は上昇して浄土〈安楽処《あんらくしょ》〉へ向かい、未来は天に生じる)」『雑阿含経・自恐経《じくきょう》』

⑦心識

「車従諸業起　心識能於車　随因而転至　因壊車則亡(生死《しょうじ》の車は諸々の業より起こり、魂〈心識〉はその車を転じ、因《いん》に随《したが》って転至《てんし》し、業因壊《ごういんこわ》れれば生死の車はすなわち亡《ほろ》びる)」『雑阿含経・車乗 経《しゃじょうきょう》』

⑧神

「毘婆尸菩薩従兜率天降神母胎。（毘婆尸《びばし》菩薩は兜率天《とそってん》からその霊魂を母胎に下そうとし）」『長阿含経・大本経《だいほんきょう》』

要するに表現はどうあれ、「阿含経」には霊的存在が示されているわけです。

さて、婆蹉種出家は「命」すなわち霊魂と身体は同一であるか、それとも別々のものであるかと質問したわけですが、それに対してお釈迦さまのお答えは「無記」でした。これは「無記答《むきとう》」ともいいますが、黙《もく》してお答えにならないということです。要するにお釈迦さまは、

「霊魂と身体が同一か別々かというような質問には答えない」

とお答えになられたわけです。

このように霊魂などに関する質問を投げかけられた時、お釈迦さまはしばしば「無記」の態度をとられました。これは、相手が独り合点をして曲解してしまわないためだ、とわたくしは考えております。しかし、学者の中にはこの「無記」を以て、お釈迦さまは霊魂を否定したと主張する人が少なからずいますが、それが間違いであるのは、前述の経文やこの後の経文に出てくる「意生身」で明らかです。さらに、『雑阿含経・好戦経《こうせんきょう》』（『輪廻転生瞑想法Ⅰ』〈平河出版社〉で解説）などを読めば明らかなことです。

また、ここでヴァッチャ姓の出家がお釈迦さまに質問している問いは、『雑阿含経・仙尼経』（上巻・二〇五―二五九頁）で、お釈迦さまが外道（仏教以外の宗教者）の出家の質問に対してお答

えされていることと同じことをお聞きしているのです。それはどういうことかというと、セーニャという外道の出家が、当時の有名な宗教家であった六師外道は、いずれも自分の弟子の死後は語らないのに、なぜ、お釈迦さまだけは、弟子が亡くなった時に、この者はこういうところに転生し、あの者はああいうところに転生すると、お説きになるのでしょうか、とおたずねしたのです。

これに対してお釈迦さまは、世の中には三種類の教えを説く師（宗教家・思想家）がいるとお答えになりました。

「第一の師は、現世においては真実の存在は、常住不変の我（自我、アートマン）によると認め、しかも、死後（来世）については知らないとします。

第二の師は、現世において真実の存在は、常住不変の我によると認め、死後においても、我の存在を認めます。

第三の師は、現世における真実の存在は、常住不変の我によって成り立っているとは認めず、さらに死後についても真実の存在が、常住不変の我によって成り立っているとは認めません。

そして、現世において真実の存在が、常住不変の我によって成り立っていると認めて、死後においては知らないとする、第一の師の考え方を『断見』といいます。

次に、現世においても死後においても真実の存在が、常住不変の我によって成り立っているとする、第二の師の考え方を『常見』といいます。

そして、現世においても真実の存在が、常住不変の我によって成り立っているとは認めず、さらに死後についても、常住不変の我を認めないという、第三の師の考え方こそが、如来応等正覚の説なのです。この第三の師の法によって、渇愛《かつあい》を断じて欲を離れて滅尽し、涅槃を得るのです」

　というように。

　そこで、ヴァッチャ姓の出家がお釈迦さまに質問した「命（霊魂）と身体は同じものでしょうか」とはどういうことかと考えると、同じものであれば、死んで身体が滅すると同時に霊魂も滅するわけですから、これは「断見」です。また、「霊魂と身体は別々のものなのでしょうか」という質問は、別々であれば、死んで身体が滅しても霊魂は滅することなく継続するわけですから、これは「常見」なのです。もちろん、ここでヴァッチャ姓の出家がいっている霊魂とは、お釈迦さま以前のバラモンの聖者たちが説いてきた、「我（アートマン）が常住不変の存在である」という説に従った見解と同じ見方をしているわけです。

　これに対して、お釈迦さまは、「縁起の法」によって、すべてのものは縁により生起し、縁によって消滅するもので、常住不変の「我（アートマン）」などない、と説いておられるわけですから、「霊魂と身体は同じものなのか？　それとも別のものなのか？」というような質問には、直接お答えになるはずがないのです。外道の人々は霊魂と身体に対する基本的な概念に誤りがあるのですから、その誤った概念に沿ってお釈迦さまがお答えになることはあり得ません。

　では、お釈迦さまの「無記」の態度に対して、婆蹉種出家はどのような言葉を返したのでしょうか？

◉——薪は尽きても火は燃える

経文の続きを読んでみましょう。

婆蹉種出家白仏。云何瞿曇。命即身耶。答言無記。命異身異。答言無記。沙門瞿曇有何等奇。弟子命終即記説言。某生彼処某生彼処。彼諸弟子於此命終捨身。即乗意生身。生於余処。当於爾時。非為命異身異也。仏告婆蹉。此説有余。不説無余。婆蹉白仏。瞿曇。云何説有余不説無余。仏告婆蹉。譬如火有余得然非無余。婆蹉白仏。我見火無余亦然。仏告婆蹉。云何見火無余亦然。婆蹉白仏。譬如大

婆蹉種出家、仏に白さく、「云何が瞿曇、命即ち身なりや（と問えば）答えて言わく無記なりと、命異なり身異なるや（と問えば）答えて言はく無記なりと。沙門《しゃもん》瞿曇、何等《なんら》の奇《き》有りて、弟子《でし》の命終に即ち記説《きせつ》して言うや、『某《なにがし》は彼処《かしこ》に生じ、某は彼処に生じ、彼《か》の諸《もろもろ》の弟子此《ここ》に於いて命終《おわ》り身を捨《す》つ。即ち意生身《いしょうしん》に乗じ余処《よしょ》に生ず』と。爾《そ》の時に当たりては命異なり身異なると為すに非ずや」と。仏、婆蹉に告げたまわく、「此は余《よ》有るを説き、余無きを説かず」と。婆蹉、仏に白さく、「瞿曇、云何が余有るを説き余無きを説かざるや」と。仏、婆蹉に告げたまわく、「譬《たと》えば火は余有れば然《も》ゆるを得、余無きには非ざるが如し」と。婆蹉、仏に白さく、「我れ見る火は余無くも亦《ま》た然ゆ」と。仏、婆蹉に告げたまわく、

聚熾火疾風来吹。火飛空中。豈非無余火耶。仏告婆蹉。風吹飛火即是有余。非無余也。婆蹉白仏。瞿曇。空中飛火。云何名有余。仏告婆蹉。空中飛火依風故住。依風故然。以依風故。故説有余。婆蹉白仏。衆生於此命終。乗意生身往生余処。云何有余。仏告婆蹉。衆生於此処命終。乗意生身生於余処。当於爾時。因愛故取。因愛而住故説有余。婆蹉白仏。衆生以愛楽有余染著有余。唯有世尊得彼無余成等正覚。沙門瞿曇。世間多縁請辞還去。仏告婆蹉。宜知是時。婆蹉出家聞仏所説。歓喜随喜。従坐起而去

「云何が火は余無くも亦た然ゆるを見るや」と。婆蹉、仏に白さく、「譬えば大聚熾《だいしゅし》火《か》に疾風《しっぷう》来たりて吹くに、火が空中を飛ぶ如《ごと》きは、豈《あに》余無き火に非《あら》ざらんや」と。仏、婆蹉に告げたまわく、「風吹き火飛ぶは即ち是れ余有り。余無きに非ざるや」と。婆蹉、仏に白さく、「瞿曇、空中の飛火《ひか》は、云何が余有りと名づくるや」と。仏、婆蹉に告げたまわく、「空中の飛火は風に依《よ》るが故に住す。風に依るが故に然ゆ。風に依るを以ての故なり。故に余有りと説くなり」と。婆蹉、仏に白さく、「衆生《しゅじょう》は此に於いて命終し意生身に乗じて余処に往生《おうじょう》するに云何が余有りや」と。仏、婆蹉に告げたまわく、「衆生は此《ひ》処《しょ》に於いて命終し、意生身に乗じて余処に生ず。爾の時に当たり愛に因るが故に取りし、愛に因って住するが故に余有りと説くなり」と。婆蹉、仏に白さく、「衆生は愛楽《あいぎょう》を以て余有り、染著《ぜんじゃく》もて余有り。唯世《ただせ》尊《そん》に有りては彼の余無く等正覚《とうしょうがく》を成《じょう》ずるを得たまえり。沙門瞿曇、世間は多《た》縁《えん》なり請《こ》う辞《じ》して還去《げんこ》せん」と。仏、婆蹉に告げたまわく、「宜《よろ》しく是の時を知るべし」と。婆蹉出家、

仏の所説《しよせつ》を聞き、歓喜《かんぎ》し随喜《ずいき》し、坐従《よ》り起《た》ちて去りき。

◉現代語訳

ヴァッチャ姓の出家は仏さまに、

「ゴータマさんは、（常恒不変の）霊魂と身体は同じものかと問われれば『無記である』と答え、霊魂と身体は別々なのかと問われてもやはり『無記である』と答えられます。ではなぜ、沙門ゴータマさんはご自身の弟子の死に際して、『だれそれはあそこへ生まれ、まただれそれはこういうところへ生まれた。かの諸々の弟子たちはこのように命終わって身を捨て、すなわち意生身（心だけの身体）に乗じてどこそこに生まれた』とおっしゃるのですか。これは霊魂と身体は別々だということではないのですか？」

と申し上げました。仏さまはヴァッチャ姓の出家に、

「これは依るところがある者は生まれ変わると説いているのであり、依るところのない者は生まれ変わらないのです」

と告げられました。そこでヴァッチャ姓の出家が、

「それはどういうことですか？」

と訊ねると、仏さまは、

「たとえば、火は依るところ（薪など）があるから燃えるのであって、依るところがなければ燃

えないように（人間も依るところがある者は生まれ変わるのです）」

　と告げられました。するとヴァッチャ姓の出家は、

「いや、私は依るところがないのに燃えている火を見たことがあります」

　と答えました。仏さまは、

「それはどういう火ですか？」

　と告げられました。ヴァッチャ姓の出家は、

「たとえば大火が炎々と燃えさかっている時に、疾風が吹いて火が空中に飛んでいることがありますが、あれは依るところのない火といえるのではありませんか？」

　と答えました。仏さまは、

「風が吹いて空中に飛ぶ火にも依るところはあるのです。依るところがないのではありません」

　と告げられました。ヴァッチャ姓の出家は、

「ではゴータマさん、空中の飛火はなにに依って燃えているのですか？」

　と訊ねました。仏さまは、

「空中の飛火は風に依っているから存在するのです。風に依って燃えているのです。だから依るところがあるというのです」

　と告げられました。ヴァッチャ姓の出家は、

「（それでは）人間の場合では、命が終わると、意生身に乗じてどこかへ往生（輪廻転生）するというのは、どのような依りどころがあってのことでしょうか？」

　と訊ねました。仏さまは、

「人間が、命終わって、意生身に乗じてどこかへ生まれるというのは、渇愛（タンハー）が因となって執着し、渇愛が因となって（輪廻の世界に）とどまるからであり、そのために依るところがあると説くのです」

と告げられました。ヴァッチャ姓の出家は、

「人間は願い求めるものごとに執着するという依りどころがあります。自分を取り巻くものごとに染まって（心が囚《とら》われて）執着するという依りどころがあります。ただ世尊（先生・尊い師）においてはそのような依りどころはなく、正しい悟りを得ておられます。

（それでは）沙門ゴータマさん、なにかと所用もありますので、これにて失礼したいと存じます」

と申し上げました。仏さまは、

「よろしいでしょう」

と答えられました。ヴァッチャ姓の出家は以上の仏の説法を聞き、大いに喜んで立ち去りました。

◉解説

先にご説明した、お釈迦さまご在世当時の外道（仏教以外の宗教者）の指導者たちが唱えていた「断見」と「常見」が、辞書にはどう説明されているのかをご紹介します。引用は『佛教語大辞典』によります。

【断見】だんけん　①世間および自己の断滅を主張して、因果の理法を認めず、また人は一度死ねば断滅して再度生まれることがないとする誤った考え。断無にとらわれる考え。断滅論。生はこの世限りのものとし、死後の運命を否定して善悪とその果報を無視する見解。常見の対。

【常見】じょうけん　①常住を主張する見解。断見の対。世界は常住不滅であるとともに、人は死んでも我（アートマン）が永久不滅であると執着する誤った見解。

「意生身」というのは、「心だけの身体」あるいは「死後、次の生命を受けるまでの中有身のこと」で、分かりやすくいえば霊体になります。

「余」とは、本来は残りという意味で、業が残っていることを意味しますが、このお経では「依りどころ」という意味にも使われております。

「渇愛」（taṇhā、タンハー）とは、砂漠で喉の渇きに苦しむ者がひたすら水を求めてやまないような激しい欲望をいいますが、漢訳ではたんに「愛」としてしまったので、お釈迦さまが表現しようとしたイメージがまったく変えられてしまいました。この渇愛がもとになって執着が生じ、執着によって、輪廻転生（迷いの生存）が生じるのです。

「世尊」とは、Bhagavat（バガヴァット）の漢訳であり、福徳を具えた者の意です。ヴェーダ聖典においても、叙事詩においても、弟子が師に対して「先生」と呼びかける時の言葉ですが、仏教ではこれを採用して仏陀の尊称のひとつにしました。

さて、先に、ヴァッチャ姓の出家の「霊魂と身体は同じものか」「霊魂と身体は別々のものなのか」という質問に対して、お釈迦さまは、いずれの質問にも「無記である」と答えられました。「無記」は「無記答」ともいいます。記すべき答え無し。つまり、その質問には答えるべき内容がない、あるいは適切な答え方が存在しない、ということでしょう。

それはなぜでしょうか?

ヴァッチャ姓の出家が考えている霊魂（命）とは、仏教の起きる二、三百年前に、ウパニシャッドとバラモンの聖者たちが考えた「アートマン（ātman）」を下敷きにしたものだからです。このアートマンは、元来は、「気息」を意味しましたが、転じて、生命の本体として「生気」「生命原理」「霊魂」「自己」「自我」の意味に用いられ、さらに、「万物に内在する霊妙な力」を意味するに至ったといいます。要するに、個々《ひと》の本体を表す術語と考えたらよいでしょう。バラモンの聖者たちは、このアートマンを常恒不変の存在であると説いたのです。そして、絶対者ブラフマンとアートマンの本質を悟り、梵我《ぼんが》一如《いちによ》の真理を直観して、このブラフマンと合一する時、業《カルマ》は消滅し、アートマンは完全に自由になって、業に束縛されている輪廻から解脱するというのです。

これでは、「縁起論」のお釈迦さまに真っ向から否定されるのは当然です。

お釈迦さまの否定されたアートマン

すべてのものが無常であって、縁により生じ、縁により消滅するとするお釈迦さまからみると、絶対者のブラフマンも、常恒不変のアートマン（我・霊魂）も、その存在を認めることはできません。

そのように、霊魂あるいは自我に対する誤った概念を先入観・前提として持っている相手からの霊魂と身体に関する質問には、真っ向から答えることはできません。

そのために、『雑阿含経・仙尼経』では、お釈迦さまは、セーニャに対して、まず、その誤った概念（先入観・思い込み）を正すために、人間の存在を「五蘊（五陰）」という「身心のすべてを表す五つの要素」に分けて説明され、そのひとつひとつが無常なる存在であり、自分のどこにも絶対の実在というものはなく、したがってその五蘊が仮に寄り集まって存在する人間のどこにも、本体としての常恒不変の絶対の実在（アートマン）というものはない、ということを理解させるように説かれたのです。五つの要素とは、色（物質・肉体）、受（感覚）、想（表象）、行（意志）、識（意識）の五つです。

自分の身心のどこにも絶対の実在というものがないのに、常恒不変のアートマン（霊魂）などあるはずがありません。また、仮の存在であるのは人間だけではありません。この世界のすべてが縁によって生起消滅している仮の存在であって、常恒不変の実在というものはないのです。

ここで間違えてはいけないのは、お釈迦さまは、霊魂が常恒不変で永劫に続いていくというウパニシャッド、バラモンの説を否定されているのであって、人間が死後、まったくなにも残さず無になってしまうとは説いておられない、ということです。

お釈迦さまは、永遠に変化することのない不滅の霊魂（バラモンのアートマン）という考えを否定しておられるのであって、死後の存在そのものを否定しているのではないのです。

◉——霊魂否定がもたらす刹那的生き方

もし、人間が死後、まったく無になってしまうというのであれば、それは仏教ではなく「外《げ》道《どう》」です。それは「断見」であり、『雑阿含経・仙尼経』に登場する「順《じゅん》世《せ》外道」、アジタ・ケーサカンバリンの説と同じになってしまいます。

ところが、日本の大乗仏教の人々は、この外道の人々と同じことを信じているのですから、じつに驚くべきことではありませんか。

たとえば、先年、こういう例がありました。ある大学教授が金沢のある真宗寺院で『輪廻転生と仏教』という題で講演したというのです。その講演で、この教授は「お釈迦さまは、霊も輪廻転生も否定した。自分も信じていない。輪廻転生というのは、悪いことをしたら罰を受けるという道徳思想を植えつけるために考えられた思想である。また自分の肉体や知識が、死によって消え去るのが恐ろしいという心が霊を考え出したのだ。本屋へ行くと、霊に関する本がたくさん並んでいるが、そういうのは汚染されているのだ。（先祖）供養も、祈ることも、してはいけない。ただ感謝すればよい」

以上のような内容の話を繰り返したそうです。

誠に恐ろしい話であると同時に、愚かきわまる話であると思います。この教授は浄土真宗の方なのでしょうが、浄土真宗では、信徒は、死んでから、弥陀の慈悲と誓願によって極楽往生すると説きます。それでは、この教授に質問しましょう。

「死んでから極楽浄土に往生するものは、いったいなになのか？　私が死んだ時、私のなにが浄土へ参るのですか？　肉体がなくなり、意識も消えてしまった後、私のなにが、お浄土へ参るのですか？」

と。この教授は、いったいなんと答えるのでしょうか？

当然、私の「霊魂」がお浄土に参るのではないのでしょうか？　それ以外のいったいなにが死後お浄土へ参るのでしょうか？　名称などどうでもよいのですが、死後、とにかく、なにかが極楽へ行くのではありませんか。それが「霊魂」なのです。霊魂を否定してしまったら、極楽往生もウソになってしまうということを、この教授は分からないのでしょうか。こういう論を「矛盾」といい「自家撞着」というのです。じつに愚かな話です。輪廻転生などないといいますが、「往生」は「転生」の一種ではありませんか。

「お釈迦さまは、霊魂も輪廻転生も説かなかった」と主張するのは、自宗の所依の経典と自宗の先達の説くことだけを信じて、他の仏教経典や仏教史を勉強したこともなく、お釈迦さまご自身が直接説かれた唯一の経典である「阿含経」も学んだことがないから、ということなのかもしれません。しかし、宗教は「信」によって成り立つものではありますが、なんでも頭から信じればいいというものではないでしょう。人間には知性も理性もあるのです。正しい「信」を揺るぎなく持つためには、その知性と理性による洗礼を受けなければなりません。

また、この話が恐ろしいのは、現代人に蔓延している刹那的な生き方に直接関わっている考え方だからです。

その一例が「通り魔事件」の増加です。

あなたは、二〇〇八年六月八日の白昼、歩行者天国でにぎわう東京秋葉原で、通り魔が十七人を無差別で死傷させた凄惨な事件を覚えているでしょうか？

聞くところによると、あの事件の犯人は、人を何人殺しても自分が死刑になればそれで終わりだと考えて、犯行におよんだようです。

この「秋葉原通り魔事件」の後も、これに類似する無差別殺傷事件は確実に増えています。

現代人の多くが、

「人間は死ねばそれで終わりで、後にはなにも残らない」

と考えているからこそ、腹が立ったならば片っ端から人を殺して、自分も死刑になって死ねばよい、と刹那的に考える人が少なからず出てくるのだ、とわたくしは考えています。

さらに、この教授は「自分の肉体や知識が、死によって消え去るのが恐ろしいという心が霊を考え出したのだ」といっていますが、そもそも古代インドにおいては、ほとんどすべての人が輪廻転生を信じていたために、彼らは常に来世に対する不安を抱いていたのです。なぜならば、この世ではよい人生を歩んでいたとしても、来世もまたそのように幸福であるという保証はどこにもなかったからです。彼らは、「自分の肉体や知識が、死によって消え去るのが恐ろしかった」のではなく、悲惨な運命を持つ人間に転生することを恐れたのです。また、それ以上に、死後に地獄界や餓鬼界に堕ちたり、さらには家畜などの動物に転生することを非常に恐れたのです。そして、来世は幸福な人間に生まれるように、できれば天上界に神となって生じるようにと願って、神々に供物を捧げて祈ったのです。

お釈迦さまは、そのような時代に登場されて、

「業を消滅させて輪廻を脱し、二度と生まれ変わらない自由自在の身となりなさい」

と説かれたのです。

たとえ来世はよい境界《きょうがい》に生まれても、そこで不徳を積めば次は地獄界や餓鬼界に堕ちる。輪廻転生を繰り返す限り、苦しみや不安は永遠につきまとう。だから、すべての業を断じ尽くして輪廻を絶ちなさい、とおっしゃったのです。

その、業を消滅させて輪廻を脱したお方を仏陀といい、輪廻を完全に絶った自由自在の境地を涅《ね》槃《はん》（ニルヴァーナ）と呼ぶわけです。さらにいえば、それらを獲得するための方法が「成仏法」なのです。

◉——無常であることの救い

この『身命経』でお釈迦さまがお説きになっておられるように、死んでも、その業によって迷いの世界で輪廻転生する「なにか」、お釈迦さまの成仏法の縁に会って解脱し仏界に生ずる「なにか」は、ある（存在する）のです。死んだからといってまったく「無」になって、なにもかも消滅してしまうというのは、あまりに単純すぎる考えで、お釈迦さまの縁起の法則に反するものなのです。

縁起説とは、「相依性」ということで、相依性とは、〝すべての存在は相《あ》い依《よ》ることにおいて成立するものである〟という意味です。自己がたえず他からの力に支えられて存続していくことは、わたくしたちの肉体や精神の状態を考えてみても明らかです。一切が縁起において存在する以上、現象世界には、なんであれ、固定的な実体はあり得ないと考えなければなりません。しかし、それは決して虚無ではないのです。

要するに、無常の中で成立する自我や、縁起において成立する自己は、お釈迦さまもその存在をお認めになるのです。

また、「無常」について補足すると、世間一般の人々の大部分は、この無常という言葉を「虚しい」というニュアンスでとらえているのではないかと思います。それは、有名な『平家物語』巻第一の「祇園精舎《ぎおんしょうじゃ》」の冒頭の部分があまりにも名文であり、仏教の「諸行無常《しょぎょうむじょう》」「空」の教えを簡潔に分かりやすく説いているために、多くの書物に引用されるなどして、誰もが目にし、あるいは耳にしたことがあるためではないかと思います。

ここに冒頭の部分の一節をご紹介します。

「祇園精舎の鐘《かね》の声、諸行無常の響《ひびき》あり。娑羅双樹《さらそうじゅ》の花の色、盛者必衰《じょうじゃひっすい》の理《ことわり》をあらはす。おごれる人も久しからず、ただ春の夜の夢のごとし。たけき者も遂《つい》にはほろびぬ、ひとへに風の前の塵《ちり》に同じ」

つまり、現在はどのように栄えて威勢を誇っている人々でも、いつまでもそのような権勢を続けることはできず、必ず滅びるのが定めである、というニュアンスで表現されているのです。この『平家物語』は、平家の栄華と没落を書いた軍記物語ですから、どうしても悲劇的な語り口にならざるを得なかったのでしょう。

しかし、「諸行無常」は、そのようにとらえられるべきものではありません。

お釈迦さまが発見された真理である「諸行無常」とは、すべての存在するもの（諸行）が、すべて縁によって生じ、縁によって消滅するということを繰り返すものならば、それはつねに変易《へんにゃく》変化《へんげ》して常在するものは一切ない、ということになります。つまり、すべて、縁によって仮に存在するだけで、恒常的なものではないから、「無常」ということになる。存在はするが実在はしない、ということです。この真理によってなにがいえるのでしょうか。

ここに救いがある、ということです。

それはなぜでしょうか。

無常、だからです。もし、この世界のありようが恒常的なもの（固定的な実体）であれば、なにをどうしたって運命や境遇を変えることはできません。前世の因縁によって今生で不幸な因縁を持って生まれた人は、その因縁が実在であり変化しないものであるならば、不幸な境遇のまま一生を送ることになります。ガンの因縁を持って生まれた人は必ずガンになり、横変死の因縁を持って生まれた人は、必ず、自殺、他殺、事故死という悲惨な運命を迎えることになります。しかし、無常であるからこそ変化させられる、運命を変えることができるのです。お釈迦さまが説かれた成仏法の修行をすれば、必ず因縁を解脱してどのようにでも運命を変えることができるのです。それは、この世界のありようが「無常」であり、すべてのものごとは縁によって生じ、縁によって消滅するからです。因縁を解脱するお釈迦さまの成仏法の縁に会えば、どのように不幸な運命でも転換することができるのです。

◉依るところがあるから転生する

では、先ほどの続きを解説しましょう。

「霊魂と身体は同じものか」「霊魂と身体は別々のものなのか」といういずれの質問にも答えを得られなかった婆蹉種出家は、次に、それではなぜ、お釈迦さまは、ご自身の弟子の死後の行き先を説かれるのか、と質問しました。死んで身体が滅しても意生身（心だけの身体・霊魂）に乗じて再び生まれ変わるのであれば、それは「霊魂と身体は別々のもの」だということではありませんか？　という問いですね。つまり、肉体の死後にも存在するアートマン（常恒不変の霊魂）があるからこそ生まれ変わるのではないか、という質問です。

それに対してお釈迦さまは、『仙尼経』でのセーニャに対するお答えの場合とは異なり、自己の存在のありようをどのようにとらえるべきかという認識論ではなく、「なぜ、生まれ変わるのか？」という観点からお答えになりました。

「これは依るところがある者は生まれ変わると説いているのであり、依るところのない者は生まれ変わらないのである」

つまり、依るところ（業・因縁）を持つものは生まれ変わるのであり、そういう要素を持たないものは生まれ変わることはない、ということですね。

それはいったいどういうことでしょうか、という婆蹉種出家の問いに対して、お釈迦さまは、まず、喩《たと》えでお答えになりました。お釈迦さまの説法はじつに懇切丁寧ですね。いきなり理論的な話に入るのではなく、分かりやすくなるように、まず、日常の生活の中で誰もが体験で実感できることを喩えとしてあげられました。

それが、ここでの「火の喩え」です。

生命現象を燃え上がる火に喩えられたのです。火が、薪などの燃える要素、条件がなくては、生じないことは誰にでも分かることです。その要素・条件を「依るところ」と表現されたのです。火は薪などの依るところがあるから燃え続けるのであって、薪が尽きればもはや依るところがないから消えてしまいます。

この火の喩えを聞いた婆蹉種出家は、
「それでは、(人間の場合)命が終わると、意生身に乗じてどこかへ往生(輪廻転生)するということは、どのような依りどころ(原因・条件)があるために起こるのでしょうか?」
と訊ねました。

そこで、お釈迦さまは、人間(という生命現象)も同じことで、肉体がなくなっても業(という依りどころ)が残っているかぎり、また再生するのであり、その業とは、渇愛《かつあい》(タンハー)であるとお答えになったわけです。

◉――人間を生じさせる業とはなにか?

仏陀であるお釈迦さまは渇愛を完全に滅して(これが等正覚を成ずるということです)涅槃(業からの解脱)を成就され、仏界に入られたために、もはや再び輪廻転生して迷いの生存を続けられることはありませんが、逆に、仏弟子の中でも真理を悟ることができず渇愛が残ったまま死んだ者は、まだ「余」があるわけですから、どこかへ生まれ変わることになります。それでお釈迦さまは、あの弟子はこういうところに生まれたとか、この者はこういう境界に生まれたと説いておられたわけです。

この業と渇愛についてもう少し詳しくお話ししましょう。

仏教では、諸法《しょほう》（あらゆるもの）は空《くう》で実体がなく、ただ因縁によってさまざまな相《すがた》を表し、人間もまた五蘊《ごうん》が因縁によって合会《ごうえ》したのにすぎない、といいます。

それならばその実体のない空なる諸法、空なる五蘊を結合させるものはなんなのでしょうか？　なにが空なる諸法を結合させて、人なり物なりを生ずるのでしょうか？　なんでも「因縁によって」「縁によって」といいますが、その「縁」なり、「因縁」なりを動かすものはなんなのかという疑問がわいてくると思います。

お釈迦さまの滅後にその教理をまとめて整理した論書、『阿毘達磨倶舎論《あびだつまくしゃろん》』（以下『倶舎論』）はこれに答えて、

「それは業である」

といいます。業が因縁を作り、動かすというのです。

それでは業とはいったいどういうもので、それはどこから生じるものかと質問すると、

「故に契経《かいきょう》に説く。二種の業あり。一は思業《しごう》、二は思已業《しいごう》なり。思已業とは謂《いわ》ゆる思の所作《しょさ》なり」

とあります。つまり、

「業は思《し》と思の所作《しょさ》による」

と答えるわけです。

思とは、心に思うところの思念であり、思の所作とは、心に思った思念に基づいて発せられる言葉と行為です。密教でいう身《しん》・口《く》・意《い》の三業です。つまり、（心に思う）思念と、そこから発せられる言葉と行為により業が生じ、その業が因縁を動かし、因縁が五蘊を結合して、一人の人間

がそこに存在することになるわけです。

それはたしかにそうでしょう。自分の意志と、言葉と、行動が、その人間の全人格的表現であるのですから、それがその人間の過去・現在を決定し、さらにその延長としての未来が存在するというのは、全く間違いのないところでありましょう。そういうと、

「それはおかしい。それは単なる〝因果関係〟というものにすぎないのではありませんか？　それがどうして、実体のない〝空〟なる五蘊を集めて結合させるほどの力を持っているというのですか？　単なる因果関係にそういう〝力〟があるとは思えません。しかし、思と思の所作という表現は、因果関係以上のものを表すものとは思えません」

という人がいるかもしれません。

もっともな質問です。業は「空」なる五蘊を結合させて、これを動かし、どこまでも因果関係を存続させていく力を持っているはずです。単なる思と思の所作に、どうしてそんな力があるというのでしょうか？

たしかにそのとおりです。では、『倶舎論』の説は間違っているのでしょうか？

さらにもうひとつ、

「『業は思と思の所作による』というけれども、その思と思の所作は、いったいだれの思と思の所作なのでしょうか？」

という質問も起きるかもしれません。

それはもちろん、自分自身の思と思の所作です。業はどこまでも自分自身に関わる問題であって、Aという人間の思と思の所作が、Bという他人の業を創り出すということは絶対にありませ

ん。自分の思と思の所作が、他人の思と思の所作の影響を受けるということはありますが、自分自身を生み出すものは、どこまでも自分の思と思の所作以外にないのです。「自業自得」という言葉はそこから出ているのであって、業はあくまでも自分自身の思と思の所作から生ずるのだ、とお釈迦さまは説かれるわけです。

そういうと、また、それはおかしいと反論されるかもしれません。

「自分がこの世に生ずるのに、自分自身の思と思の所作は一切無関係のはずです。それは、両親という自分以外の人間の思と思の所作の結果であり、ある日突然、気がついたら自分という人間が、この世に存在していたのです。ですから、自分がもしも生まれつきいくつかの悪い業を持っていたとしても、これについては一切、自分の思と思の所作は関係ないではありませんか。今、『自業自得』といわれましたが、全く違うでしょう。それは、親が子を生じ、子が孫を生ずるという単なる自然の因果関係・連続にすぎず、そこに『業』という特別な存在を考える必要はないでしょう」

といわれるかもしれません。

そうではないのです。あなたがこの世に存在するのは、どこまでも、あなた自身の思と思の所作によるのであり、決して、あなたの両親、あるいはその他のどんな人間の思と思の所作によるものではないのです。どこまでもあなたの思と思の所作によるものなのです。ですから、これを「業」と呼ぶのです。

そんなバカなと、あなたはいいますか?

そうではないのです。単なる因果関係ではない一つの力が、そこには働いているのです。だからこそ、この働きを「業」と呼ぶのです。

◉――タンハーこそが、来世のあなたを生じさせる業である

『倶舎論』は、人間を生じ、人間を動かす根本動因は業であるとして、業について詳しく論述しています。これは「阿含経」を注釈し、これをさらに哲学体系化した論でありますから、その所論はすべて「阿含経」に説かれているところのものに基づいています。

業の体を「思と思の所作による」としたのも、「契経（「阿含経」のこと）に説く」として、「阿含経」によるものであることを明らかにしています。ですから、『倶舎論』が業を思と思の所作によるとしたのは、お釈迦さまの教説に忠実に従ったものであるとしてよいでしょう。

しかし、「阿含経」の中で、お釈迦さまはもっと簡明直截な言葉でそれを表現しています。どのような言葉でしょうか？

それは「渇愛（タンハー）」です。この『身命経』がそれを説いているわけですが、他にも『中阿《ちゅうあ》含経《ごんぎょう》・達梵行《たつぼんぎょう》経《きょう》』では、

「云何が業を知るや。謂く二業有り。思已《しい》［業］思業《しごう》なり。これを業を知ると謂《い》う。云何が業の因りて生ずる所を知るや……」

とまず業の種類をいくつか挙げ、その業が苦を生ずるのだと説き、

「云何が苦を知るや。謂く生は苦なり、老は苦なり、病は苦なり、死は苦なり、怨憎《おんぞう》に会うは苦なり、愛するものに別離するは苦なり、求むる所得《え》ざるは苦なり、略して五盛陰《ごじょうおん》は苦なり。これを苦を知ると謂う。云何が苦の因りて生ずる所を知るや。謂く愛なり。愛に因りて苦を生ず。これを苦の因りて生ずる所を知ると謂う……」

と述べて業苦の原因は愛であると説いています。

『倶舎論』が、業は「思と思の所作による」としているところのものを、お釈迦さまは「愛に因りて生ずる」としているわけです。ただし、この「愛」は、「愛情」とか、「友情」「隣人愛」といった意味の「愛」ではありません。原語の「タンハー」は、「喉《のど》の渇《かわ》き」という意味で、お釈迦さまはこの言葉によって、喉が渇いた者が水を求めてやまないような、激しい欲望を表現したのです。それは概念を表すための術語というより、むしろ比喩的な表現といった方がよいでしょう。それを漢訳経典翻訳者たちは「渇愛」と訳し、さらにのちに「愛」としてしまったのです。

これについて仏教学者の増谷文雄博士（一九〇二―八七）は『仏教の思想1』（角川書店）で、「ブッダ・ゴータマは、おなじ欲望の激しいいとなみを〈ラーガ〉（rāga）という語をもって表現した。最初の説法での用語はさきの〈渇愛〉であったが、やがて彼はこの〈ラーガ〉をよりおおく用いるようになる。その原意は『赤』もしくは『ほのお』であって、それによってブッダ・ゴータマは、赤きほのおにも比すべき欲望の燃えあがるすがたを語ったのである。シナの経典翻訳者たちがそれを『貪』と訳した時には、そのことばの原意はまったく失われてしまったけれども……」

と述べておられますが、タンハーも「渇愛」と訳され、「愛」とされた時点で、お釈迦さまが表現しようとしたものは失われてしまったのです。

これは愛（着）とか、貪りという、人間の日常生活における感情の営みといったようなものではないのです。それは生命における原初的根源的なものです。生命が生じ、それが継続・展開していくためには、根源的ななにかの「力」がなければなりません。それは燃えあがる炎のように強烈で、焼けつく喉の渇きが必死に水を求めるような、激しい「求める力」です。それは周辺に向かって激しく求めます。その力があってこそ、初めてそこに生命は生じ、生命は継続発展していくのです。いうならば、生命が自己表現したいと渇望するエネルギーです。それをお釈迦さまはタンハーと呼び、ラーガと表現したのです。哲学者ショーペンハウエル（一七八八―一八六〇）は、

「生きとし生ける者のうちには、生命そのものの源泉から力を汲み取っている隠れた盲目的な意志がある」

といいましたが、同じものを指していっているのだと考えてよいでしょう。それは生命そのものなのです。生命とはなにかというと、自己表現しようとしてやまない「盲目的意志」そのものではありませんか。自己発現しようとして渇望してやまないエネルギーそのものではありませんか。それをお釈迦さまはタンハーと表現したのです。

これを漢訳の『倶舎論』は、「思と思の所作」としてしまったのです。タンハーを「愛」とし、「ラーガ」を「貪」としてしまった誤りと同じ誤りを犯したものといってよいでしょう。

お分かりでしょう。これが業の本体なのです。しかし、ここでまた、あなたは、

「生命を発現させ進展させていく、生命自体が持っているところの強い欲望そのものを〝業〟と

呼ぶのは分かったけれども、それは、単に生物すべてが持つ生命力ともいうべきものであって、それをどうして〝業〟と呼ばなければならないのですか？　それにまた、先に〝自業自得〟といわれましたが、それはやはり〝自業自得〟ということはできません。生命の根元といおうが、盲目的意志といおうが、タンハーあるいはラーガと呼ぼうが、それはやはり両親から受け継いだものであるから、自業自得とはいえません」

というかもしれません。

そうではないのです。タンハーは肉体が消滅しても決して消滅することはないのです。それは肉体が消滅しても、決して消滅しません。タンハーは依然として存在します。そして次のあなたを生じる核となるのです。だからこそそれを「業」と呼ぶわけです。

この『身命経』を読めば、お釈迦さまがそれをはっきりと示されていることが分かるでしょう。つまり、「空」なる五蘊を渇愛が結合して生命が生じるので、その五蘊が不調となって（調和を失って）、元の「空」に戻っても、渇愛が残っている限り、また新たな五蘊を結集して生命（肉体）を生じるのである、ということです。

以上のように、お釈迦さまは、解脱していない弟子がタンハーによって転生することを明示されています。それなのに日本の僧侶の中には、

「お釈迦さまは輪廻転生を否定した」

と主張する人が少なからずいます。そして、輪廻転生は迷信であるとし、自分は非常に合理的な思考の持ち主であると考えているわけです。

しかし、それが誤りであることは、この『身命経』を見れば明らかです。この『身命経』を読

めば、お釈迦さまが生まれ変わりを認めておられたことは、はっきりと分かるのですから。

このお経以外にも、「阿含経」の中には、輪廻転生について説かれたお経は多数あります。おそらく彼らは、お釈迦さまが説かれた唯一の経典である「阿含経」を読んでいないのでしょう。あるいは読んでいるけれども、霊眼を持っていないために信じることができないのかもしれません。

しかし、わたくしは成仏法によって霊眼を得て、輪廻転生の実例を無数に霊視しています。ですから、お釈迦さまのお言葉は真実である、と断言することができるのです。

◉――貪・瞋・癡の三獣心

さて、生命が継続発展していくのに必要であった「盲目的意志」「自己発現をしようとして渇望してやまないエネルギー」が、生命体として、幾十億年の長い年月をかけて、アメーバから動物、動物から人間にまで進化してきた時に、その過程において獲得し、絶対必要でもあった動物的本能や、適者生存のための闘争本能、利己的な防衛本能などは、進化を果たした今日の人類にとって、ほとんど有害無益なものになってしまっているのです。にもかかわらず、人類はそれらの心を無意識の意識層に温存しており、それらは時に触れ表面意識に出てきてわたくしたちを動かし、あるいはわたくしたちの気づかぬうちに、わたくしたちを動かしているわけです。そういった浄化されていない動物的本能（業）が貪《とん》・瞋《じん》・癡《ち》という三つの煩悩を生じるもととなったのです。

人間はだれもがこの三つの煩悩を持っています。これは人間を毒する心なので、三毒《さんどく》といいます。三毒はいわば獣《けもの》の心なので、わたくしはこれを三獣心《さんじゅうしん》と呼んでいます。貪は貪《むさぼ》り、瞋は怒りで、癡は愚癡《ぐち》ともいいますが、愚かさのことです。因縁因果の道理を知らない、愚かでたわけた心を愚癡といいます。

貪りに貪りを重ねることは、人間としての本道ではありません。財物、地位、名誉などを求めてやまない人もいますが、いくら欲しいと願っても、それが手に入るだけの徳分がなければ、自分のものにはなりません。種をまき、それを大事に育てることによって花が咲き、果実が実るのです。努力もせず、才能も磨かず、徳も積まずに、ただ結果だけ得ようとするのは、まさしく貪りです。

怒りも人間的に立派な行為とはいえません。なにか不快なことがあって立腹するわけですが、不快なことが起きるには、自分にもなんらかの落ち度があるはずです。それなのに反省一つせず、ただ怒りにまかせて怒鳴ったり、暴力を振るうというのは人間として恥ずべき行為です。

そう考えていくと貪も瞋も、因縁因果の道理を知らない愚かでたわけた心、つまり愚癡に基づいていることが分かります。

先の『倶舎論』による「業」の解説で、「業が因縁を作り、動かす」と説明され、では、その業とはどういうもので、どこから生じるのかという質問に対して、「それは思と思の所作による」とありましたね。つまり、「心に思うところの思念と、その思念に基づいて発せられる言葉と行為による」というわけです。密教でいう「身・口・意の三業」です。この三獣心による思念と言葉と行動こそが、悪因縁、悪業、悪念のもととなり、輪廻転生のもととなるのです。

◉――霊的世界の実相

しかし、人間は、再びこの世に転生する前にまず霊的世界に行きます。わたくしの霊視によれば、死者は阿鼻野《あびの》街道という大きな広い道をたどってサイの広場に行きます。サイの広場の一番端は断崖絶壁になっており、谷底には、三途《さんず》の川が流れています。この断崖絶壁の向こうに、冥《めい》界《かい》（冥土《めいど》）があり、冥界で良い徳を積み、次に冥界の向こうに聳《そび》える高い山（霊界）をよじ登って、ようやく仏界へ到達して完全に解脱成仏できるのです。死者の本当の世界は冥界なので、冥界に行くと、そこに安らぎの場があります。いうならば、自分のために造られた墓がそこにあり、そこへ行くと、安らいで眠ることができるのです。

なお、「冥界で良い徳を積み……」といいましたが、これは生前、お釈迦さまの成仏法に縁のあった人の場合であって、冥界から先の霊界（天）やその先の仏界に行くためには、お釈迦さまの成仏法を修行しなければ到達することはできません。お釈迦さまの成仏法を修行していない人は、この冥界から現世に再生して、再び輪廻転生の道を継続することになります。しかし、まず、三途の川が流れる断崖絶壁を飛び越して向こう岸に到達しないと冥界には行けないのです。

中には、サイの広場に行く前に、その恐怖のために逃亡してしまう者たちもいます。彼らは浮浪霊の不成仏霊や霊障のホトケとなって執着のある場所、執念の残る場所に戻るのです。しかし、そこに着いた時、そこは、前にそこを去った時よりも、なお苦しい場所になっていることを思い知らされます。心が、よりどころとする肉体を持たないために、まったく不安定きわまりない状態となり、怨恨、悔恨、憎悪、苦痛、執着などの思いが、すさまじいスピードで回転し、その思いに七転八倒します。

するると、どうなるのか？

昔、わたくしが信徒の人生相談のために霊視した例を挙げてみます。もう数十年前のことになります。Eさんという方が、両親のいがみ合いに悩んで人生相談に来たのですが、その最大の原因は、両親の祖父母の霊障によるものでした。

わたくしの霊視に映ったものは、髪を振り乱してつかみ合いの争いをしている中年の男女でした。これが、その祖父母の幽体だったのです。じつは祖母が夫の女性関係を怨んで入水《じゅすい》自殺をしていたのですが、その前に、夫にネコイラズを盛り、夫は途中で気がついて吐き、助かったものの、そのまま寝込んで、一年ほどのちに死んだのだといいます。この二人の怨念が、百年も経過したその時でもそのまま残り、幽体となって、のたうちまわる争いを続けていたのです。この夫婦（Eさんの両親）の居間では、祖父母の血みどろな争いが、昼夜絶えることなく続いており、そのそばで暮らしている夫婦は、その怨念と憎悪の念波を、四六時中全身に浴びていたために、自ずと、その念波に同調して、狂的ないがみ合いが続いていたのです。

また、「阿含経」には、大勢の人を好んで殺したなどの深い悪業を積んだ人が、三途の川から地獄へ堕ち、その報いを受けた後も、余罪によって、赤剝けの肉塊という姿の幽体となってこの世界に戻り、同じく霊的存在であるトビ、ワシ、イヌなどに、寄ってたかって噛みつかれ、ついばまれ続けるという苦しみを受けている姿が描かれているお経が、いくつもあります。

こうした肉体を持たない「生存」は、「阿含経」においてお釈迦さまが説かれ、お釈迦さまが説かれた成仏法を修行したわたくしも霊視しているわけですが、多くの科学者もこうした存在を認めているのです。たとえば、アメリカ・ジョージア州立大学哲学科ロバート・アルメダー教授は、『死後の生命』（ＴＢＳブリタニカ）で、いくつもの例を挙げていますが、その中で、このように書いています。

「――肉体を持たない霊魂は、基本的にはある種のエネルギーであるため、物理的実体と共通する属性をいくつか備えた存在と解釈すべきなのである。そのような見地からすれば、肉体を持たない霊魂も、ある種の状況では物質界で因果的活動を行なうことができるのではないか、と考えてもよかろう。別の言い方をすると、肉体を持たない霊魂をある種のエネルギー（付記で実証しているもの）と解釈すべきだとすれば、これまで得られている証拠からして、肉体を持たない霊魂はある意味で肉体類似のものであるはずだとする見解が支持されるということである。

以上のように考えると、あらゆる人間は〝幽体〟（すなわち、ある種の状況以外では肉眼に見えない物質類似の希薄な要素からなる第二の体）を持っているという、霊能力者がしばしば行なう主張がある程度真実味を帯びてくる。この第二の体は、形状的には肉体と瓜二つで、肉体の死後も存在を続けるとされる」

ここでロバート・アルメダー教授は、「幽体」について記述していますが、人間は、アストラル体とも呼ぶこの幽体の奥に、さらに「霊体」を持っているのです。

わたくしがチベット仏教ニンマ派から伝えられた秘経には、門外不出の貴重な秘法がいくつも記されていますが、中でも、わたくしが一心に修行した「召霊法《しょうれいほう》」は、じつに神秘的な法で、幽体《アストラル》も、霊体も、自由に視ることができるのです。

この法を体得したわたくしが霊視すると、生者も死者も、ともに霊体から成り立っていて、本質的には、そう違いがないように感じられるのです。そして、蘊《うん》（色《しき》・受《じゅ》・想《そう》・行《ぎょう》・識《しき》）の集積体がその霊体を構成していると視えるのです。また、その逆に霊体が蘊を集積しているように視えることもあります。おそらくはその両方なのでしょう。つまり、生者は五蘊によって構成され、死者は異次元の蘊（異蘊）で構成されているわけです。

わたくしは、人間とは、生者・死者を問わず、霊体から成り、その霊体は、お釈迦さまのいわれるとおり、因縁の仮合《けごう》したものであると同時に、業《カルマ》の集積体であると考えています。

お釈迦さまの成仏法は、この霊体を構成している悪因縁、悪業、悪念から解放するのです。完全に解放された霊体は、涅槃に入ります。これを「成仏」というのです。諸君は、この『身命経』を何度も繰り返して読んで、以上のことをよく理解してください。これで『身命経』の講義を終わります。

◉雑阿含経・身命経［全文］

如是我聞。一時仏住王舎城迦蘭陀竹園。時有婆蹉種出家。来詣仏所合掌問訊。問訊已退坐一面。白仏言。瞿曇。欲有所問。寧有閑暇見答以不。仏告婆蹉種出家。随汝所問。当為汝説。婆蹉種出家白仏言。云何瞿曇。命即身耶。仏告婆蹉種出家。命即身者。此是無記。云何瞿曇。為命異身異耶。仏告婆蹉種出家。命異身異者。此亦無記。婆蹉種出家白仏。云何瞿曇。命即身耶。答言無記。命異身異。答言無記。沙門瞿曇有何等奇。弟子命終即記説言。某生彼処某生彼処。彼諸弟子於此命終捨身。即乗意生身。生於余処。当於爾時。非為命異身異也。仏告婆蹉。此説有余。不説無余。婆蹉白仏。瞿曇。云何説有余不説無余。仏告婆蹉。譬如火有余得然非無余。婆蹉白仏。我見火無余亦然。仏告婆蹉。云何見火無余亦然。婆蹉白仏。譬如大聚熾火疾風来吹。火飛空中。豈非無余火耶。仏告婆蹉。風吹飛火即是有余。非無余也。婆蹉白仏。瞿曇。空中飛火。云何名有余。仏告婆蹉。空中飛火依風故住。依風故然。以依風故。故説有余。婆蹉白仏。衆生於此命終。乗意生身往生余処。云何有余。仏告婆蹉。衆生於此処命終。乗意生身生於余処。当於爾時。因愛故取。因愛而住故説有余。婆蹉白仏。衆生以愛楽有余染著有余。唯有世尊得彼無余成等正覚。沙門瞿曇。世間多縁請辞還去。仏告婆蹉。宜知是時。婆蹉出家聞仏所説。歓喜随喜。従坐起而去

XXI

増一阿含経

声聞品

来生を決定する命終の状態

◉――バラモンの神通力

『増一阿含経《ぞういちあごんぎょう》・声聞品《しょうもんぼん》』（以下『声聞品』）を講義いたします。
まずは経文を読んでみましょう。

聞如是。一時仏在羅閲城耆闍崛山中。与大比丘衆五百人倶。爾時世尊従静室起下霊鷲山。及将鹿頭梵志。而漸遊行到大畏塚間。爾時世尊取死人髑髏。授与梵志作是説。汝今梵志。明於星宿又兼医薬。能療治衆病皆解諸趣。亦復能知人死因縁。我今問汝。此是何人髑髏。為是男耶為是女乎。復由何病而取命終。是時梵志即取髑髏反覆観察。又復以手而取撃之。白

聞くこと是《かく》の如《ごと》し。一時《いちじ》仏《ほとけ》、羅閲城《らえつじょう》耆闍崛山中《ぎしゃくつせんちゅう》に在《おわ》し、大比丘衆《だいびくしゅ》五百人と倶《とも》なりき。爾《そ》の時世尊《ときせそん》静室《じょうしつ》より起《た》ちて霊鷲山《りょうじゅせん》を下り、及び鹿頭梵志《ろくずぼんじ》を将《ひき》いて漸《ようや》く遊行《ゆぎょう》して大畏塚間《だいいちょうけん》に到りたまう。爾の時世尊、死人《しびと》の髑髏《どくろ》を取り、梵志に授与して是《こ》の説を作《な》したまわく、「汝今《なんじいま》梵志、星宿《しょうしゅく》を明らかにし、又医薬を兼《か》ねて能《よ》く衆病《しゅびょう》を療治《りょうじ》し、皆諸趣《みなしょしゅ》を解《げ》し、亦復《またまた》能く人の死の因縁を知る。我今汝に問わん、此《こ》れは是れ何人《なんびと》の髑髏なるや、是れ男なるや、是れ女なるや、復何の病に由《よ》って命終《みょうじゅう》を取りしや」と。是の時梵志即《すなわ》ち髑髏を取りて反覆《はんぷく》観察し、又復手を以《もっ》て取りて之《これ》を撃《う》ち、世尊に白《もう》して曰《もう》さく、「此れは是れ男《なん》子《し》の髑髏にして女人《にょにん》に非《あら》ざるなり」と。世尊告《つ》げて曰《のたま》わく、

世尊曰。此是男子髑髏非女人也。世尊告曰。如是梵志。如汝所言。此是男子非女人也。世尊問曰。由何命終。梵志復手捉撃之。白世尊言。此衆病集湊。百節酸疼故致命終。世尊告曰。当以何方治之。鹿頭梵志白仏言。当取呵梨勒果幷取蜜和之。然後服之此病得愈。世尊告曰。善哉如汝所言。設此人得此薬者。亦不命終。此人今日命終為生何処時梵志聞已。復捉髑髏撃之。白世尊言。此人命終生三悪趣不生善処。世尊告曰。如是梵志。如汝所言。生三悪趣生不善処。是時世尊。復更捉一髑髏授与梵志。問梵志曰。此是何人。男耶女耶。是時梵志。復以手撃之。白世尊言。此髑髏

「是の如し、梵志、汝の言う所の如く、此れは是れ男子にして女人に非ざるなり」と。世尊問うて曰く、「何に由って命終せしや」と。梵志、復手を以て捉《とら》えて之を撃ち、世尊に白して言《もう》さく、「此れは衆病集湊《じゅうそう》し、百節《ひゃくせつ》酸疼《さんとう》せしが故に命終を致せり」と。世尊告げて曰く。「当《まさ》に何の方を以て之を治すべきや」と。鹿頭梵志、仏に白して言さく、「当に呵梨勒果《かりろくか》を取り、幷《あわ》せて蜜《みつ》を取って之に和《わ》し、然《しか》る後《のち》に之を服《ふく》せば、此の病は愈《い》ゆることを得《う》べし」と。世尊告げて曰く、「善《よ》い哉《かな》、汝の言う所の如し。設《も》し此の人此の薬を得《え》ば亦命終せざりしならん。此の人今日命終して何処《いずこ》に生まれしと為《な》すや」と。時に梵志聞き已《おわ》って復髑髏を捉えて之を撃ち、世尊に白して言さく「此の人命終して三悪趣《さんあくしゅ》に生まれて、善処《ぜんしょ》に生まれず」と。世尊告げて曰わく「是の如し、梵志、汝の言う所の如く、三悪趣に生まれて善処に生まれず」と。是の時世尊、復更に一つの髑髏を捉えて梵志に授与し、梵志に問いて曰く、「此れは是れ何人ぞや、男なるや、女なるや」と。是の時梵志復手を以て之を撃ち、世尊に

女人身也。世尊告曰。由何疹病致此命終。是時鹿頭梵志復以手撃之。白世尊言。此女人懐妊故致命終。世尊告曰。此女人者由何命終。梵志白仏。此女人者産月未満。復以産児故致命終。世尊告曰。善哉善哉梵志。如汝所言。又彼懐妊以何方治。梵志白仏。如此病者。当須好酥醍醐。服之則差。世尊告曰。如是。如是。如汝所言。今此女人。以取命終為生何処。梵志白仏。此女人以取命終生畜生中。世尊告曰。善哉善哉梵志。如汝所言。是時世尊復更捉一髑髏授与梵志。問梵志曰。男耶女耶。是時梵志復以手撃之。白世尊言。此髑髏者男子之身。世尊告曰。善哉善哉如汝所言。由何

白して言さく、「此の髑髏は女人の身《み》なり」と。世尊告げて曰く、「何の疹病《しんびょう》に由って此の命終を致せしや」と。是の時鹿頭梵志復手を以て之を撃ち、世尊に白して言さく、「此の女人は懐妊《かいにん》の故に命終を致せり」と。世尊告げて曰く、「此の女人は何に由って命終せしや」と。梵志仏に白さく、「此の女人は産月《うみづき》満たずして、復児《こ》を産みしを以ての故に命終を致せり」と。世尊告げて曰わく、「善い哉、善い哉、梵志、汝の言う所の如し。又彼《か》の懐妊は何の方を以て治するや」と。梵志、仏に白さく、「此の病は当に好酥《こうそ》醍醐《だいご》を須《もち》いて之を服せば則《すなわ》ち差《い》ゆ」と。世尊告げて曰わく、「是の如し、是の如し、汝の言う所の如し。今此の女人は命終を取りて、何処に生ぜしと為すや」と。梵志、仏に白さく、「此の女人は命終を取りて畜生《ちくしょう》の中に生ぜり」と。世尊告げて曰く「善い哉、善い哉、梵志、汝の言う所の如し」と。是の時世尊、復更に一つの髑髏を捉えて梵志に授与し、梵志に問いて曰く「男なるや女なるや」と。是の時梵志復手を以て之を撃ち、世尊に白して言さく、「此の髑髏は男子の身なり」

疹病致此命終。梵志復以手擊之。白世尊言。此人命終飲食過差。又遇暴下故致命終。世尊告曰。此病以何方治。梵志白仏。三日之中絶糧不食便得除愈。世尊告曰。善哉善哉如汝所言。此人命終為生何処。是時梵志。復以手擊之。白世尊言。此人命終生餓鬼中。所以然者。意想著水故。世尊告曰。善哉善哉如汝所言。

と。世尊告げて曰く、「善い哉、善い哉、汝の言う所の如し。何の疹病に由って此の命終を致せしや」と。梵志復手を以て之を撃ち、世尊に白して言さく、「此の人の命終は飲食《おんじき》の過差《かしゃ》なり。又暴下《ぼうげ》に遇《あ》うが故に命終を致せり」と。世尊告げて曰く、「此の病は何の方を以て治するや」と。梵志、仏に白さく、「三日の中《うち》、糧《かて》を絶《ぜっ》して食せずば、便《すなわ》ち除愈《じょゆ》を得ん」と。世尊告げて曰く、「善い哉、善い哉、汝の言う所の如し。此の人命終して何処に生ぜしと為すや」と。是の時梵志復手を以て之を撃ち、世尊に白して言さく。「此の人命終して餓鬼《がき》の中に生ぜり。然る所以は意想水《いそうみず》に著《じゃく》するが故に」と。世尊告げて曰く、「善い哉、善い哉、汝の言う所の如し」と。

◉現代語訳

このように聞きました。ある時、仏さまはラージャガハの霊鷲山（耆闍崛山）にご滞在になり、大比丘衆五百人と一緒におられました。その時、世尊は静室を出て霊鷲山を下り、ミガシラ（鹿

頭）バラモンを連れて遊行して大きな墓場に到着されました。そして、世尊は死人の頭蓋骨（髑髏）を取り、バラモンに渡して、

「バラモンよ、そなたは占いをよくして、また医薬にも通じてよく人々の病を癒し、人々の死後の行き先（趣[*1]）を理解し、さらには人の死の因縁を知ると聞いています。そこで今、私はそなたに質問しましょう。ここにあるのはどのような人の頭蓋骨でしょうか？　これは男性でしょうか？　それとも女性でしょうか？　また、どのような病気によって命終を迎えたのでしょうか？」

　と問いかけました。すると、バラモンは頭蓋骨を手に取ってよく観察し、また手でそれを撃ってから、世尊に、

「これは男性の頭蓋骨で、女性のものではありません」

　と申し上げました。世尊は、

「そのとおりです。バラモンよ、そなたのいうようにこれは男性の頭蓋骨であって、女性のそれではありません」

　と告げられました。世尊はさらに、

「なぜ命終を迎えたのでしょうか？」

　と問いかけられました。バラモンはまた手で頭蓋骨を撃ってから、世尊に、

「これは多くの病が集積し、全身の関節がひどく痛んで命終を迎えました」

　と申し上げました。世尊は、

「どのようにすればこの病を治せたのでしょうか？」

と問われました。ミガシラバラモンは仏さまに、

「ハリータキーの実（呵梨勒果）*2を蜜で練った物を服用すれば、この病は治癒します」

と申し上げました。世尊は、

「よろしい、そなたのいうとおりです。もしこの人が件《くだん》の薬を飲んでいれば、死ぬことはなかったでしょう。では、この人は死後にどこへ生まれたでしょうか？」

と問いかけられました。バラモンはまた頭蓋骨を撃ってから、世尊に、

「この人は命終して三悪趣に生まれて、善処には生まれていません」

と申し上げました。世尊は、

「そのとおりです。バラモンよ、そなたのいうように、この者は三悪趣に生まれて善処に生まれていません」

と告げられました。そして、世尊はさらにまた一つの頭蓋骨をバラモンに渡し、

「これはどのような人でしょうか？　男でしょうか？　女でしょうか？」

と問いかけられました。するとバラモンはまた手でそれを撃ち、世尊に、

「この頭蓋骨は女性のものです」

と申し上げました。世尊は、

「どのような病のために命終を迎えたのでしょうか？」

と問いかけられました。ミガシラバラモンはまた手でそれを撃ち、世尊に、

「この女性は懐妊のために命終を迎えました」

と申し上げました。世尊は、

「この女性はどうして命終を迎えたのでしょうか？」

と問いかけられました。バラモンは仏さまに、

「この女性は産み月が満ちることなく早産し、そのために命終を迎えました」

と申し上げました。世尊は、

「よろしい、よろしい。バラモンよ、そなたのいうとおりです。これはどのようにして治療すればよかったのでしょうか？」

と告げられました。バラモンは仏さまに、

「この病にかかった者には、よい酥や醍醐[*3]を与えるとよろしいのです。そうすれば治癒します」

と申し上げました。世尊は、

「そのとおりです。そのとおりです。そなたのいうとおりです。それではこの女性は命終を取ってのち、今現在はどこに生まれているでしょうか？」

と問いかけられました。バラモンは仏さまに、

「この女性は命終して畜生の中に生まれております」

と申し上げました。世尊は、

「よろしい、よろしい。バラモンよ、そなたのいうとおりです」

と告げられました。そして、世尊はさらにまた一つの頭蓋骨をバラモンに渡し、

「男性でしょうか？　女性でしょうか？」

と問いかけられました。バラモンはまた手でそれを撃ち、世尊に、

「この頭蓋骨は男性のものです」

と申し上げました。世尊は、

「よろしい、よろしい。そなたのいうとおりです。では、どのような病によって命終を迎えたのでしょうか？」

と問いかけられました。バラモンはまた手でそれを撃ち、世尊に、

「この人の命終は飲食の過多によります。それによってひどい下痢を起こし、命終を迎えました」

と申し上げました。世尊は、

「どのようにすればこの病を治せたのでしょうか？」

と問いかけられました。バラモンは仏さまに、

「三日間絶食をすれば、この病は治癒します」

と申し上げました。世尊は、

「よろしい、よろしい。そなたのいうとおりです。では、この人は命終してどこに生まれたでしょうか？」

と問いかけられました。バラモンはまた手でそれを撃ち、世尊に、

「この人は命終して餓鬼の中に生まれました。その理由は心が水に執着していたからです」

と申し上げました。世尊は、

「よろしい、よろしい。そなたのいうとおりです」

と告げられました。

◉解説

鹿頭梵志という人が登場しますが、梵志というのはバラモンのことです。鹿頭はパーリ語のミガシラを漢訳したものです。つまり鹿頭梵志というのは、ミガシラという名前のバラモンのことです。このミガシラバラモンはちょっとした神通力を持っていました。『インド仏教人名辞典』(三枝充悳編・法蔵館)には、

「コーサラ国のバラモン出身。頭蓋骨の呪術をとなえて町から町へ遍歴し、頭蓋骨によりその人の将来を占って生活していた。舎衛城でブッダに会い、ブッダに敗れて出家受戒する」

とあります。つまりその神通力というのは、「髑髏呪」を誦して人間の頭蓋骨を見ると、その人の死後の行方が分かるというものです。併せて、経文中に「星宿を明らかにし」とありますから天文及び占星術などに通じていたのでしょう。また、「医薬を兼ねて能く衆病を療治し」というのですから、医師でもあったわけです。「諸趣を解し、亦復能く人の死の因縁を知る」というのが、頭蓋骨を見て、その人の死後の運命や死因が分かるということでしょう。「諸趣」とは、種々の趣《おもむ》くところをいいます。つまり、人間が死んだ後の行き先のことですが、地獄界・餓鬼界・畜生界の三悪趣と人間界・天上界の二趣(善趣)の五種に分かれています。いずれにしてもお釈迦さまからこれだけのことをおっしゃっていただけるのですから、かなりの力を持っていたのですね。

ところが、このバラモンはその力に慢じて、お釈迦さまと術くらべをしようとしてやってきたのです。しかし、結局は仏道修行によって涅槃に入った人の行方を知ることができず降参して、

お釈迦さまの術を学びたいと考え、お弟子になります。後に悟りを得て、その時の告白をします。その告白のひとつが『テーラ・ガーター（長老偈）』の、一八一、一八二の偈です。その偈とは次のようなものです。

一八一　わたしは、完全にさとりを開いた人（ブッダ）の教えにおいて出家し、解脱しつつ、上に昇った。わたしは欲望の領域（欲界）をのり超えた。

一八二　梵天が見つめていたあとで、わたしの心は解脱した。一切の束縛が消滅したのであるから、わたしの解脱は不動である、と（わたしは知っている）。

（『仏弟子の告白』中村元訳・岩波文庫）

『テーラ・ガーター』の「テーラ」は長老、「ガーター」は詩句（偈）の意味です。中村元先生はこれを『仏弟子の告白』とされています。すべて一二七九詩あり、みな男性である修行僧の詩です。

最初わたくしは、この『増一阿含経・声聞品』を後世創られた創作経典ではないかと思っていたのですが、調べているうちに『テーラ・ガーター』に登場するミガシラ長老というのが、この鹿頭梵志であることを知って驚いたのです。この長老も仏弟子になる前は、死者の行方を告げたり、占星術で人の運命を予言したり、病人を治しながら各地を遍歴していたわけで、かなりの信者もあったようです。自分の神通力に慢じて、お釈迦さまに術くらべを申し込むなど、どこかほほえましく思えますね。

さて、ミガシラバラモンから術くらべを申し込まれたお釈迦さまは、バラモンを連れて山を下り、大きな墓場に行きました。当時のインドの墓場の大半は、死体をそのまま打ち捨ててあったわけです。王さまや聖者と呼ばれるような人だけが塚を作って、土の中に埋葬してもらえたようです。ですから墓場には白骨化した骸骨がごろごろと転がっていたわけです。

お釈迦さまは、まず一つの頭蓋骨を取り上げてミガシラバラモンに渡し、これは男か女か、どういう病気で死んだのか、今はどこへ生まれているか、とおたずねになりました。

「バラモンは頭蓋骨を手に取ってよく観察し、また手でそれを撃って」というのは、これは、お得意の「髑髏呪」を唱えたのでしょう。そして、

「これは男性の頭蓋骨で、多くの病にむしばまれ、全身の関節がひどく痛んで命終を迎えました」

と答えます。さらにお釈迦さまが、どのようにすればこの病を治せたのかとおたずねになると、

「ハリータキー（呵梨勒）の実を蜜で練った物を服用すれば、この病は治癒します」

と答えました。お釈迦さまはバラモンのいうとおりであるとおっしゃって、さらにこの男性の死後の行き先をおたずねになります。バラモンは、

「この人は命終して三悪趣に生まれて、善処には生まれていません」

と申し上げ、お釈迦さまはやはり、そのとおりであると肯定されました。善処とは、この解説のはじめに紹介した人間界と天上界の二趣（善趣）のことです。

次の頭蓋骨は早産による産厄で亡くなった女性でした。この女性には酥や醍醐などの滋養の豊富な食べ物を与えればよかったとバラモンはいいました。そして、この女性は死後、畜生界に生まれたとバラモンはいい、お釈迦さまはこれも肯定されました。

次は男性で、暴飲暴食によってひどい下痢を起こして亡くなったといいます。この男性の病は

三日間の絶食で治癒したはずだとバラモンがいうと、お釈迦さまはそのとおりであると肯定されました。そして水に強い執着を持ったまま亡くなったために、餓鬼の境界に生まれて苦しんでいる、とバラモンはいいました。これは、ひどい下痢から生じる脱水症状によって喉の渇きに苦しんだためでしょう。

お釈迦さまは、これもそのとおりであると肯定されました。

死後の運命をも変える戒の力

経文の続きを読んでみましょう。

爾時世尊復更捉一髑髏授与梵志。問梵志曰。男耶女耶。是時梵志。復以手撃之。白世尊言。此髑髏者女人之身。世尊告曰。善哉善哉如汝所言。此人命終由何疹病。梵志復以手撃之。

爾の時世尊、復更《さら》に一髑髏を捉《とら》えて梵志に授与し、梵志に問うて曰く、「男なるや女なるや」と。是の時梵志復手を以て之を撃ち、世尊に白して言さく、「此の髑髏は女人の身なり」と。世尊告げて曰く、「善い哉、善い哉、汝の言う所の如《ごと》し。此の人の命終は何の疹病に由りしや」と。梵志復手を以て之を撃ち、世尊に白して言さく。

白世尊言。当産之時以取命終。世尊告曰。云何当産之時以取命終。梵志復以手撃之。白世尊言。此女人身気力虚竭。又復飢餓以致命終。世尊告曰。此人命終為生何処。是時梵志復以手撃之。白世尊言。此人命終生於人道。世尊告曰。夫餓死之人欲生善処者。此事不然。生三悪趣者可有此理。是時梵志復以手撃之。白世尊言。此女人者。持戒完具而取命終。世尊告曰。善哉善哉如汝所言。彼女人身。持戒完具致此命終。所以然者。夫有男子女人。禁戒完具者設命終時。当堕二趣若天上人中。爾時世尊復捉一髑髏授与梵志。問曰。男耶女耶。是時梵志復以手撃之。白世尊言。此髑

「産《さん》の時に当り、以て命終を取れり」と。世尊告げて曰く、「云何が産の時に当たり、以て命終を取りしや」と。梵志復手を以て之を撃ち、世尊に白して言さく、「此の女人の身は気力《きりょく》虚竭《こかつ》し、又復飢餓《きが》を以て命終を致《いた》せり」と。世尊告げて曰く、「此の人命終して何処に生ぜりと為すや」と。是の時梵志復手を以て之を撃ち、世尊に白して言さく、「此の人命終して人道《にんどう》に生ぜり」と。世尊告げて曰く、「夫《そ》れ餓死《がし》の人、善処《ぜんしょ》に生ぜんと欲《ほっ》すること、此れ然《しか》らず。三悪趣に生まれし者に此の理《ことわり》有るべし」と。是の時梵志復手を以て之を撃ち、世尊に白して言さく、「此の女人は持戒完具《じかいかんぐ》して命終を取れり」と。世尊告げて曰く、「善い哉、善い哉、汝の言う所の如し。彼の女人の身は持戒完具して此の命終を致せり。然る所以《ゆえん》は、夫れ男子女人有《あ》って、禁戒《ごんかい》完具する者は、設《も》し命終の時には、当に天上人中《てんじょうにんじゅう》の若《ごと》き二趣《にしゅ》に堕《だ》すべし」と。爾の時世尊復一髑髏を捉えて梵志に授与し、問いて曰く。「男なるや女なるや」と。是の時梵志復手を以て之を撃ち、世尊に白して言さく、「此の髑髏は男子の身なり」

髏者男子之身。世尊告曰。善哉善哉如汝所言者。此人由何疹病致此命終。梵志復以手撃之。白世尊言。此人無病為人所害故致命終。世尊告曰。善哉善哉如汝所言。為人所害故致命終。世尊告曰。此人命終為生何処。是時梵志復以手撃之。白世尊言。此人命終生善処天上。世尊告曰。如汝所言。前論後論而不相応。梵志白仏。以何縁本。而不相応。世尊告曰。諸有男女之類。為人所害而取命終。尽生三悪趣。汝云何言生善処天上乎。梵志復以手撃之。白世尊言。此人奉持五戒兼行十善。故致命終生善処天上。世尊告曰。善哉善哉如汝所言。持戒之人無所触犯。生善処天上。世尊復

と。世尊告げて曰く、「善い哉、善い哉、汝の言う所の如し。此の人何の疹病に由って此の命終を致せしや」と。梵志復手を以て之を撃ち、世尊に白して言さく、「此の人病無く、人の為に害せられしが故に命終を致せり」と。世尊告げて曰く、「善い哉、善い哉、汝の言う所の如し。人の為に害せられしが故に命終を致せり」と。世尊告げて曰く、「此の人命終して何処に生ぜしと為すや」と。是の時梵志復手を以て之を撃ち、世尊に白して言さく、「此の人命終して善処天上に生ぜり」と。世尊告げて曰く、「汝の言う所の如きは、前の論と後の論とは相応《そうおう》せず」と。梵志仏に白さく、「何の縁本《えんぽん》を以て相応せざるや」と。世尊告げて曰く。「諸有《しょう》の男女《なんにょ》の類《たぐい》、人のために害せられて命終を取りしものは、尽く三悪趣に生ずるに、汝云何がして善処天上に生ぜりと言うや」と。梵志復手を以て之を撃ち、世尊に白して言さく、「此の人五《ご》戒《かい》を奉持《ぶじ》し、兼《か》ねて十善《じゅうぜん》を行いしが故に、命終を致して善処天上に生ぜり」と。世尊告げて曰く、「善い哉、善い哉、汝の言う所の如し。持戒の人は触犯《そくぼん》せらるるこ

重告曰。此人為持幾戒而取命終。是時梵志復専精一意無他異想。以手撃之。白世尊言。持一戒耶非耶。二三四五耶非耶。然此人持八関斎法而取命終。世尊告曰。善哉善哉如汝所言。持八関斎而取命終。

となければ、善処天上に生ずる」と。世尊復重《かさ》ねて告げて曰く、「此の人幾戒《いくかい》を持ちて命終を取れりと為すや」と。是の時梵志復専精《せんしょう》一意《いちい》にして他の異想《いそう》無く、手を以て之を撃ち、世尊に白して言さく、「一戒《いちかい》を持ちしや、非《ひ》なるや、二・三・四・五なるや、非なるや。然《しか》り、此の人、八関斎《はっかんさい》の法を持ちて而《しか》して命終を取れり」と。世尊告げて曰く、「善い哉、善い哉、汝の言う所の如く、八関斎を持ちて命終を取れり」と。

◉現代語訳

そして、世尊はさらにまた一つの頭蓋骨をバラモンに渡し、

「これは男性でしょうか？　女性でしょうか？」

と問いかけられました。バラモンはまた手でそれを撃ち、世尊に、

「この頭蓋骨は女性のものです」

と申し上げました。世尊は、

「よろしい、よろしい。そなたのいうとおりです。では、この人はどのような病のために命終を迎えたのでしょうか？」

と問いかけられました。バラモンはまた手でそれを撃ち、世尊に、

「まさに出産の時に命終を迎えました」

と申し上げました。世尊は、

「なぜ出産の時に命終を迎えたのでしょうか？」

と問いかけられました。バラモンはまた手でそれを撃ち、世尊に、

「この女性は気力が著しく衰え、また飢餓となり、命終を迎えました」

と申し上げました。世尊は、

「この人は命終してどこに生まれたでしょうか？」

と問いかけられました。バラモンは手でそれを撃ち、世尊に、

「この人は命終して人間界に生まれております」

と申し上げました。世尊は、

「餓死の人は、善処に生まれようと願ってもそれはかなわず、三悪趣のいずれかに生まれるものです」

と告げられました。するとバラモンはまた手でそれを撃ち、世尊に、

「この女性は保つべき戒を完全にそなえて命終を迎えたのです」

と申し上げました。世尊は、

「よろしい、よろしい。そなたのいうとおりです。この女性は保つべき戒を完全にそなえて命終を迎えました。男性女性にかかわらず在家が保つべき禁戒を完全に備えた者は、命終しても人間界か天上界の二趣（善趣）のいずれかに生まれるのです」

と告げられました。世尊はさらにまた、一つの頭蓋骨をバラモンに渡し、

「これは男性でしょうか？　女性でしょうか？」

と問いかけられました。バラモンはまた手でそれを撃ち、世尊に、

「この頭蓋骨は男性のものです」

と申し上げました。世尊は、

「よろしい、よろしい。そなたのいうとおりです。では、この人はどのような病のために命終を迎えたのでしょうか？」

と問いかけられました。バラモンはまた手でそれを撃ち、世尊に、

「この人は病気ではなく、人に殺害されて命終を迎えました」

と申し上げました。世尊は、

「よろしい、よろしい。そなたのいうとおりです。この者は人に殺害されて命終を迎えました」

と告げられました。世尊は、

「この人は命終してどこに生まれたでしょうか？」

と問いかけられました。バラモンは手でそれを撃ち、世尊に、

「この人は命終して善処（善趣）の天上界に生まれております」

と申し上げました。世尊は、

「そなたのいうことは前後で矛盾しているではありませんか」

と告げられました。バラモンは仏さまに、

「どうして矛盾しているとおっしゃるのでしょうか？」

と申し上げました。世尊は、

「生死輪廻の迷いの境界にある男女の場合、人に殺害されて命終を迎えた者は、すべて三悪趣に生ずるというのに、そなたはなぜ、『この男性は善処天上界に生まれた』というのですか？」

と問いかけられました。バラモンは手でそれを撃ち、世尊に、

「この人は五戒を奉持し、併せて十善を行っていました。そのおかげで、命終を迎えてから善処天上界に生まれたのです」

と申し上げました。世尊は、

「よろしい、よろしい。そなたのいうとおりです。持戒の人は罪を犯すことがないから、善処天上界に生まれるのです」

と告げられました。世尊は、

「この人はいくつの戒を奉持して命終を迎えたのでしょうか？」

と重ねて問いかけられました。バラモンはまた集中して邪念を払い、手でそれを撃ち、世尊に、

「一つの戒を守っていたのでしょうか、そうではありません。二つ、三つ、四つ、五つの戒を守っていたのでしょうか、そうではありません。分かりました、そうです、この人は八関斎の法を守り、その上で命終を迎えました」

と申し上げました。世尊は、

「よろしい、よろしい。そなたのいうとおりです。この者は八関斎を守って命終を迎えたのです」

と告げられました。

◉解説

前に解説したところでは三人分の頭蓋骨が登場し、それぞれの性別・死因・死後の行き先についてミガシラバラモンが答えました。一人目は多くの病を併発して全身が痛んで亡くなった男性で、死後は三悪趣に堕ちていました。ここでは三悪趣と表現されていますが、要するに地獄界・餓鬼界・畜生界のいずれかに生じたということですね。二人目は産厄で亡くなった女性で、死後は畜生界に生まれていました。三人目は飲食の過多による下痢で亡くなった男性で、餓鬼界に生まれていました。いずれも因縁によって良くない亡くなり方をしているので、死後も悪趣の境界で苦しんでいたわけです。

ところで、地獄界・餓鬼界・畜生界に生じたという表現には、二通りの解釈が考えられます。まず、人は、死後に「中有」（死んでから次の生を受けて生まれ変わるまでの中間的在り方）の世界に入りますが、ほとんどの人は死後、意識が戻ると、そこから阿鼻野《あびの》街道（死人街道・亡者街道）を通ってサイの広場へと向かいます。そしてサイの広場にある断崖絶壁から三途《さんず》の川（三瀬川《みつせがわ》）に堕ちます。その時、業の重さによって一番手前にある地獄界、中央にある餓鬼界、一番遠くにある畜生界に通じる三つの瀬のいずれかに堕ちて、生前の罪をつぐなうために、急流によってそれぞれの世界に運ばれたということです。

もう一つは、それぞれの世界で罪をつぐなってから冥界に到着し、そこからこの世界に転生した時に、その因縁による環境や運命が、地獄界・餓鬼界・畜生界のいずれかの境界《きょうがい》であるというものです。

これをわたくしの著書『人はどんな因縁を持つか』(阿含宗教学部)と『修行者座右宝鑑』(阿含宗出版部)から引用敷衍すると、たとえば地獄界の境界では、次のような因縁によって苦しみます。

自殺、他殺、事故死のいずれかに遭うという「横変死の因縁」。心がけの善い悪いにかかわらず、刑事事件を起こして刑務所につながれる「刑獄の因縁」。恩を受けた人(主人、師、上長、取引先、先輩など)をだましたり、傷つけたり、とにかく相手になにかしら損害を与えるという「逆恩の因縁」。この逆恩の因縁の場合、性格としては、恩を仇で返すというようなものと反対に、一心に恩義に報いようとする心がけを持っていて、そのように努力をしながら、かえって結果的には、その恩義を仇にして返すようなことになってしまうことがよくあります。だいたい、自分にとって恩義のある人というのは、自分に好意を持ち、あるいは信用して、自分を引き立て、力になってくれる人です。こういう相手に、無意識とはいえそういう損害を与えたり、背いたりするということは、自分で自分の手足をもぐことです。自分の有力な味方を失うことになります。そこで孤立無援となって、人生の失敗者となってゆきます。

また、肉親の者同士、血縁の者同士が、互いに運気生命力を損ねあい、傷つけあって分散してゆく「肉親血縁相剋の因縁」。

そういった因縁に苦しみます。

また、餓鬼界の境界では、次のような因縁に苦しみます。

必ず癌になるという「癌の因縁」。家の運気が次第に衰えてきている家系に生まれるという「家運衰退の因縁」。これは、実力がありながら、妙にめぐり合わせが悪く、ウダツが上がらず、年を取るほど運気が衰え、生活が悪くなっていくというものです。

そして、この因縁から出てくるのが、なにをやっても、一応、七、八分通りまでは順調に進むが、あともう一、二分というところで必ずダメになる、決して実らないという「中途挫折の因縁」などです。

畜生界の境界に生まれると、次のような因縁に苦しみます。

目がつぶれて失明したり、手足を断つ、というように、肉体に障害を受ける「肉体障害の因縁」。つまり、けがの因縁で苦しみます。また、精神病や頭部のけが、または脳溢血、脳軟化症等の病気で苦しむ、あるいは程度の軽い因縁の人は年中、頭痛、肩こり、不眠症などに悩まされる「脳障害の因縁」などです。

これらの因縁についての詳細は、『人はどんな因縁を持つか』をお読みください。

地獄界に堕ちた人たちのありさまは、わたくしが霊視した結果の一部を著書『守護神を持て』や『輪廻転生瞑想法Ⅰ』（ともに平河出版社）などで紹介しましたが、餓鬼界では、飢えや渇きに苦しみます。同時に浮浪霊となってこの世をさまよっている餓鬼もおります。

阿含宗では、毎年、盂蘭盆会万燈先祖供養を行なっておりますが、万燈のほかに必ず精霊棚というものを境内の暗い一角に設けて供養しています。これは「施餓鬼供養」つまり、餓鬼の供養のためなのです。餓鬼とは、日本の昔の絵巻物の一つである『餓鬼草子』に描かれているように、皮膚が骨に張りついたように痩せこけて腹部だけが異様に膨れているという醜《みにく》い姿で、いつもこそこそと暗い隅に隠れて、餓えと渇きに苦しんでいる存在です。わたくしの霊視では背丈は小さく、三十～四十センチほどです。彼らは自分の姿の醜さを知っているので、それを恥じて人前には出たがりません。そこで境内の一角に暗い場所を造り、そこに特別に法を修したお供えをして供養しているのです。彼らは特別に法を修したお供物でないと口に入れることができません。

また、畜生（界）に生じるという場合、畜生界に堕ちて罪をつぐなったり、この世界で畜生界の境界に生まれ、その因縁に苦しむということのほかに、本当に、犬や豚や鶏に転生してしまう場合があるのです。わたくしの霊視によると、死後、サイの広場に向かう阿鼻野街道の途中で、生前自分に恨みを持っていた者に甘言で誘われることがあるのです。その死者は顔が生前とは変わっているので、自分に恨みを持っていた相手だとは気がつきません。誘いに乗ると大きな洞窟に案内されて休むように勧められます。そこでうとうとしたかと思うと、目がさめると豚になっていたり、犬になっていたりするのです。

『チベットの死者の書』（川崎信定訳・筑摩書房）で、

「汝が動物（畜生）として生まれる場合は、岩窟や洞穴や草庵が、露のかかっているようなありさまで見えるであろう。ここにも入ってはならない」

と説くとおりなのです。

ところが、この二人もまた、先にお話しした三人と同じく三悪趣に生じるべき死に方であったのにもかかわらず、良い境界へと生まれています。それはどうしてでしょうか。

◉善趣に生まれる持戒者

お釈迦さまが拾い上げた四つめの頭蓋骨は、やはり産厄によって亡くなった女性のものでした。出産の時に体力気力が尽き果てるとともに餓えによって亡くなったわけです。これは、初めから虚弱な体質であった女性が、出産という重労働で体力気力が衰えきったために体が通常の食物を受けつけなくなって、飢餓状態で亡くなったか、あるいは、心身の衰え切ったこの女性の世話をする人々がおらず、食物を摂ることができなかったために亡くなったのでしょう。

では、死後はどこに生まれたのかとお釈迦さまが問うと、ミガシラバラモンは、人間界に生まれていると答えたわけです。

そこでお釈迦さまは、餓死の人は善処に生まれたいと願ってもそれはできず、三悪趣のいずれかに生まれるものではないか、と異議を唱えられました。するとミガシラバラモンは、この女性は保つべき戒を完全に備えて命終を迎えたので人間界に生まれたのです、と申し上げました。

経文では、「持戒」とあります。持戒とは、『佛教語大辞典』によると「戒めを守ること。戒をたもつこと。つつしみ。仏が制定した戒律を守って犯さないこと」とあります。つまり、お釈迦さまのお決めになった戒律を守っていたということです。単なる「戒律」ということであれば、当時、六師外道やその他のさまざまな宗教指導者が、それぞれの戒律を立てて弟子を指導していたわけですが、外道の戒律を守ったからといって、その功徳が三悪趣を免れるほどのものであるとはいえません。この女性は、お釈迦さまが因縁解脱のために必要であると判断され、指導された戒律を完全に守ったからこそ、本来であれば三悪趣の境界に堕ちるような悪因縁で死を迎えても、三悪趣の境界を免れて二趣（人間界・天上界）のうちの人間界に生じることができたのです。

さて、ミガシラバラモンの説明に対して、お釈迦さまは、

「よろしい、よろしい。そなたのいうとおりです」

とお答えになりました。男性女性にかかわらず戒を完全に備えた者は、命終しても人間界か天上界に生まれることができる、ということをお認めになられたわけです。

◉横変死者をも救う戒の力

五人目は、人に殺されるという「横変死の因縁」で亡くなった男性でした。この者は死後どこに生まれたのか、とお釈迦さまがおたずねになりますと、ミガシラバラモンは、天上界に生まれている、と答えたわけです。するとお釈迦さまは、

「そなたのいうことは、前後で矛盾しているではありませんか」

とお咎《とが》めになりました。つまり、男女を問わず、人に害せられて命を落とす時は、必ず、地獄・餓鬼・畜生の三悪趣の境界に生まれて苦しむことになっているのに、この横変死した男性が天上界に生まれているというのはおかしいではないか、という問いです。

するとバラモンは、この男性は五戒を守り、さらに十善を行なっていたために、善処（善趣・

二趣）の天上界に生まれることができたのです、と答えたわけです。

それでは、五戒・十善とはどのようなものでしょうか？

五戒とは、『佛教語大辞典』によると、「五つの戒め。在家の仏教信者が守るべき五つの戒め」とあり、十善とは「十種の善い行ない。十悪の対」とあります。十善は阿含宗の聖典、『阿含宗仏舎利宝珠尊解脱宝生行聖典』の冒頭にも、「十善戒」として明記しております。

五戒・十善の内容は、次のとおりです。

○五戒

①不《ふ》殺生《せっしょう》戒《かい》……生きものを殺さないこと。

②不《ふ》偸盗《ちゅうとう》戒《かい》……盗みをしないこと。

③不《ふ》邪婬《じゃいん》戒《かい》……男女の間を乱さないこと。性に関して乱れないこと。特に妻以外の女、
または夫以外の男と交わらないこと。

④不《ふ》妄語《もうご》戒《かい》……嘘をつかないこと。

⑤不《ふ》飲酒《おんじゅ》戒《かい》……酒を飲まないこと。

○十善

①不殺生……殺さず。

②不偸盗……盗まず。

③不邪婬……邪婬せず。

④不妄語……妄語せず。

⑤不《ふ》両舌《りょうぜつ》……両舌せず。（両舌とは、陰口《かげぐち》や誹《そし》り。人を仲たがいさせるようなことをいうこ

と。二枚舌）

⑥不悪口《ふあっく》……悪口せず。（悪口とは、人を悩ます言葉。荒々しく粗悪なる言葉）

⑦不綺語《ふきご》……綺語せず。（綺語とは、戯《ざ》れ言《ごと》。口からでまかせのいい加減な言葉。悪い意味での冗談）

⑧不貪欲《ふとんよく》……貪《むさぼ》らず。（貪欲とは、名声や利益を貪ること）

⑨不瞋恚《ふしんに》……瞋《いか》らず。（瞋恚とは、自分の心に違《たが》うものを怒り恨むこと）

⑩不邪見《ふじゃけん》……邪見をいだかず。（邪見とは、因果の道理を無視する誤った考え）

以上のことがらは、簡単なようですが、深く考えるべきことがらです。

たとえば、「不殺生」は、五戒・十善の最初に戒められていることですが、「生き物を殺さない」といっても、わたくしたちは毎日、他の生命をいただくことによって生きているわけです。わたくしたちが毎日食べている食物は、動物も魚類も穀類その他の植物もすべて生きていたものです。いってみれば他の生命体を犠牲にして生きているわけです。それはなにも人間だけではありません。ほとんどすべての生命体が互いに他者の生命によって生きているわけです。自分は殺した覚えなどないという人も、他の人が殺したものを食べているわけです。他の人が動物を殺して食肉加工してくれなければ、結局、自分が殺さなければ食べることはできません。また、ベジタリアン（菜食主義者）であっても、植物を食べているわけです。植物だって一種の生存本能にしたがって繁殖し、生きているのです。

そう考えてゆくと、たんに他の人間や生き物を殺さないというだけではなく、どうしても他の生命を害さなくては生きてゆけないという業《ごう》の中で、いかに無用の殺生をしないか、ということを考えざるを得ません。時折、テレビのバラエティ番組などで放映される大食い競争など、もってのほかというべきでしょう。自分の体にも悪いし、自分の身体を養う必要以上に他の生命を貪り消費しているわけです。そう自覚すると、無理な摂生をする必要はありませんが、おのずと健全な食生活にもなるのではありませんか。

日本人の奥ゆかしい習慣のひとつに、食事の際に「いただきます」という言葉を唱えてから食べ始めるということがありますが、これは毎食ごとに「私はあなたの生命をいただいて生かしていただきます」という自覚を持つことによって、他の生命をいただくことへの感謝と、節度というものがおのずと養われる、素晴らしい習慣ではないでしょうか。

また、お釈迦さまのご在世中に始められたとされている、安居《あんご》の原語である梵語の「ヴァールシカ」は、雨を意味する梵語の「ヴァルシャ」に由来します。これは雨期には草木が繁茂して、昆虫や小動物たちが活発に活動し始めるので、知らぬうちにそうした生き物たちを踏んでしまったりするような無用な殺生を防ぐために、常には別々に活動していた僧侶たちが、一定期間、一カ所に集まって修行することです。雨期のある夏に行なうことから夏《げ》安居、あるいは雨《う》安居とも呼ばれるようになりました。

◉出家修行をする八関斎

さて、このようにミガシラバラモンが、五人目の男性は、「五戒・十善を保っていたが故に、殺されても天上界に生じることができたのです」とお釈迦さまにお答えしたところ、お釈迦さまも、「そのとおりである、戒を保って罪を犯すことがなければ天上界に生ずるのである」と賛成なさいました。ところがここでお釈迦さまは、重ねてミガシラバラモンにおたずねになります。この人は、いくつの戒を保って亡くなったのか、と。

これは少しおかしな問いですね。皆さんは、そう思いませんか。ミガシラバラモンはすでに五戒と十善を保っていたとお答えしているわけです。それなのに、いくつの戒を保っていたのかとの問いです。五戒は名前のとおり、五つの戒であることはさきほど紹介したとおりです。また、十善もすぐ分かるように、この十善、つまり十種類の善い行ないとは、十種類の悪いことをしないということで、これを戒めにすれば十善戒となるわけですから、十の戒となるわけです。

なぜ、このように、すでにお答えしているのにと思われるようなことを、再びおたずねになったのでしょうか？　おそらく、このバラモンも不審に思ったのではないでしょうか。しかし、彼は、素直に再度、頭蓋骨を撃ち、髑髏咒を唱えて深く思念しました。つまり、霊視したということですね。そして、今回は慎重に霊視していったわけです。

ですから、「一つの戒でしょうか？　いや、違います。二つ？　三つ？　四つ？　五つの戒でしょうか？　いや、違います」としだいに深く霊視していった結果、はっきり分かったわけです。

そこで「然り」（そうです）と確信を持って、「八関斎の法を保っていました」と申し上げたのです。

すると、お釈迦さまは、「そのとおりである」と告げられました。最初にバラモンが、「五戒と十善（戒）」と申し上げた時には、単に「戒を保って罪を犯さなければ天上界に生ずる」とだけお答えになっていたのですが、今回は、「そのとおりです。八関斎の法を保って亡くなったのです」と、はっきりと認めてくださいました。つまり、最初にお答えした「五戒・十善」という内容は、間違ってはいなかったのですが、それだけではなかったのですね。

では、すでにご紹介した「五戒・十善」とこの「八関斎の法」とは、いったいどこが異なるのでしょうか。

じつは一つ大きな違いがあるのです。

それは、五戒・十善は、自分だけで行えるものですが、この八関斎は寺に出かけて行う戒だということです。

「八関斎」は「八斎戒《はっさいかい》」あるいは「八戒斎《はっかいさい》」ともいい、単に「斎」「斎戒」ともいいます。斎とは「布薩《ふさつ》」（ウポーサタ）の訳で「つつしむ」という意味です。

在家の信者にとっては、毎月の「六斎日《ろくさいにち》」（八日、十四日、十五日、二十三日、二十九日、三十日）に、寺（お釈迦さまの僧伽《そうぎゃ》）に出かけて、一昼夜を限って守る八つの戒めです。つまり、毎月六日間だけ僧侶のもとに集まって身心を清浄に保って出家生活を送るという形を取った戒なのです。ですから、在家の戒である五戒・十善戒を実践するのは当然ですが、基本となる五戒・十善戒とは一カ所だけ共通して異なる部分があります。それは「不邪婬戒」です。不邪婬戒とは「妻以外の女、または夫以外の男と交わらないこと」という不倫を禁じた在家の戒ですが、八関斎では出家と同じように「不婬戒」となります。つまり性交そのものをしないということです。

八関斎とは、具体的には、五戒のうち不邪婬戒を不婬戒として、さらに香油《こうゆ》塗《ず》身戒《しんかい》・歌《か》舞《ぶ》観《かん》聴戒《ちょうかい》・高広大牀戒《こうこうだいしょうかい》を加えて八戒とするのですが、もう一つ非《ひ》時《じ》食戒《じきかい》を加えます。

○八関斎

①不殺生戒……生きものを殺さないこと。（五戒・十善戒と同じ）
②不偸盗戒……盗みをしないこと。（五戒・十善戒と同じ）
③不婬戒………性交をしないこと。（五戒・十善戒では不邪婬戒）
④不妄語戒……嘘をつかないこと。（五戒・十善戒と同じ）
⑤不飲酒戒……酒を飲まないこと。（五戒と同じ）
⑥香油塗身戒…身体に香水や油を塗ったりして、きらびやかに飾らないこと。
⑦歌舞観聴戒…演劇や音楽を見たり聞いたりしないこと。
⑧高広大牀戒…高くて大きく飾りのあるぜいたくな寝台を使わないこと。
⑨非時食戒……非時（正午から翌日の暁まで）に食事を摂らないこと。（水などの液体は可）

それでは、出家した弟子たちの場合はどうであったかというと、毎月二回の新月と満月の日（十五日、三十日）に集まって、具足戒（出家した比丘・比丘尼が守る戒律）に抵触していないかを確認して、反省懺悔したようです。

つまり、四人目の女性と五人目の男性は、生前は優婆夷《うばい》（在家の女性仏教徒）・優婆塞《うばそく》（在家の男性仏教徒）としてお釈迦さまの弟子となっており、在家仏教徒の戒を守っていたのです。そのために産厄で亡くなった女性は、お産に際して餓死しても餓鬼界などの三悪趣ではなく人間界に生じることができました。さらに殺害されて亡くなった男性は、在家の戒に加えて毎月六日間、出家の弟子たちと一緒に生活し、出家と同じ戒を保ったがために、天上界に生じることができたのです。また、二人ともお釈迦さまの弟子ですから、当然、縁起の法などの基本的な教学を学んでいたわけですね。

◉塔寺を訪れて積む功徳

『雑阿含経《ぞうあごんぎょう》・一切事経《いっさいじきょう》』講義では（上巻・九―六〇頁）、お釈迦さまの教えとして、「随時に沙門《しゃもん》に往詣《おうけい》して正法を聴受《ちょうじゅ》すること能《あた》ざるは、是れ則ち具せざるなり。具せざるを以ての故に精勤方便《しょうごんほうべん》し、随時に塔寺《とうじ》に往詣して諸《もろもろ》の沙門に見《まみ》える。一心に正法を聴受せざるは、是れ具足せざるなり」とあります。

現代語訳では「もろもろの都合をつけて、おりあるごとに出家のところへ参詣し、正法を拝聴しなければ、真の優婆塞といえません。努力と工夫を重ねて出家のいる塔寺に参詣し、沙門の教えを受けなさい。この修行を聞《もん》といいます。一心に正法を拝聴して聞を実践しなさい」となります。聞とは、お釈迦さまの教えを聞くことです。

また『雑阿含経・出家経《しゅっけきょう》』（上巻・一五一―二〇二頁）では、梵行ができない在家仏教徒の男女でも、お釈迦さまの教法を守っていれば「斯陀含《しだごん》を得る」あるいは「須陀洹《しゅだおん》を得て悪趣の法に堕せず」とあります。

つまり在家の仏教徒でも、できる限り、お釈迦さまのもとに集まり、お釈迦さまの正しい教えを学び、お釈迦さまの教団のもとで修行すれば、因縁解脱をして聖者の流れに入るということです。これを具体的に説いたお経が、『増一阿含経《ぞういちあごんぎょう》・三供養品《さんくようぼん》』（中巻・八一―一五六頁）です。

そこには、出家となって難しく高度な成仏法（上根の成仏法＝七科三十七道品《しちかさんじゅうしちどうぼん》）を修行できなくとも、三福道《さんぷくどう》（三善根《さんぜんごん》）を修行すれば、涅槃界《ねはんかい》（阿那含までの涅槃の手前の境界）に入れると説かれています。これを「下根の成仏法」といいます。涅槃界に入れば、涅槃に入る道が開けます。上根の成仏法を修行できるだけの徳が生じるのです。三福道とは、次の三つです。

①如来のみもとにおいて功徳を種《う》える。

②正法において功徳を種える。

③聖衆において功徳を種える。

以上の三つが、「下根の成仏法」です。

これを現代に当てはめるならば、「如来のみもとにおいて功徳を種える」とは、「真正仏舎利尊のみもとにおいて功徳を種える」ということです。なぜならば、真正仏舎利尊はお釈迦さまがこの世界に残された唯一の聖なる遺物であり、仏界のお釈迦さまのお霊《みたま》が、わたくしたちの祈りに応えて降臨される時には、最もゆかりの深いものにお降《くだ》りになるからです。だからこそ、真正仏舎利尊にはお釈迦さまのバイブレーションが宿り、阿含宗の本尊として、修行者、信者に力を与え、ご加護くださるのです。

ですから、阿含宗の信徒は皆、少なくとも毎月の例祭には必ず参加して、三福道を実践しなくてはなりません。

さて、お経の解説に戻りましょう。

お釈迦さまは、このミガシラバラモンが独自の修行によってそれなりの霊力を持っていたので、お釈迦さまの教法を受持していなかった者と、教法を受持していた者との死後の違いを実際に彼の持つ霊力によって体験させ、お釈迦さまの教法の正しさを教えようと考えられたのだと思います。

そこで、お釈迦さまは、最後に六人目の頭蓋骨をこのバラモンに示されるのです。

◉――バラモンの神通力の限界

経文の続きを読んでみましょう。

爾時東方境界普香山南。有優陀延比――爾の時東方《とうほう》の境界普香山《ふこうせん》の南に優陀延比丘《うだえんびく》有り、無余涅《むよね》

丘。於無余涅槃界而取般涅槃。爾時世尊屈申臂頃往取彼髑髏来授与梵志。問梵志曰。男耶女耶。是時梵志復以手撃之。白世尊言。我観此髑髏。元本亦復非男又復非女。所以然者。我観此髑髏。亦不見生亦不見断。亦不見周旋往来。所以然者。観八方上下都無音響。我今世尊未審此人是誰髑髏。世尊告曰。止止梵志。汝竟不識是誰髑髏。汝当知之。此髑髏者。無終無始亦無生死。亦無八方上下所可適処。此是東方境界普香山南。優陀延比丘於無余涅槃界取般涅槃。是阿羅漢之髑髏也。爾時梵志聞此語已。歎未曾有即白仏言。我今観此蟻子之虫所従来処。皆悉知之。鳥獣音響即

槃界《はんかい》に於いて般《はつ》涅槃を取れり。爾の時世尊、臂《ひじ》を屈申《くっしん》する頃《あいだ》に、往《ゆ》いて彼の髑髏を取り来って梵志に授与し、梵志に問いて曰く、「男なるや女なるや」と。是の時梵志復手を以て之を撃ち、世尊に白して言さく、「我《われ》此の髑髏を観《かん》ずるに、元本《がんぽん》亦復男に非ず、又復女に非ず。然る所以は我此の髑髏を観ずるに、亦生《しょう》を見ず、亦断《だん》を見ず、亦周旋往来《しゅうせんおうらい》を見ず。然る所以は、八方上下《はっぽうじょうげ》を観ずるに都《すべ》て音響《おんこう》無し。我今《いま》世尊、未《いま》だ此の人は是れ誰の髑髏なるかを審《つまびらか》にせず」と。世尊告げて曰く、「止《や》みなん、止みなん、梵志。汝竟《つい》に是れ誰の髑髏かを識《し》らず。汝当に之を知るべし。此の髑髏は終わり無く、始め無く、亦生死《しょうじ》無し。亦八方上下に適《ゆ》くべき所の処《しょ》無し。此れは是れ、東方境界の普香山の南にて、優陀延比丘、無余涅槃界に於いて般涅槃を取れり。是れ阿羅漢《あらかん》の髑髏たり」と。爾の時梵志、此の語を聞き已って、「未曾有《みぞう》なり」と歎《たん》じ、即ち仏に白して言さく、「我今此の蟻子之虫《ぎしのむし》を観ずるに従来《じゅうらい》するの処、皆悉《ことごと》く之を知る。鳥獣《ちょうじゅう》の音響即ち能《よ》く別ち知る。此れは是れ雄《ゆう》、此れは是れ雌《し》と。

能別知。此是雄此是雌。然我観此阿羅漢永無所見。亦不見来処亦不見去処。如来正法甚為奇特。所以然者。諸法之本出於如来神口。然阿羅漢出於経法之本。世尊告曰。如是梵志。如汝所言。諸法之本出如来口。正使諸天世人魔若魔天。終不能知羅漢所趣。爾時梵志頭面礼足白世尊言。我能尽知九十六種道所趣向者。皆悉知之。如来之法所趣向者不能分別。唯願世尊。得在道次。世尊告曰。善哉梵志。快修梵行亦無有人知汝所趣向処。爾時梵志即得出家学道。在閑静之処思惟道術。所謂族姓子。剃除鬚髪著三法衣。生死已尽梵行已立。所作已弁更不復受胎。如実知之。是時

然るに我此の阿羅漢を観ずるに、永《なが》く見る所無く、亦来《きた》る処を見ず、亦去《さ》る処を見ず。如来《にょらい》の正法《しょうぼう》は甚《はなは》だ奇特《きとく》と為す。然る所以は、諸法《しょほう》の本《もと》は如来の神口《しんく》より出《い》ず。然して阿羅漢は経法《きょうほう》の本より出ず」と。世尊告げて曰く、「是《かく》の如し、梵志。汝の言う所の如し。諸法の本は如来の口より出ず。正使《たとい》諸天世人《しょてんせにん》魔《ま》若《も》しは魔天《まてん》も、終《つい》に羅漢の所趣《しょしゅ》を知ること能《あたわ》ず」と。爾の時梵志頭面《ずめん》に足を礼し、世尊に白して言さく、「我能く尽《ことごと》く九十六種道《くじゅうろくしゅどう》の趣《おもむ》き向かう所の者を知り、皆悉く之を知るも、如来の法の趣き向かう所は分別すること能ず。唯《ただ》願わくば世尊、道次《どうじ》に在《あ》ることを得《え》ん」と。世尊告げて曰く、「善い哉、梵志。快《こころよ》く梵行《ぼんぎょう》を修むるも亦、人《ひと》汝の趣き向かう所処《しょしょ》を知ること有ること無し」と。爾の時梵志即ち出家《しゅっけ》学道《がくどう》を得、閑静《げんじょう》の処に在って道術《どうじゅつ》を思惟《しゆい》し、所謂《いわゆる》族姓子《ぞくしょうし》の、鬚髪《しゅほっ》を剃除《ていじょ》し、三法衣《さんぼうえ》を著け、生死《しょうじ》已《すで》に尽《つ》き、梵行已に立ち、所作《しょさ》已に弁《べん》じて、更《さら》に復胎《たい》を受けず、実《じつ》の如く之を知れり。是の時梵志即ち阿羅漢を成ぜり。(以下略)

梵志即成阿羅漢。（以下略）

◉現代語訳

その当時、（ラージャガハの）東方にあった普香山の南に優陀延という比丘がおり、死の刹那に無余涅槃界（ニルヴァーナ）を成就しておりました。そこで、世尊はひじを屈伸するほどの間にそこ（墓所）に行って、優陀延比丘の頭蓋骨を取って来られました。そして、それをバラモンに渡し、

「これは男性でしょうか？　女性でしょうか？」

と問いかけられました。バラモンは（髑髏呪の瞑想に入って）手でそれを撃ち、世尊に、

「私がこの頭蓋骨を観察したところ、その本性は男性でもなく、女性でもありません。なぜそう申し上げるかというと、この頭蓋骨を観察しても、生きていた時の状態を見通すことができないからです。死に際しての状態も見通すことができません。また死後の輪廻の先も見通すことができません。というのも、八方上下のどの世界を観察してもどこにも手応えがないからです。世尊よ、私はいまだに、この頭蓋骨がどういう人のものかを明らかにすることができません」

と申し上げました。世尊は、

「やめなさい、やめなさい。バラモンよ。そなたがどんなに精魂を尽くしても、そなたの力ではこの頭蓋骨がどのような人のものかを知ることはできないのです。そなたはこのことを知るべき

です。この頭蓋骨には終わりもなく、始めもなく、また生死（輪廻）もありません。また八方上下あらゆる世界のどこにも、行くべきところはないのです。これは、東方にある普香山の南に住んでいた優陀延比丘の頭蓋骨であり、彼は死の刹那に無余涅槃界を成就したのです。これはつまり阿羅漢の頭蓋骨なのです」

と告げられました。バラモンはそのお言葉を聞き終わって、

「未曾有なことです」

と感歎し、続いて仏さまに、

「私はアリの子を観察しても、それについてことごとく知ることができます。鳥獣の鳴き声を聞いてもことごとく判別できます。これは雄《おす》であり、これは雌《めす》であるというように。それなのにこの阿羅漢を観察しようとして、（あらゆる世界を）どこまで探しても見つけることができません。生きていた時のことも死後の行き先も分かりません。如来の正法にはじつに不思議な霊験があります。と申し上げますのは、現象世界の根本原因が如来によって説かれると、その教法のもとにおいて阿羅漢が生じるからです」

と申し上げました。世尊は、

「そのとおりです、バラモンよ。そなたのいうとおりです。現象世界の根本原因は、真理を悟った者によって説かれるのです。（そして）たとえ神々や世間の人々、あるいは魔や魔天であっても、ついに阿羅漢が死後に赴く先を知ることはできないのです」

と告げられました。するとバラモンは世尊のお御足《みあし》に頭をつけて礼拝し、世尊に、

「私は（これまで）、九十六種道（仏教以外のあらゆる宗教）を奉じていた者たちの死後の行き先を

ことごとく知り尽くすことができました。人々も、このことをすべて知っております。（しかし、その私にも）如来の法を奉じる人の死後の行き先を知ることはできませんでした。ただ願わくば世尊よ、私にこの聖なる道を歩ませてください」

と申し上げました。世尊は、

「じつによいことです、バラモンよ。（そなたの）心にかなう梵行を修めたならば、そなたの死後の行き先を知ることができる者はいなくなることでしょう」

と告げられました。

バラモンは、出家し仏道を学ぶことを得たので、閑静なところに住《とど》まって道品法（成仏法）を修行しました。正しい信仰を持つ人として髭《ひげ》と髪を剃《そ》り、三法衣を着けたのです。（そして修行の結果）人間としての生死輪廻はこの生涯だけとなり、なすべき梵行はすでに修め、なすべきことはなし終わって、二度と生まれ変わることはなくなった、ということを自ら如実に知りました。

この時、バラモンは阿羅漢を成就したのです。

◉解説

これまでミガシラバラモンは、お釈迦さまが提示されたすべての頭蓋骨に対して、その性別や死の原因、治療法、死後の行く先など、すべてを見通すことができました。大した力量の持ち主です。得意顔に鼻をうごめかしていたかもしれませんね。

そこで次に、お釈迦さまは、大神通力をもって、一瞬の間に、一つの頭蓋骨を取って来られました。これは、はるか東方の普香山というところで亡くなり、涅槃《ニルヴァーナ》に入った優陀延（Udena）という出家のものでした。

この比丘について漢文読み下し文では、次のように書かれています。

「無余涅槃界に於いて般涅槃を取れり」

この表現によって、優陀延比丘は、生前、聖者の四つの階梯の第三階梯である阿那含《あなごん》（不還《ふげん》）の段階まで到達しており、「死の刹那に完全解脱して涅槃を得た」、つまり死を迎えると同時に最後の階梯である阿羅漢となったということが分かります。

というのは、ここでの「般涅槃」とは「死」を意味しているので、死の前にすでに涅槃を成就していれば、それはお釈迦さまと同じく肉体を持ったままニルヴァーナを成就した「有余（依）涅槃の聖者」（仏陀）ですから、「有余涅槃に於いて般涅槃を取れり」という表現になるはずです。そうでなければ「阿那含に於いて命終す」という表現になるでしょう。「有余」とは、まだ肉体が残っているということです。したがって「無余涅槃」とは、通常は、お釈迦さまのように、生前に完全なる因縁解脱を成就して有余涅槃に入った聖者が、命終して、肉体という束縛からも離れた完全なるニルヴァーナを得たことを指します。ところが優陀延比丘は「無余涅槃界に於いて死を迎えた」のです。すでに肉体がないのに「死を迎える」はずがありませんから、これは、肉体の死滅と同時に完全解脱を成就したということです。

阿那含は別名「不還」というとおり、阿那含となって死を迎えた場合は、もうこの世界に還《かえ》ってくることなく、天上界という高度の霊界において完全解脱（ニルヴァーナ）を成就して仏界に入りますが、このように死の刹那に完全解脱にいたる場合もあるわけです。このように死の刹那に涅槃を得ることもまた無余涅槃といい、『雑阿含経・七種果経』（二八四―三三五頁参照）では、このような状態を「命終時の智証《ちしょう》の楽」と表現しております。また、お釈迦さまのように肉体を持ったまま涅槃を得ることを有余涅槃といい、「現法の智証の楽」と表現しております。

さて、優陀延比丘の頭蓋骨をミガシラバラモンに渡されたお釈迦さまは、これまでと同様におたずねになりました。

「これは男性でしょうか？　女性でしょうか？」

今回もミガシラバラモンは、髑髏呪を唱えて一心に集中しますが、今度ばかりはなんにも分かりません。とうとう閉口して降参しました。

そこでお釈迦さまは、

「バラモンよ。そなたがどんなに精魂を尽くしても、そなたの力ではこの頭蓋骨が誰のものかを知ることはできません。この頭蓋骨には終わりもなく始めもなく、生も死もないのです。また八方上下のどの世界にも、死後に赴く先はないのです。この頭蓋骨は、東方にある普香山の南に住んでいた優陀延比丘のもので、彼は死の刹那に無余涅槃界に到達しました。これはつまり阿羅漢（仏陀）の頭蓋骨なのです」

と諭《さと》されました。

優陀延比丘は、三悪趣（地獄界・餓鬼界・畜生界）にも二趣（人間界・天上界）にも行くべきところはなく、また行ってはいないというわけです。

では、どこに行ったのでしょうか？

つまり完全解脱を果たしたために、もはや「業《カルマ》と輪廻の世界」を離れて、仏界に行ったということですね。業に束縛されて存在する者たちには、業から解脱した世界を知ることはできません。存在の次元そのものが違うからです。

◉お釈迦さまの教法の偉大さ

ところで、たとえ天上界であっても輪廻のうちにあるということは、四体目の頭蓋骨に対して、お釈迦さまが「夫れ男子女人有って、禁戒完具する者は、設し命終の時には、当に天上人中の若き二趣に堕すべし」といわれていることからも分かりますね。仏教の戒律を守っていたために三悪趣の中に生じることはなくても、まだ輪廻の中から完全に解脱できたわけではないので、「二趣に堕すべし」という表現になっているのです。輪廻の世界の中にあるからこそ、ミガシラバラモンにもその行方を知ることができたのです。もっとも、人間界はともかく天上界に生じたという五人目の男性は、仏法僧に帰依して戒を保つと同時に八関斎という出家者に準ずる修行をしていたので、すでに聖者の四つの階梯（須陀洹《しゅだおん》・斯陀含《しだごん》・阿那含・阿羅漢）の最初の段階である須陀洹になっていたのではないかと思われます。ですから、彼はその後、数回、人間界と天上界を往来して修行を積むことによって仏界に行くことになるわけですから、永遠に続く常人の輪廻とは異なるわけです。彼にとって、それは輪廻というより修行の道程というべきでしょう。

さて、お釈迦さまが解き明かされたこの驚くべき現象に対して、バラモンはその真実であることを悟り、心の底から驚嘆して感動しました。そしてその場にひざまずき、お釈迦さまの足に自らの額をつけて礼拝し、弟子にしていただきたいと申し出ました。この礼拝の仕方は、古代インドにおいて最高の敬いを示す方法とされていました。仏教ではこれを「仏足頂礼《ぶっそくちょうらい》」といいます。

どうして、彼はこれほどまでに心を打たれたのでしょうか？

なぜなら、彼自身、これまであらゆる人の死後を知るという大変な通力《つうりき》を誇っていたのに、その通力をもってしても、お釈迦さまの教法によって修行を完成した人の死後を見通すことができなかったからです。そこで彼は、それまで誇っていた自分の通力に対する自信を打ち砕かれ、自分の思いも及ばなかった高い境界というものがあることを心の底から知ったのです。理屈ではなく体験として知ったがために、即座にお釈迦さまの境界と教法の計りがたい偉大さを実感したのです。「百聞は一見にしかず」というわけですね。

その時の驚きが、次の言葉からも分かります。

「わたくしは、九十六種道のそれぞれの（教法を奉じる者たちの）死後の行く先を、（これまでは）ことごとく知ることができました。（人々も）皆、このことをすべて知っています。（ところが）如来の教法を奉じる人の死後の行く先を知ることはできませんでした！」

九十六種道とは九十六種外道ともいい、当時のインドで輩出した非バラモン系のあらゆる宗教のことです。当然、仏教もまた非バラモン系の宗教だったわけですが、仏教はこの呼称の中には含まれておりません。なぜならこれは仏教の立場から彼らを呼んだ呼称だからです。仏教では、これらの非バラモン系の自由思想家たちの主要な学説をまとめて「六師外道《ろくしげどう》」と総称し、のちに、各六師にそれぞれ十五人の弟子がいるとして、合わせて「九十六種（外）道」とも呼ぶようになったといわれております。要するに「九十六種道」という表現は、仏教の立場から、(バラモン教を除いて)当時のインドで知られていたあらゆる宗教と、その信奉者を表すものと見ればよいでしょう。

しかし、彼は、単に通力比べをして自らを誇るような人間ではなく、本来、宗教心が深く利他心を持つ素直な性格の人物であったと思われます。というのは、彼は、当時のインドのカースト制度の頂点に位置するバラモン(司祭階級の人間)であっただけではなく、占星術や医薬にも詳しく、人々の死後の行き先を見通す通力を持ち、お釈迦さまのもとに来るまでに、あらゆる宗教家を打ち負かしてきたわけです。もっと、傲慢な態度であってもおかしくないでしょう。

ところが、お釈迦さまのもとに通力を競いにやってきたミガシラバラモンは、始めから最後まで、お釈迦さまから試問され、一方的にその力量を試される立場でした。対等な立場としての勝負であれば、交互に試問するはずですが、そうではなかったのです。

おそらく彼は、お目にかかった瞬間に、お釈迦さまとの位の違いを悟ったのでしょう。彼が三悪趣に堕ちた人々だけではなく天上界まで視ることができたということから、彼の境界そのものがすでに天上界に達するほどのものだったことが分かります。その彼であるからこそ、お釈迦さまが自分より遙か上の境界の方だと感得することができたのに違いありません。そこで彼は態度を改め、素直に教えを請うような形になったのでしょう。

ですから、お釈迦さまも、微笑ましい思いで対応されたのだと思います。そのために、このお経では、終始、お釈迦さまがやさしく指導しておられるような味わいがあります。

このようなお釈迦さまのお人柄の一端について、中村元博士はその著書『ゴータマ・ブッダ』

（春秋社）において次のように紹介しています。

「修行者ゴータマは、実に〈さあ来なさい〉〈よく来たね〉と語る人であり、親しみあることばを語り、喜びをもって接し、しかめ面をしないで、顔色はればれとし、自分のほうから先に話しかける人である」

◉仏教教理の裏付けとなる運命学

ここでもう少し、ミガシラバラモンとお釈迦さまの問答から分かることについて触れてみたいと思います。というのは、わたくしにとってもある種の思い入れのようなものを感ずるからです。それはどういうことかというと、このバラモンは占星術と医薬にも長じていたわけですが、わたくし自身、運命学（占星術）を深く極め、栄養学や漢方医学等を独学で一心に学んだ経験があるからです。

わたくしが運命学を学んだのは、一つには仏教の因縁論を確かめるためでした。わたくしは若いころ、自分を救ってくれる宗教は仏教以外にないと確信して仏門に帰依したわけですが、その仏教の根幹となるものは、三世（前世・現世・来世）にわたる因縁の理論です。因縁と宿命と業と、この三つが仏教理論の根本ですが、これを学びつつ、わたくしは考えたのです。

――なるほど、仏教学を学べば、理論としてはうなずけるけれども、はたして実際にそうなのかどうか、それに絶対間違いがないか、人間の生命に前世が本当にあるのか、業というものの本質は何か、理論ではなく、本当に自分自身でなるほどとつかみとってみたい。つかみとらねば納得できない。それにはどのような方法があるだろうか?

必死に考えて、これと思われるあらゆる方法を試みたのです。その中の一つに運命学があったのです。

お釈迦さまが現れる数百年前から、バラモン教典の中の奥義書《ウパニシャッド》により、人間の輪廻転生と業の思想は確立されていました。

そこで、わたくしが思うに、お釈迦さまをはじめ当時インドに現われた数多くの自由思想家たちも、解脱を考える前に、まず、バラモン教の輪廻と業の思想が事実であるかどうかを確かめたであろうということです。他の思想家はともかくとしても、あの賢明で合理的なお釈迦さまが、無条件でバラモンの輪廻思想を受け入れるということは考えられないことで、まず第一に、バラモンのヴェーダやウパニシャッドが説く生命観、運命観の真偽を確かめたのに違いありません。そのために、バラモンの運命学を学び、バラモンの説く運命論が誤っていないことをお知りになったと思うのです。

一つのことを追究し始めると徹底しなければ承知できぬわたくしは、あらゆる運命学を研究しました。

姓名判断、数理学、トランプ占い、水晶占い、砂占い、測定法、九星術、干支術などから、トレミーなどの西洋占星術、八門遁甲《はちもんとんこう》、奇門遁甲《きもんとんこう》、紫微斗数《しびとすう》、六壬《りくじん》天文学、淵海子平《えんかいしへい》におよんでその極に達し、もうこれ以上、深い運命学はないだろうと思うに至りました。よく百発百中というけれども、わたくしは、これら高度の運命学になると、百発百二十中だとよく冗談をいうのです。というのは、時に、本人自身の知らぬことまで分かってしまうからです。

だが、わたくしは、百発百二十中でも満足できなかったのです。

なぜか？

わたくしの場合、ただ人の運命がよく分かり、よく当たるというだけではダメだったのです。わたくしは、そういうことを求めて運命学に入っていったのではないのです。ヨーガや真言の荒行をした結果、わたくしは、当時、かなりの霊感力を得ていて、霊感だけで人の運命が分かるようになっていたから、運命が分かるというだけならば、なにも苦労をして運命学を研究することはなかったのです。

なぜ、それら高度の運命学の方式を用いたら人の運命が分かるのか、その理由、その原理が知りたかったのです。その原理がわたくしの求めているそのものか、または、それを得る鍵になるのではないか、と考えていたのです。

数学がそうですね。問題を出されて、答えだけをポツンと書いて出しても、なぜその答えが出たのかという計算の過程を明らかに書かなければ、その数字がいくら合っていても、試験官は及第点をつけてくれません。答えよりも、その数字が出された過程、方法、原理が必要なのです。それと同じことで、わたくしの求めていたのは、運命が分かる、判断が的中したという答えよりも、なぜ分かるのかということ、つまり原理を知りたかったのです。

その後、苦《く》心惨憺《しんさんたん》して、ようやく本当の運命学に触れてから分かったのですが、高度の運命学には、皆、原理としての生命論が必ず一緒にあったのです。

本当の運命学を得て原理論を読んだ時の感激を、わたくしは今も忘れることはできません。誠にこれこそ「帝王の学」であると同時に「学の帝王」、すべての学問の上にあるべきものだと痛感したのです。

わたくしの長年求めていた人間生命の三世にわたる輪廻の姿、その原理、業の成立とその解消、因縁、宿命の原則など、ことごとく解明されていたのです。

その、本当の運命学、その運命学の名を「密教占星学」といいます。

◉――お釈迦さまは本当に神通や占いを禁じられたのか

また、わたくしが阿含宗の前身である観音慈恵会を始めた時には、それまで培ってきた運命学の力を生かして相談者の因縁透視を行い、その因縁を転換するための指導を行うとともに、相談者が人生上の障害を避けたり、良い運をつかめるように指導してきました。しかし、これはわたくしが因縁解脱のための功徳を積むために始めた求道生活であったので、お金はほとんど受け取らなかったのです。思《おぼ》し召《め》しということで、百円置いてゆく人もあれば、五十円の人もあり、食うや食わずの毎日でした。

ところで、よく、お釈迦さまは奇蹟を現わすことを禁じたとか、占いを禁じたとかいう人がありますが、それらの人たちが主張のよりどころとしている経典に説かれていることは、すべて対機説法であることを理解していないのです。お釈迦さまは常に、目の前にいる弟子たちや在家の信徒たちの機根や状況に合わせてお話ししておられたのです。当然、その時に教えを聞いている人にふさわしい説法をなさっておられるわけです。つまり、相手によってお説きになる内容が違うということです。

もちろん、いくら対機説法といっても、仏教の根幹にかかわる縁起の法や成仏法の内容が相手によって変わるわけではありません。しかし、根本的な教法にかかわらないことがらなどは、相手によって、同じことであっても禁止したり勧めたりしたことがあっても当然です。

一般的なことがらにたとえるならば、そうですね、たとえば、食料が不足して痩せ衰えている人に栄養豊富な食物を与えても、飽食して肥満している人に、さらに栄養過剰な食物を与えたりはしないでしょう。また、やせ衰えている人が極端に衰弱している場合、いきなり栄養豊富な食物を与えれば、体が受けつけられずにかえって体に害を及ぼすかもしれません。あることがらが相手にとってよいことか害になることかは、相手の状況によるわけです。

このように、奇蹟（通力）や占いを行うことなどは、それによって自分の欲望を果たしたり、修行の妨げになるような場合、禁止されるのが当然ですが、いついかなるときにも禁止されたということではありません。

お経というものは、すべて、自分自身に対してお釈迦さまが説いてくださっているのだという思いで読まなければなりません。しかし、同時に、お釈迦さまがそのお経を説いておられる時の状況と目的を深く考える必要があります。字面を追うだけではなく、自分の知力を尽くしてお釈迦さまのお教えを受け止める必要があるのです。

占いということでいえば、だいたい、人の運命を予知することもできないで、いったいどうやって人を指導するというのでしょうか。この世は、一寸先は闇、というのが誰しも実感していることではありませんか。その一寸先の闇を見通して、危難を避け、機会《チャンス》をつかむことができなくては、安心して生活できないのではありませんか？　企業の経営者などは、そのためにあらゆる情報を集めて、会社の存続と発展に心を砕いているではありませんか。

◉肯定される真の奇蹟

神通奇蹟ということに関していえば、仏教の目的である因縁解脱（成仏）こそ宇宙最高の奇蹟ではないでしょうか。それは、自分を変え、世界を変えるのです。これ以上の奇蹟があるでしょうか。お釈迦さまの成仏法こそが、仏法最高の神通力、「因縁解脱力」を与える法なのです。

その因縁解脱の修行を続けるためにも、まず、人生上のさまざまな障害を克服してゆく必要があるのではありませんか。一生をなんの苦労もなく暮らしていけるような人はいません。皆、因縁に縛られて、さまざまな苦労や悩みを抱えて生きているのです。机上の論ではなく、このことを真剣に考えたことがあれば、まず、これらの悩みや苦労を解決する手段を持たなくては、修行さえも満足に進めることができないのは明らかでしょう。

だからこそ、わたくしは一心に祈るのです。進退に困り果てている人たちの道が開くように、法力を振るって奇蹟を祈るのです。

たとえば、わたくしは一九九六年、モンゴルで奇蹟を現しました。当時、乾期の上に干ばつで苦しむモンゴル全土で山火事が起こり、牧畜が主産業であるモンゴルにとって草原の焼失は死活問題であったために、モンゴル政府も全世界に向けて緊急援助を要請しておりました。縁あってそのモンゴルで大柴燈護摩供を焚くことになり、その二日前の六月三日にモンゴル国首相官邸を表敬訪問したのですが、そこでジャスライ首相（当時）にお会いした時に、沈痛な面持《おもも》ちで、雨が降らぬので困ると話される首相に、自分でも思ってもいなかった言葉が、口を突いて出たのです。

「わたくしたちは、明後日、ガンダン寺で法要を行います。その時、観音菩薩に雨を祈ります。観音菩薩は、必ず雨を降らせてくださるでしょう」

自分でも、心の中で「あっ」と思い、なんということを自分はいってしまったのかと思ったのですが、同時に、必ず雨を降らせることができるという確信が、全身にみなぎり、

「火事は必ず消えますよ」

帰り際に、そうつけ加えたのです。その夜、深更《しんこう》、わたくしは、ホテルの一室に籠《こ》もり、ひとり「定《じょう》」に入りました。法要当日まで、およそ三十分ずつ続けるのです。法力集中のためです。その翌日から、定に入っていると、「法」が動き出していることを感じました。実際に、草原のかなたに、厚い雲が集まり始めたのです。

そして六月五日、法要当日の未明、首都ウランバートル市全域に一大雷鳴が轟き、豪雨が沛然として大地をたたきました。それから雨が降り続き、各地の火災が消え始め、今、雨が降り始め

ても全面鎮火に一カ月かかるであろう、と報道されていた全土の森林や草原での大火災が、五日間で完全に鎮火したのです。

この出来事はモンゴル国発行の英字紙『ザ・モンゴル・メッセンジャー』（一九九六年六月十二日発行）も報道しております。もちろん、この全面鎮火は、モンゴル政府をはじめとする人々の真剣な消火活動があってのことですが、これは奇蹟といってもよいのではありませんか。はたしてこのような神通奇蹟の力をお釈迦さまが禁止なさるでしょうか。善きことのためであれば、禁止なさるはずがないでしょう。この神通の力は、わたくしがお釈迦さまの「成仏法」の修行によって得たものですし、第一、お釈迦さまご自身が、時に応じて奇蹟の力を振るわれて布教しておられたのです。

中村元博士は、『ゴータマ・ブッダ』（春秋社）の中で、次のように述べておられます。

「ゴータマ・ブッダは神通力によって偉大な奇蹟を現じ得る人であると当時一般に考えられていたらしい。このことは他の点からも確かめられる。かれに対しては当時次のような非難が向けられていた。

『じつに修行者ゴータマは幻術者（māyāvin）である。他の異学の人々の弟子をひきよせるために幻術（māyā）を誘いのてだてとすることを知っている』」

つまり、幻術としか思えないような超自然的な現象――奇蹟を起こして、布教を成功させていたわけです。

同書には、その実例の一つとして、当時の振興地域の一大中心地であったマガダ国のウルヴェーラー地方において、お釈迦さまが、火神《アグニ》に仕えていたウルヴェーラ・カッサパという、髪をほら貝結びにしている行者に対して、さまざまな神変を現わされて帰服させ、その結果、彼を指導者として仰いでいた五百人の行者と、その弟であるナディー・カッサパと三百人の行者、ガヤー・カッサパと二百人の行者、合わせて三人のカッサパと一千人の螺髻《らけい》の行者を、弟子として出家させたという逸話が紹介されています。このウルヴェーラーは、お釈迦さまが修行時代に六年間の修行を続けられたところであり、またその樹下で悟りを開かれた菩提樹もこの付近にありました。

神通・奇蹟を禁じたという話は、長老ピンドーラ・バーラドヴァージャが神通力によって、マガダ国の首都であった王舎城の商人のところから栴檀《せんだん》の鉢をもらってきた時、それを知ったお釈迦さまが、神通奇蹟（iddhi-pāṭihāriya）の使用を禁じたという伝説から出たもののようです。（『南伝大蔵経　律蔵・小品』）

これが、伝説であるかどうかは別として、この長老の行為が正しくないことは明らかです。長老は、自分の欲望を果たすために神変力を使ったのだから、叱正されるのは当然です。

しかし、衆生を救うため、あるいは教化するための神変力は、絶対不可欠のものです。

◉お釈迦さまと健康医療

また、このお経では、ミガシラバラモンがそれぞれの頭蓋骨の死因をお答えした時に、お釈迦さまが病死した人たちについて、その治療法をおたずねになりましたね。それに対して、彼は、たとえば最初のさまざまな病気を併発して全身の関節が痛んでいた男性には、ハリータキーの実と蜜を合わせて服用させる、二人目の早産した女性には、酥や醍醐などの栄養豊富な乳製品を取らせる、三人目の暴飲暴食で亡くなった男性には、三日間の絶食をさせれば治っていたはずですとお答えし、いずれの方法もお釈迦さまがそのとおりであるとお認めになられました。

これで分かるのは、このバラモンは、確かな医薬の知識があり、その知識を役立ててこれまで人を救ってきたのであろうということです。また、お釈迦さまご自身が深い医薬の知識をお持ちであったことも分かりますね。

お釈迦さまが、弟子たちの健康を非常に気遣われていたことが、「阿含経」や律蔵を見ると、よく分かります。

たとえば、お釈迦さまの教えとして、

「風発し、冷発し、熱発する病の者は、美飲食せよ。美飲食とは乳・酪（チーズ）・生酥（バター）・熟酥（ヨーグルト）・油・肉である。すなわち、病癒《い》ゆ。病癒えれば決して摂ってはいけない」

とあります。風発し冷発し熱発する病とは、マラリアの発作です。十分な栄養を与えて体を温めるのは、キニーネなどの特効薬のない場合、マラリアの重要な療法です。お釈迦さまは、医療のためには、かなり思い切った方法を許しておられたようです。

また、房舎・家屋の建て方など、『長阿含経』などに詳しく記してあります。

『増一阿含経』において、お釈迦さまが、公衆便所を建てて諸人の役に立った者は、死後、天上に生まれると、その功徳を説いているなど、お釈迦さまの便所重視の衛生観が見られます。

お釈迦さま自身、よく、保健・衛生に注意しておられたからこそ、当時にあって驚くべき健康長寿を保たれたのだと思います。こうしてみると、お釈迦さまは、成仏（完全解脱）に至る教法を説いておられただけではなく、この世界において、いかによりよく生きるかという具体的な方法もまた追究し、実践しておられたということがよく分かります。

わたくし自身も、若いころ、当時死病といわれた自分の結核を治すための方法を必死に追究する中で、栄養学や漢方医薬などの研究を続けました。それらの知識を今け弟子の健康指導と高度な修行のための栄養の取り方に生かしているのです。高度な修行になればなるほど、精密なマシーンである人間の身体と脳にとっての適切な栄養というものを、真剣に考えなくてはならないのです。

ところで、このお経では、三悪趣と二趣（善趣）の五趣が説かれておりますが、仏教では五趣の説と六趣の説があります。六趣とした場合は、「修羅界」が入るので次のようになります。

地獄界、餓鬼界、畜生界、修羅界、人間界、天上界です。

この六つの世界が、衆生が業によって輪廻する世界です。古代インド人にとっては、輪廻転生のやむことが一番の願いでした。なぜなら、たとえ人間界や天上界に生まれたとしても、次にも人間界や天上界に生を受けるという保証はないからです。犬や猫、豚や馬などはもちろんのこと、蛇に生まれる可能性だってあるのです。そのために、わたくしは『輪廻転生瞑想法』（平河出版社）において、まず、来世も人間に生まれるように指導し、第二段階で、優秀で聡明な人間に生まれることを目指し、第三段階で、愛情の深い両親のいる豊かな家庭に生まれるように指導しているのです。

◉――三悪趣を乗り越える仏道修行

このお経は、あまりにもよくできすぎた感がありますが、バラモンをはじめ、当時九十六派あったという、あらゆる外道の教法と、お釈迦さまの教法との隔絶した差をよく表したお経であると思われます。このお経を読むと、いくつかのことが分かります。

まず第一に、お釈迦さまは死後の生存、つまり輪廻転生を認めておられたことがよく分かるわけです。ミガシラバラモンが、この者はこういうところへ生まれました、というと、お釈迦さまはそれを肯定しておられますね。あるものは三悪趣に堕ち、あるものは人間に生まれ、またあるものは天上界に生まれており、そのひとつひとつをお釈迦さまは肯定しておられます。

現在の日本の仏教者の多くは、

「お釈迦さまは死後の世界や輪廻転生を否定された」

などと主張しておりますが、それが間違いであり、勉強不足であることは、この『増一阿含経・声聞品』を読めばよく分かります。諸君も、お釈迦さまが輪廻転生を否定したと主張する人に出会ったならば、このお経を見せてあげるとよいでしょう。

第二に、人は臨終の状態、つまり死に方によって転生先が決まってしまう、ということも分かったと思います。飢えや渇きによって死んだ人は餓鬼界に堕ちるし、横変死をした人は三悪趣に堕ちるわけです。

しかし、同時に、どのような亡くなり方をしようとも、普段から仏道を実践して、尊い戒行を行っている者は、たとえ横変死というような不慮の死を迎えようとも、決して三悪趣には堕ちず、人間界や天上界へ生まれることも示されていました。これが第三番目に分かることです。

わたくしたちは生きている間に悪因縁を切り、不幸や不運を消し去り、不慮の死を迎えることなく大往生ができるように、仏道修行を実践しております。横変死の因縁やガンの因縁をはじめ、その他の因縁もすべて断ち切ることを目指して、一生懸命に因縁解脱の行を実践しているわけです。けれども、過去世からの悪業があまりにも強いために悪因縁が出て、それによって死を迎えることがあるかもしれません。そういうことは絶対にない、とはいえないわけです。

しかし、そうではあっても、戒行をはじめとした仏道修行を実践している人は、決して悪趣に堕ちることはないことが示されております。これは、本当にありがたいことだと思います。

『雑阿含経・自《じ》軽《きょう》経《きょう》』（上巻・八九―一一八頁）でも、お釈迦さまの在家の弟子で従兄弟でもあったマハーナーマが、自分の死の瞬間の一念を心配して、お釈迦さまに「臨終の時に仏法僧の三宝を忘れた状態で死んだ場合、自分は死後にどのような境界に生まれ、どのような果報を受けるのでありましょうか？　本当に私は心配でなりません」と申し上げておりますが、日々仏道修行を実践している人は、修行半ばで仮に横変死をしたとしても決して三悪趣には堕ちないのです。

もちろん、生きたままこの世で因縁解脱するのが最も望ましいことですが、時間的に間に合わず、因縁解脱をする前に臨終を迎えた場合も、不成仏霊になったり、霊障を生ずるというような悲惨なことにはなりません。それを、お釈迦さまが断言しておられるわけですね。

そして、四番目に分かるのは、完全解脱を果たした阿羅漢は、決してもう二度と迷いの世界に生じないということです。完全解脱した方は、まさに涅槃寂静の境地に入り、決して苦しみの生存を続けることはないわけで、これが仏道の究極の目標だということです。

この『増一阿含経・声聞品』は内容も興味深いと同時に、その意味するところも非常に重要ですので、諸君には熟読玩味いただきたい、そう思います。

＊1――趣　衆生が煩悩によって業をつくり、その惑業（迷いにもとづく行為）に引かれておもむき住む所のことで、衆生が業によって輪廻する六種（六趣）の世界。地獄・餓鬼・畜生・修羅・人間・天上の六種の境界のこと。また三悪趣とは、地獄・餓鬼・畜生のこと。

＊2――呵梨勒果　梵語のハリータキーを漢字に音写したもの。インド・インドシナ地方に自生する果樹。果実は薬用となり、五薬の一つに数えられる。

＊3――酥・醍醐　酥は澄んだ牛酪。牛乳の凝固したものでヨーグルトに似る。醍醐は精製した乳製品で、乳製品の中で最高の味とされる。

増一阿含経・声聞品［一部］

聞如是。一時仏在羅閲城耆闍崛山中。与大比丘衆五百人倶。爾時世尊従静室起下霊鷲山。及将鹿頭梵志。而漸遊行到大畏塚間。爾時世尊取死人髑髏。授与梵志作是説。汝今梵志。明於星宿又兼医薬。能療治衆病皆解諸趣。亦復能知人死因縁。我今問汝。此是何人髑髏。為是男耶為是女乎。復由何病而取命終。是時梵志即取髑髏反覆観察。又復以手而取撃之。白世尊曰。此是男子髑髏非女人也。世尊告曰。如是梵志。如汝所言。此是男子非女人也。世尊問曰。由何命終。梵志復手捉撃之。白世尊言。此衆病集湊。百節酸疼故致命終。世尊告曰。当以何方治之。鹿頭梵志白仏言。当取呵梨勒果幷取蜜和之。然後服之此病得愈。世尊告曰。善哉如汝所言。設此人得此薬者。亦不命終。此人今日命終為生何処時梵志聞已。復捉髑髏撃之。白世尊言。此人命終生三悪趣不生善処。世尊告曰。如是梵志。如汝所言。生三悪趣生不善処。是時世尊。復更捉一髑髏授与梵志。問梵志曰。此是何人。男耶女耶。是時梵志。復以手擊之。白世尊言。此髑髏女人身也。世尊告曰。由何疹病致此命終。是時鹿頭梵志復以手擊之。白世尊言。此女人懐妊故致命終。世尊告曰。此女人者由何命終。梵志白仏。此女人者産月未満。復以産児故致命終。世尊告曰。善哉善哉梵志。如汝所言。又彼懐妊以何方治。梵志白仏。如此病者。当須好酥醍醐。服之則差。世尊告曰。如是。如是。如汝所言。今此女人。以取命終為生何処。梵志白仏。此女人以取命終生畜生中。世尊告曰。善哉善哉梵志。如汝所言。是時世尊復更捉一髑髏授与梵志。問梵志曰。男耶女耶。是時梵志復以手擊之。白世尊言。此髑髏者男子之身。世尊告曰。善哉善哉如汝所言。由何疹病致此命終。梵志復以手擊之。白世尊言。此人命終飲食過差。又遇暴下故致命終。世尊告曰。此病以何方治。梵志白仏。三日之中絶糧不食便得除愈。世尊告曰。善哉善哉如汝所言。此人命終為生何処。是時梵志。復以手擊之。白世尊言。此人命終生餓鬼中。所以然者。意想著水故。世尊告曰。善哉善哉如汝所言。爾時世尊復更捉一髑髏授与梵志。問梵志曰。男耶女耶。是時梵志。復以手擊之。白世尊言。此髑髏者女人之身。世尊告曰。善哉善哉如汝所言。此人命終由何疹病。梵志復以手擊之。白世尊言。当産之時以取命終。世尊告曰。云何当産之時以取命終。梵志復以手擊之。白世尊言。此女人身気力虚竭。又復飢餓以致命終。世尊告曰。此人命終為生何処。是時梵志復以手擊之。白世尊言。此人命終生於人道。世尊告曰。夫餓死之人欲生善処者。此事不然。生三悪趣者可有此理。是時梵志復以手擊之。白世尊言。此女人者。持戒完具而取命終。世尊告曰。善哉善哉如汝所言。彼女人身。持戒完具致此命終。所以然者。夫有男子女人。禁戒完具者設命終時。当堕二趣若天上人中。爾時世尊復捉一髑髏授与梵志。問曰。男耶女耶。是時梵志復以手擊之。白世尊言。此髑髏者男子之身。世尊告曰。善哉善哉如汝所言者。此人由何疹病致此命終。梵志復以手擊之。白世尊言。此人無病為人所害故致命終。世尊告曰。善哉善哉如汝所言。為人所害故致命終。世尊告曰。此人命終為生何処。是時梵志復以手擊之。白世尊言。此人命終生善処天上。世尊告曰。如汝所言。前論後論而不相応。梵志白仏。以何縁本。而不相応。

世尊告曰。諸有男女之類。為人所害而取命終。尽生三悪趣。汝云何言生善処天上乎。梵志復以手撃之。白世尊言。此人奉持五戒兼行十善。故致命終生善処天上。世尊告曰。善哉善哉如汝所言。持戒之人無所触犯。生善処天上。世尊復重告曰。此人為持幾戒而取命終。是時梵志復専精一意無他異想。以手撃之。白世尊言。持一戒耶非耶。二三四五耶非耶。然此人持八関斎法而取命終。世尊告曰。善哉善哉如汝所言。持八関斎而取命終。爾時東方境界普香山南。有優陀延比丘。於無余涅槃界而取般涅槃。爾時世尊屈申臂頃往取彼髑髏来授与梵志。問梵志曰。男耶女耶。是時梵志復以手撃之。白世尊言。我観此髑髏。元本亦復非男又復非女。所以然者。我観此髑髏。亦不見生亦不見断。亦不見周旋往来。所以然者。観八方上下都無音響。我今世尊未審此人是誰髑髏。世尊告曰。止止梵志。汝竟不識是誰髑髏。汝当知之。此髑髏者。無終無始亦無生死。亦無八方上下所可適処。此是東方境界普香山南。優陀延比丘於無余涅槃界取般涅槃。是阿羅漢之髑髏也。爾時梵志聞此語已。歎未曾有即白仏言。我今観此蟻子之虫所従来処。皆悉知之。鳥獣音響即能別知。此是雄此是雌。然我観此阿羅漢永無所見。亦不見来処亦不見去処。如来正法甚為奇特。所以然者。諸法之本出於如来神口。然阿羅漢出於経法之本。世尊告曰。如是梵志。如汝所言。諸法之本出如来口。正使諸天世人魔若魔天。終不能知羅漢所趣。爾時梵志頭面礼足白世尊言。我能尽知九十六種道所趣向者。皆悉知之。如来之法所趣向者不能分別。唯願世尊。得在道次。世尊告曰。善哉梵志。快修梵行亦無有人知汝所趣向処。爾時梵志即得出家学道。在閑静之処思惟道術。所謂族姓子。剃除鬚髪著三法衣。生死已尽梵行已立。所作已弁更不復受胎。如実知之。是時梵志即成阿羅漢。（以下略）

XXII

長阿含経

遊行経

お釈迦さまの死生観を記すお経

◉——来生を理解する「法鏡」

『長阿含経《じようあごんぎよう》・遊行経《ゆぎようきよう》』（以下『遊行経』）の中で、お釈迦さまの死生観をよく表している「法《ほう》鏡《きよう》」の教えの部分を抜き出し、講義します。

まずは経文を読んでみましょう。

（前略）爾時世尊於拘利村随宜住已。告阿難。倶詣那陀村。阿難受教。即著衣持鉢与大衆倶侍従世尊。路由跋祇到那陀村止揵椎処。爾時阿難在閑静処黙自思惟。此那陀村十二居士。一名伽伽羅。二名伽陵伽。三名毘伽陀。四名伽利輪。五名遮楼。六名婆耶楼。七名婆頭楼。八名藪婆頭楼。九名陀梨舎㝹。十名藪達利舎㝹。十一名耶輸。十二名耶輸多楼。此諸人

（前略）爾《そ》の時《とき》世尊《せそん》、拘利村《こうりむら》に於《お》いて随宜《ずいぎ》に住《じゆう》し已《おわ》り、阿難《あなん》に告《つ》げる。倶《とも》に那陀村《なだむら》に詣《まい》る。阿難、教《のり》を受《う》けて即《すなわ》ち衣《ころも》を著《つ》け鉢《はち》を持《じ》して大衆《だいしゆ》と倶に世尊に侍従《じじゆう》せり。路《みち》、跋祇《ばつぎ》に由《おい》て那陀村に到り、揵椎処《けんついしよ》に止《とど》まれり。爾の時、阿難、閑静処《けんじようしよ》に在《あ》りて、黙《もく》して自《おのずか》ら思惟《しゆい》すらく、「此《こ》の那陀村には十二居士《こじ》ありし。一の名《な》は伽伽羅《かから》、二の名は伽陵伽《かりようか》、三の名は毘伽陀《びかだ》、四の名は伽利輪《かりしゆ》、五の名は遮楼《しやろう》、六の名は婆耶楼《ばやろう》、七の名は婆頭楼《ばずろう》、八は藪婆頭楼《すばずろう》と名づく、九の名は陀梨舎㝹《だりしやぬ》、十の名は藪達利舎㝹《すだりしやぬ》、十一の名は耶輸《やしゆ》、十二の名は耶輸多楼《やしゆだろう》。此の諸人《しよにん》等、今は命終《みようじゆう》して何《いず》れの処《しよ》にか生まれると為《な》すや。復《また》、五十人

等今者命終為生何処。復有五十人命終。又復有五百人命終。斯生何処。作是念已。従静処起至世尊所。頭面礼足在一面坐。白仏言。世尊。我向静処黙自思惟。此那陀村十二居士伽伽羅等命終。復有五十人命終。又有五百人命終。斯生何処。唯願解説。仏告阿難。伽伽羅等十二人断五下分結。命終生天。於彼即般涅槃不復還此。五十人命終者断除三結婬怒癡薄。得斯陀含。還来此世尽於苦本。五百人命終者。断除三結得須陀洹。不堕悪趣必定成道。往来七生尽於苦際。阿難。夫生有死自世之常。此何足怪。若一一人死来問我者非擾乱耶。阿難答曰。信爾世尊。実是擾乱。仏告阿

の命終せる有り。又復《また》、五百人の命終せる有り。斯《これ》何れの処にか生まれるや」と。是《こ》の念《ねん》を作《な》し已《おわ》りて、静処《じょうしょ》従《よ》り起《た》ち、世尊の所《みもと》に至り、頭面礼足《ずめんらいそく》して一面《いちめん》に在《お》いて坐し、仏に白《もう》して言《もう》さく、「世尊、我れ静処に向かいて黙して自ら思惟するに、此の那陀村において伽伽羅等の十二居士、命終せり。復、五十人の命終せる有り。又、五百人の命終せる有り。斯何れの処にか生まれる。唯《ただ》願わくば解説《げせつ》したまえ」と。仏、阿難に告げたまわく、「伽伽羅等の十二人、五下分結《ごげぶんけつ》を断ち命終して天に生ぜり。彼《ひ》に於いて即ち般涅槃《はつねはん》し、復、此《し》に還らず。五十人の命終者は三結を断除して婬怒癡《いんぬち》薄く、斯陀含《しだごん》を得。此の世に還来《げんらい》して苦の本《もと》を尽《つ》くす。五百人の命終者は三結《さんけつ》を断除して須陀洹《しゅだおん》を得、悪趣《あくしゅ》に堕《だ》さざること必定《ひつじょう》にして成道《じょうどう》す。七生《しちしょう》を往来して苦際《くさい》を尽くす。阿難、夫《そ》れ生まれて死する有るは自《おの》ずから世の常なり。此れ何ぞ怪《あや》しむに足《た》らん。若《も》し一一《いちいち》の人に死来《きた》りて我《われ》に問《と》はば擾乱《じょうらん》に非《あら》ずや」と。阿難答えて曰《もう》さく、「信《まこと》に爾《しか》り、世尊。実に是《こ》れ擾乱なり」と。仏、阿難に告げたまわく、「今

難。今当為汝説於法鏡。使聖弟子知所生処。三悪道尽得須陀洹。不過七生必尽苦際。亦能為他説如是事。阿難。法鏡者。謂聖弟子得不壊信。歓喜信仏如来無所著等正覚十号具足。歓喜信法真正微妙。自恣所説無有時節。示涅槃道智者所行。歓喜信僧善共和同。所行質直無有諛諂。道果成就上下和順法身具足。向須陀洹得須陀洹。向斯陀含得斯陀含。向阿那含得阿那含。向阿羅漢得阿羅漢四双八輩。是謂如来賢聖之衆。甚可恭敬世之福田。信賢聖戒清浄無穢無有欠漏。明哲所行獲三昧定。阿難。是為法鏡。使聖弟子知所生処。三悪道尽得須陀

当《まさ》に汝《なんじ》が為《ため》に法鏡を説かん。聖弟子《しょうでし》を使《し》て、生まれる処《しょ》を知る所《ところ》となす。三悪道《さんあくどう》尽きて須陀洹を得《え》、七生を過ぎずして必ず苦際を尽くすと。亦《また》、他の為に是《かく》の如《ごと》きことを説くことを能《よ》くす。阿難よ、法鏡とは、聖弟子の不《ふ》壊《え》信《しん》を得るを謂《い》う。仏は如来《にょらい》・無所著《むしょじゃく》・等正覚《とうしょうがく》の十号具足《じゅうごうぐそく》することを歓喜《かんぎ》して信ずる。法は真正微妙《しんしょうみみょう》にして、自《おの》ずから恣《ほしいまま》にて説く所時節《じせつ》有ること無く、涅槃道《どう》を示して智者《ちしゃ》の行ずるところであることを歓喜して信ずる。僧《そう》は善《よ》く共に和同《わどう》して行ずる所質直《しつじき》にして諛諂《ゆてん》有ること無く、道果成就《どうかじょうじゅ》して上下和順《じょうげわじゅん》、法身具足《ほっしんぐそく》し、向《こう》須陀洹・得《とく》須陀洹・向斯陀含・得斯陀含・向阿那含《あなごん》・得阿那含・向阿羅漢《あらかん》・得阿羅漢、という四双八輩《しそうはっぱい》。是れを如来賢聖《けんじょう》の衆《しゅ》と謂い、甚《はなは》だ恭敬《くぎょう》すべき世の福田《ふくでん》であることを歓喜して信ずる。賢聖の戒《かい》は清浄無穢《しょうじょうむえ》にして欠漏《けつろ》有ること無く、明哲《みょうてつ》の所行《しょぎょう》は三昧定《さんまいじょう》を獲《う》と信ずる。阿難よ、是れを法鏡と為す。聖弟子を使て、生まれる処を知る所となす。三悪道を尽くして須陀洹を得、七生を過ぎずして必ず苦際を尽くすと。亦他の為に是《かく》の如きこと

洹。不過七生必尽苦際。亦能為他説如是事。（後略）

を説くことを能くす」（後略）

◉現代語訳

世尊はコーティ村で心ゆくまでとどまられると、アーナンダに告げられました。

「ともにナーディカー村に行こう」と。

アーナンダはこの指示を受けると、すぐに衣をまとい、鉢を手に持って、多くの僧たちとともに世尊につき従いました。

一行はヴァッジ国内を通って（巡って）ナーディカー村に到着し、（そこで）煉瓦造りの家に滞在することになりました。

ある時、アーナンダが静かなところで一人黙って思いを巡らしておりました。

「このナーディカー村には十二人の居士（在俗信者）がいた。第一は伽伽羅といい、第二は伽陵伽といい、第三は毘伽陀といい、第四は伽利輸といい、第五は遮楼といい、第六は婆耶楼といい、第七は婆頭楼といい、第八は藪婆頭楼といい、第九は陀梨舎㝹といい、第十は藪達利舎㝹といい、第十一は耶輸といい、第十二は耶輸多楼という名前であった。これらの人々は今や命終しているが、どのようなところに生まれているのであろうか？　また、（そのほかにも）五十人の（在俗信者が）命終し、さらに五百人の（在俗信者が）命終している。これらの人々はいったいどこに生まれ変わっているのであろうか？」

このように考えた（アーナンダは）、その場を立って世尊のみもとへ至り、頭面礼足（五《ご》体投地《たいとうち》の礼）をしてかたわらに座り、仏さまに申し上げました。

「世尊よ、私は独り静かな場所で、このように考えておりました。『このナーディカー村に住んでいた伽伽羅などの十二人の居士が命終している。その上、五十人（の居士）が命終し、さらにまた五百人（の居士）が今はすでに命終している。彼らはどのようなところに生まれ変わったのであろうか』と。どうか彼らの死後の行き先をお教えください」

（すると）世尊はアーナンダに、（次のように）お告げになられました。

「伽伽羅などの十二人は五下分結（身見《しんけん》・疑惑・戒取《かいしゅ》・欲貪《よくとん》・瞋恚《しんに》）を断ち切って（阿那含になって）いたので、命終後は天上界に生じました。彼らは天上界において般涅槃を得て、二度とこの世界には戻ってきません。

五十人の命終した者たちは、三結（身見・疑惑・戒取）を断ち切ってさらに婬怒癡（貪瞋癡《とんじんち》の三《さん》毒《どく》）も薄くなり、斯陀含（の境地）を得ていたので、この世にもう一度だけ戻り、そこで苦しみのもとを滅ぼし尽くします。

五百人の命終した者たちは、三結を断ち切って須陀洹（の境地）を得ていたので、もう悪趣（地獄界・餓鬼界・畜生界）に堕ちることはなく、やがて必ず涅槃を成就します。彼らはこの世と天上界を七度往来した後、苦しみのもとを滅ぼし尽くします。

しかし、アーナンダよ、そもそも生まれた者が死を迎えるのは世の常であって、なにも怪しむべきことではありません。それなのに、もし（今後も弟子たちの）一人一人が死を迎えるたびに私に質問に来るならば、それは（私にとって）実に煩わしいことではありませんか？」

（このお答えに対し）アーナンダは、

「誠にさようでございます、世尊よ。そのようなことはじつに煩わしいことです」

と答えました。

（すると）世尊はアーナンダに、次のように告げられました。

「今からそなたのために、『法鏡』（の教え）を説いてあげましょう。（この法鏡によって）聖弟子は、（自分が命終した後）どのようなところに生まれるのかを知ることができます。『（私は）地獄・餓鬼・畜生の三悪道へ行くことから脱して須陀洹を得、七回の生まれ変わりのうちに、必ず苦しみのもとを滅ぼし尽くすことができる』と。また、（これを聞いたそなた自身が）他の（聖弟子たちの）ために、このようなことを説くことができるようになるでしょう。

アーナンダよ、『法鏡』とは、聖弟子が堅固な信仰を獲得することをいうのです。（すなわち、）

『仏は如来・無所著・等正覚などの十号をすべてそなえている』と歓喜して仏を信仰する。

『法は真実にして正しく、奥深く、自由自在に説かれて時節を選ばず、涅槃への道を示して、智者の実践するものである』と歓喜して法を信仰する。

『僧伽《そうぎゃ》はよく相和《あいわ》して、行ないが質直《しっちょく》であって諂《へつら》うことなく、修行を成就していて、上下の者が和順し、法身（仏の説いた正法）を備えており、須陀洹向（須陀洹へ向かう人）・須陀洹果《か》（須陀洹になった人）・斯陀含向（斯陀含へ向かう人）・斯陀含果（斯陀含になった人）・阿那含向（阿那含へ向かう人）・阿那含果（阿那含になった人）・阿羅漢向（阿羅漢へ向かう人）・阿羅漢果（阿羅漢になった人）という四双八輩の人々が如来の弟子である聖者・賢者たちであり、非常に恭しく敬うべき世の福田である』と歓喜して僧伽を信仰する。

『聖者・賢者の戒は清浄で穢《けが》れなく、欠けたところがなく、聡明な人の実践するものであり、これによって深い瞑想が獲得できるのである』と戒律を信仰する。

アーナンダよ、これが『法鏡』です。（この法鏡によって）聖弟子は、（自分が命終した後）どのようなところに生まれるのかを知ることができます。『（私は）地獄・餓鬼・畜生の三悪道へ行くことから脱して須陀洹を得、七回の生まれ変わりのうちに、必ず苦しみのもとを滅ぼし尽くすことができる』と。また、（これを聞いたそなた自身が）他の（聖弟子たちの）ために、このようなことを説くことができるようになるでしょう」

◉解説

ここに紹介したのは『遊行経』の一部です。『遊行経』そのものは、阿含経典群のうちで最も長い経典であり、お釈迦さまが、当時インド最大の強国であったマガダ国の首都である王舎城を出て最後の旅に出かけられるところから、マッラ国のクシナーラーにおいて入滅されるまでの出来事が描かれたものです。ですから、お釈迦さまの最晩年の様子が描かれているわけです。この時、おそらく八十歳というご高齢になっておられるであろうお釈迦さまが、ご高齢にむち打って、最後の日まで布教のためにあの灼熱のインドを歩いて経巡《へめぐ》っておられる様子を想像すると、じつにありがたく、また申しわけのない気持ちになります。

ここでは、そうした最晩年のお釈迦さまが、マガダ国の王舎城を出発され、ガンジス河を渡ってヴァッジ国に入り、コーティ村に滞在された後で同じヴァッジ国内のナーディカー村に移られた時のエピソードを取り上げています。

なお、『遊行経』は漢訳であって、パーリ語あるいはサンスクリット語からの翻訳であれば「偉大なる完全な涅槃（仏陀の死）についての経典」を意味します。漢訳の「遊行」は、一定の場所にとどまることなく、巡り歩くことを意味します。ですからこれは本来のタイトルではなく、その最後の布教の「旅」の部分を強調したタイトルになっているわけです。また、本来の意味に沿って、この『遊行経』を『涅槃経』と呼ぶこともありますが、この根本仏教（阿含仏教）の『涅槃経』とは別に、大乗仏教にもこの『涅槃経』を下敷きにしながら大乗仏教の教理に沿うように書き換えられている『涅槃経』（『大般涅槃経』）がありますので、注意してください。

◉亡くなった大勢の仏弟子たち

それでは、本文の解説に入ります。

お釈迦さまのお供をしてナーディカー村に入った侍者のアーナンダが、先ごろ、この村におびただしい死人が出ていたことを知りました。その中には、お釈迦さまに帰依していた者たちも大勢含まれていたのです。アーナンダもよく名前を知っていた十二人の在俗信者や、そのほかにも数百人という多数の在俗信者が一度に亡くなっていることを知って驚き、心が乱れたのでしょう。

在俗の信者（修行者）とはいえ、お釈迦さまの成仏法を修行していた人々が、かくも大勢一度に死んでしまうというのはいったいどういうことなのか、また、不幸にして亡くなったこれらの信者たちは、死後、どのような境界《きょうがい》へ行ったのか、という思いにとりつかれたアーナンダが、彼らの死後の行方をお釈迦さまにおたずねするところから始まります。

では、どうしてこのように大勢の人々が一度に亡くなったのでしょうか？　このころのインドでは、疫病によって一度に大勢の人々が亡くなるというようなことは、よくあることでした。地震でも大量死ということはあり得たでしょうが、地震は頻繁に起こるようなものではありませんので、地震であれば経典中に原因として書かれていたに違いないと思います。疫病による大量死というものが一般的であり常識になっていたので、おそらくは、ここナーディカー村でも起こったに違いない疫病の蔓延について、ここでは特に原因として記録されていなかったものと思われます。

亡くなっていた最初の十二人については、文献によって名前が異なり、また、最初の二人が比丘（男性の出家者）と比丘尼（女性の出家者）になっているものもあります。いずれにしてもアーナンダが名前を挙げているというのは、おそらくこの村における仏弟子としては最古参の人々であったからでしょう。あるいは、アーナンダ自身がこの人々を直接知っていたからということかもしれません。また、次に五十人を挙げ、続いて五百人という人数を挙げているのは、仏弟子になった時期がそれぞれ異なっていたからでしょう。最初の十二人から次第に仏弟子が増えていった様子がうかがえますね。

さて、アーナンダがこの村で突然死んだ在俗信者たちの死後の行方について、お釈迦さまにおたずねしました。すると、お釈迦さまはこうおっしゃいました。

「アーナンダよ。伽伽羅などの十二人は、五下分結（五つの煩悩＝身見・疑惑・戒取・欲貪・瞋恚）を断ち切っていたので（阿那含となり）、死後は天上界に生じました。彼らは天上界において般涅槃を得るので、もうこの世界には還ってきません。

五十人は、三つの煩悩（身見・疑惑・戒取）を断じ、その上、婬怒癡（婬は盲目的に欲望を満たすこと。怒はいかり。癡は愚か。貪瞋癡に同じ）の心が薄らいでいたから斯陀含となって天上界に生じました。彼らはもう一度だけこの世に戻り、そこで苦しみのもとを滅ぼし、涅槃を得るでしょう。

五百人は、三つの煩悩を断じて須陀洹となっていたので、天上界に生じました。この世に転生した時にも悪趣（地獄界・餓鬼界・畜生界）の苦しい境界に堕ちることはなく、やがて必ず涅槃を得るでしょう。彼らは天上界とこの世界を七度往来した後、苦しみのもとを滅ぼし、阿羅漢の悟りを開くのです」

まず、五下分結について解説しましょう。

◉人間の心と身体と魂を束縛する十種類の随煩悩

因縁解脱して完全成仏するためには、渇愛《タンハー》を断滅しなければなりません。

では、渇愛とはなにかというと、根本煩悩です。この根本煩悩から十種類の随煩悩《ずいぼんのう》が漏れ出てくる。これを「十随煩悩」あるいは「十結《じっけつ》」と申します。なぜ「結」かというと、これが人間の心と身体と魂を固く結束し、束縛して自由にさせないからです。柱に結びつけられた「狗子《くし》」（犬）のごとく自由を奪ってしまう。そこで「結」というのです。

この十の結を、すべて断ち切ってしまうのが、お釈迦さまの成仏法なのです。

十の結を述べますと次のとおりです。

一、身見《しんけん》　二、疑惑《ぎわく》　三、戒取《かいしゅ》　四、欲貪《よくとん》　五、瞋恚《しんに》　六、色貪《しきとん》　七、無色貪《むしきとん》　八、慢《まん》　九、掉悔《じょうけ》
十、無《む》明《みょう》

この十結を、上、下に分かちます。

五下分結――一、身見　二、疑惑　三、戒取　四、欲貪　五、瞋恚
五上分結――六、色貪　七、無色貪　八、慢　九、掉悔　十、無明

とこうなります。

この十結は、一、二、三、四、というように、切れやすい順になっています。そして、一から五までを「下分結」というのは、〝一番下位の世界に結びつけている結〟という意を表しています。これが「五下分結」です。

では、一番下位の世界とはなにかというと、欲界《よくかい》です。

解脱を得ていないわれわれの住む世界は、欲界・色《しき》界・無色《むしき》界の「三界《さんがい》」です。昔の俗諺《ぞくげん》に「女は三界に家なし」などというのがありましたが、あれはこれをいっているわけです。この三界のうち、欲界がわたくしたちの住むこの娑婆《しゃば》世界です。欲界というのは「欲望によって成り立つ世界、あるいは、食欲・婬欲・睡眠欲のある世界」で、三界のうちでは一番下位の世界です。

五下分結とは、この下位の世界（欲界）に結びつける五つの煩悩、ということで、この五つの煩悩がある限り、わたくしたちは死後、何度でもこの世界に生まれて来なければならないわけです。さらに五上分結を断ち切ると、上位の世界である色界・無色界の束縛からも離れて仏陀になり、涅槃に到達するのです。人間は、この十随煩悩を断ち切ってゆくにしたがって、しだいに、涅槃に向かう聖者としての階梯を歩んでゆきます。

この十結について、簡単に解説いたします。詳しくは、『雑阿含経《ぞうあごんきょう》・出家経《しゅっけきょう》』の講義（上巻・一五一―二〇二頁）をお読みください。

一、身見（我見《がけん》ともいう）

これには二つの意味があります。

一つは、アートマン（我《が》）という常住《じょうじゅう》不変《ふへん》の自我が実在している、と考えることです。インドのバラモン教では、永遠不滅のアートマンという自我が実在し、そのアートマンが輪廻転生すると考えていました。しかし、お釈迦さまは永遠不滅の「我」などはなく、五陰《ごおん》（五蘊《ごうん》）が因縁によって仮合《けごう》することによって、現在の自分が存在するのであると説かれたのです。要するに、身見とは因縁の道理、因縁仮合の法則を理解しない煩悩です。

次に、もう一つは、「我執」「我慢」という意味の身見です。これは、わが身を主に、わが身を中心にすべてを考え、行動する自己中心の考えです。「我が強い」という言葉がありますが、「おれが、おれが……」という利己的な気持ちが強くては、どのような善いことを聞いたり学んだりしても、まったく身につきません。謙虚に素直に聞く態度が大切なのです。これは因縁の道理を理解しない煩悩があるために生じる考え方であり、仏道修行は因縁の法則を理解し、自己中心の心癖を取り除くことから始まるのです。

二、疑惑

疑い惑う、ということです。何に対して疑い惑うのか。お釈迦さまの正しい教法《おしえ》に対して、です。

三、戒取

仏陀の正しい教法を理解せず、あるいは理解しようとせず、それ以外の教え、たとえば道徳とか、仏教以外の宗教、そういったものを「絶対に正しい」と信じて固執することです。

四、欲貪

本能的欲望の貪りです。婬欲・食欲・睡眠欲（怠惰）など、卑しい低級な本能に基づくところの、欲の貪りです。

五、瞋恚

怒りです。しかし、ただたんに腹を立てる、というような感情的なものだけではなくて、自分の思いどおりにならないことすべてに対して、すべて怒りを発する愚癡《ぐち》の心です。愚癡というのは、因縁因果の道理の分からないことで、本当に因縁因果の道理が分かったら、そうむやみに腹を立て、怒りを発することはできません。要するに瞋恚とは、因縁因果の道理に暗い、愚癡の心から生じる「いかり」なのです。

ここまでが五下分結です。ここから五上分結に入ります。

六、色貪

もうすでに、聖者となり、阿那含にまで到達した人たちが修行の対象とするのですから、非常に高度なものであり、その境界に達した者でなければ分かりません。

色貪の色とは、物質のことです。色情の貪りではありません。物質世界、色界に対する欲望です。前の欲貪は、本能の欲望の貪りですが、この色貪は、物質世界に対する貪りです。物質に対する欲望は、すべて色貪になります。

七、無色貪

精神世界、無色界に対する欲望です。無色貪は、色貪に比べて切るのが非常に難しいとされております。たとえば、お釈迦さまのようなお方でも、最初、この無色貪を犯していたのではないかと思います。お釈迦さまは、六年間、「麻麦《まばく》の行」という苦行をされて、何度か死ぬほどの体験をされました。なんのために、そんな苦行をされたのか。「悟りを開きたい」という精神世界への欲求でしょう。「悟りを開きたい」という一念で、遮二無二《しゃにむに》に、命を落とすほどの苦行を続けられました。

これは「無色貪」ですよ。「悟りを開きたい。真理を発見したい」これは純粋な精神世界への求めです。しかし、それさえも度を越すと貪りになり、無色貪になってしまう。だから、お釈迦さまは六年目にそれに気づかれたわけです。これはもう「欲」になっている。この欲を捨てなければいけない。そうお考えになって苦行を離れた。大乗仏教の人たちのいうように、苦行は無駄だ、無益《むやく》だというのではないのです。無色貪になっていたことを発見されたのです。しかし、悟りに至るのには、無色貪の境界を一度通らなくてはならぬ。そのためには、六年麻麦の行は必要であったし、尊いものだったのです。無色貪の経験もない連中に、苦行の必要と、尊さがなんで分かるものですか。

さすがにお釈迦さまでです。六年目にぱっとそれに気がつかれて、無色貪を捨て、一挙に、すうっと二十一日間で、第十の無明まで切ってしまわれたのです。

八、慢

この慢は、身見の慢とは全く違います。身見の慢は、「おれが、おれが」の我慢です。この慢は、わたくし自身の修行経験によりますと、こうではないかと考えます。

これは、非常に高い境地から出てきます。

それは、行に行を重ね、相当な悟りを開いてきているわけで、因縁解脱も進んでいる。そこで、ふっと感じるのは、「もうすでに自分は因縁をすべて解脱して、ニルヴァーナに到達しているのではあるまいか」と考えることがあるのです。ふっと、そう感ずることがある。

「ははあ、そうすると、おれもこの間、瞑想中、ふっと、ことによるとおれはもう管長よりも偉くなって、あるいは釈迦に近いんじゃないか、と思ったけれども、なるほど慢か、おれもとうとう第八の慢までできたか」(笑)

そうじゃあない、君がそう感じたのは、身見の慢だ(笑)。三結も断じていないで「おれはもう悟りを開いた、釈迦に等しい」などと考えるのは、第一の身見ですよ。

本当の慢の境地にまで来ると、最高の解脱の近くに来ていますから、ふと、「もうすでに自分の得ているものがニルヴァーナなのではないのか、自分は阿羅漢の位置にまで到達したのではないか」そう思うことがある。しかし、それはそうじゃない。魔です。そこに気がついてそこを乗り越えなければならない。しかし、一度は必ずここを通るのです。

九、掉悔

そうすると、次に「掉悔」という迷いの心境が出てくるのです。

掉というのは、心が浮き浮きすることをいいます。悔というのは心が沈んでゆく。「そうするとおれにそっくりだぞ、おれは日によってものすごく気持ちがウキウキして掉の状態になるし、雨が降ったりすると、途端に悔の状態になって心が沈んでゆく。そうするとおれもとうとう、掉悔までできたか」

そうじゃないの、人間というのは、だれでもたいてい躁《そう》や鬱《うつ》の傾向があるものですが、これはそうじゃない。ここまできて「慢」を越える。そうすると、自分の得ている境界に喜びを感じたり、あるいは「慢」に気がついて自信を失う。ぐらつく。というように、最後の悟りを前に、心が大きく揺れるのです。それが掉悔です。

十、無明

掉悔を克服すると、いよいよ、無明という最後の難関にぶつかる。

これはもう、言葉では説明できないものです。また、言葉でなど説明すべきではないでしょう。

◉仏陀と阿羅漢

無明を克服すると、いよいよ阿羅漢になります。阿羅漢というのは、仏陀のことです。大乗仏教の人たちは、この阿羅漢を、「小乗の悟り」として菩薩の下に置いてしまいましたが、大変な間違いです。阿羅漢というのは、サンスクリットの「arhat」で、漢訳して「応供《おうぐ》」といい、如来の十号の一つです。

大乗仏教が、どうしてそういうことをしたのかといいますと、わたくしの考えますのに、お釈迦さまの亡くなられた後、しばらくして教団を飛び出した人たちは、次々と新しい経典を創作し始めた。ところがその経典では、釈尊の成仏法、七科三十七道品が抹殺されております。

そこで、仏教の究極の目標が阿羅漢であるとしますと、そこに達する過程、「須陀洹」「斯陀含」「阿那含」「阿羅漢」（これを「四沙門果《ししゃもんか》」といいます）を出さなければならなくなる。ところがこの四沙門果を出しますと、その四沙門果を得るための修行法として、七科三十七道品を出さなければならなくなる。そうすると、なんのことはない、結局、「阿含経」に戻ってしまうわけです。それでは、新しく創った経典の立場がなくなってしまう。

それからもう一つ、「阿含経」を奉持する長老たちは、お釈迦さまの教えにしたがって、阿羅漢を目指して修行しており、実際に阿羅漢も何人か出ている。そうすると、自分たちも同じように阿羅漢を目ざすことになると、長老たちの方が正統ということになってしまう。そこで、長老たちが目指す阿羅漢というのは小乗の低い悟りで、菩薩（これも大乗仏教がつくり出した）より下だということにしてしまったわけです。

以上の二つの理由で、大乗仏教は阿羅漢を、小乗で低い悟りとしてしまったのです。阿羅漢とは仏陀でありお釈迦さまなのです。その阿羅漢を小乗の低い悟りとしてしまったのでは、根本的に、仏教は成り立たなくなってしまいます。それを、今の人たちはほとんど知らない。仏教徒が知らないのです。わたくしたちは、この間違い、というより捏造《ねつぞう》を世に明らかにして、本当の正しい仏教というものを世に広めなければならないのです。

◉苦行と瞑想

無色貪の解説で、苦行について触れましたが、大乗仏教では、お釈迦さまは苦行を無益のものだとして捨て去った、ということになっています。しかし、それは間違いです。

わたくしは、お釈迦さまの教法とは、帰するところ、

苦行

と

瞑想

であると思うのです。

お釈迦さまは決して苦行は無駄だなどとはいっておられぬのです。それどころか、苦行は修行

に不可欠なものであるとして、弟子たちに勧めておられます。

『スッタ・ニパータ』には、

「この世で一切の罪悪を離れ、地獄の責苦を超えて策励《さくれい》する者、精励する賢者――そのような人が〈策励する者〉（修行者）と呼ばれるのである」

とあり、また、

「苦行と清らかな行ないとは水のいらない沐浴である」

といって苦行を勧めている詩句があります。

お釈迦さまは六年の苦行ののち、「苦行だけでは真の悟りは得られない」として苦行から離れ、深い（智慧の）瞑想に入られて悟りを得られたのです。

悟りの後、お釈迦さまはこう語っておられます。

「（わが身体の）血が涸《か》れたならば、胆汁も痰も涸れるであろう。肉がなくなると、心はますます澄んでくる。わが念《おも》いと智慧と統一した心とはますます安定するに至る。

わたくしはこのように安住し、最大の苦痛を受けているのであるから、わが心は諸《もろもろ》の欲望を顧みることがない。

見よ、わが心身の清らかなことを」

この詩句の出ている『スッタ・ニパータ』においては、お釈迦さまは苦行によって悪魔を追い払ったことになっていますが、お釈迦さまの何十倍もの悪魔をその心身に持っているわれわれは、どれほどの苦行をしたって、それでよいということはないでしょう。

苦行を否定するのは間違いです。

苦行を否定する人々は、「苦行」という言葉にひっかかって、苦行の真に意味するものを知らないのです。

この人たちは、「苦行」とは、お釈迦さまの時代の苦行主義者たちがもっぱらやっていた、苦行と称するもの――、炎天の下で一日中、裸体をさらしていたり、一日中、四足で歩きまわったり、日中は用便の時以外は逆立ちをしていたり、といった行を「苦行」だと思っているのです。それらは本当の「苦行」ではなく、「荒行」ともいうべきものです。そういうただ単に身心を痛めつける荒行は、お釈迦さまも無意味なものであるとされたのです。当然のことでしょう。

いったい、「苦行」の「苦」とはなにか?

いったいなにが「苦」なのか?

世の中に、これが「苦行」なのだと決定されたものはないのです。わたくしは修行中、大寒の京都伏見の五社の滝で五日間断食を続け、その間中、一日四回の滝行をしたことがあります。まさに無謀ともいうべき荒行でしたが、決して「苦」行とは思わなかったのです。少しも苦とは感じなかったのです。むしろ、快く楽しい行でした。

しかし、求道生活に入る以前、若いころ、寒中の早暁、水で洗顔することに苦痛を感じたことがしばしばありました。世の中に、これが「苦行」だなどと決定されたものはないのです。一つの求道の行為があるだけで、それが苦なのか楽なのかは、やっている本人しか分かりません。

それは、修行だけではありません。普通一般の日常生活においても、よそ目にはさぞ楽しいことであろうと思われても、本人にとってはこれ以上の苦しみはないということだってしばしばあるのです。たとえば、一本数万円もするワインやコニャックを勧められたら、上戸《じょうご》は舌なめずりをして喜ぶでしょうが、下戸《げこ》が強いられたら地獄の苦しみなのです。それをただ単純に、寒中に滝に入ることは苦であろうと考え、だからそれは苦行であり、いたずらに身心を苦しめることは無意味であるなどと断定することがいかに愚かなことであるか、よくお分かりでしょう。実際に「行」をしたことのない人たちには、それが分からないのです。

お釈迦さまが戒められたのは、外見だけの無意味な「荒行」のことなのです。本当の意味の苦行は勧められているのです。

◉――習気（じっけ）を取り除く苦行

では、なぜ、苦行が必要なのか？

瞑想だけでは、本当のものをつかむことができないからです。（それは、苦行だけでは本当のものをつかむことができないのと同じです）

身心脱落とはなにか？

身心脱落（しんじんだつらく）の「戒行」なくして、真の「定」（瞑想）は得られないのです。

心と身体に染みついた「習気」を一切抜き去ることです。

習気とはなにか？

潜在的な業の余力です。それは、しばしば煩悩を起こしたことによって癖になってしまった煩悩の余力です。心の因縁といってもよいでしょう。つまり――、表面意識・潜在意識・深層意識に染みついた習慣的な（悪）癖であるといったら理解できるでしょう。

行いの上ではべつに欠点はないが、心の中にはまだ悪かった形跡が残っている。腹を立てないが、腹の立ちそうな気分だけは残っている。少しも欲張ったりはしない。しかし、欲しいなという気持ちだけは残っている。相当深い悟りを開いた人でも、習気まで断つということはなかなか難しいのです。

――ある時、お釈迦さまが数人の弟子を連れて托鉢に出られました。ふと、お釈迦さまが立ち止まって路傍《ろぼう》を指さされました。弟子たちが見ると、一本の縄が落ちています。

なんでしょう？　というように弟子たちがお釈迦さまのお顔を仰ぐと、

「拾ってごらん」

とおっしゃる。それで、一人が腰をかがめて拾い上げると、

「匂いをかいでごらん」

手にした縄を鼻のそばに持っていった弟子は、思わず、不快そうな表情をして顔をそむけました。

「どうした？」

「誠にイヤな匂いがいたします。おそらく、腐りかけた魚でも縛っていたものと思われます」

お釈迦さまは黙ってうなずいて、また歩み始められました。

「捨ててよろしゅうございますか？」

お釈迦さまがうなずかれるのを見て、弟子は、縄を投げ捨てると、手拭きを出して、さも気持ち悪そうに何度も手をふきました。

しばらく行くと、また、お釈迦さまは立ち止まって、路傍を指し示しました。見ると一本の紐が落ちています。今度は黙っていても弟子の一人が拾い上げ、鼻のそばに持っていきました。

「どうだ?」

とお釈迦さまが聞かれますと、

「おお、いい香りがいたします。多分、香木《こうぼく》か香料を縛っていたものでしょう。とても良い匂いがいたします」

弟子は、そういうと、紐を折りたたんで懐中にしまいこみました。それをご覧になったお釈迦さまは、再び歩み始めながら、弟子たちにこういわれたのです。

「実体はなくなっても、その影響は永く残る。誠の梵《ぼん》(清らかな悟り)を目指す者は、薫習《くんじゅう》をも断たねばならぬ」

薫習とは、習慣によって心に染みついたもののことをいい、薫習の残っているものを習気《じつけ》といいます。わたくしたちは、なんとか行いは慎めても、心の奥まで慎むことは至難です。しかし、本当の悟りを得るためにはそこまで目指さなければいけない、ということです。

この習気を取り去ることを身心脱落といいます。この身心脱落をすることが、仏教の修行に絶対欠かすことのできない戒《かい》・定《じょう》・慧《え》の三学《さんがく》のうちの「戒」なのです。そして心の因縁を断ち切る身心脱落の修行なくしては、真の「定」には入れません。

しかし――、習気を取り去ることはじつに苦しいことです。考えてみればすぐに分かるでしょう。喫煙という習気を取り去ることがいかに苦しく困難なことか。酒でも麻雀でも、朝寝、夜ふかし、なんでも一つの習気を取り去ることがいかに苦しいか。

方法は一つです。

習気を取り去る苦しさに匹敵するか、またはそれ以上の苦に耐えられるように、自分を訓練――自己規制するよりほかにないのです。

それをわたくしは「苦行」と呼ぶのです。

だから、その「苦行」（身心脱落のための「戒行」）の内容はさまざまです。

要は、その修行者の「習気」（習慣的な悪癖）が、「苦」と感ずるものであることです。

わたくしのところでは、腹を立てるな、グチをこぼすな、というような、ごく単純な修身《しゅうしん》の科目のような場合もあり、また、少壮実業家やエリート官僚に道場の内外、便所の清掃を課すこともあり、また、時には実際の意味での苦行を課すこともあります。

◉――煩悩を止滅させる大善地法（だいぜんじほう）

その主体となるものは、「大善地法」です。大善地法とは、「阿含経」において説かれたものを、その注釈であるアビダルマが「五位《ごい》七十五法《しちじゅうごほう》」の中にとり入れ、体系的に編成したものです。この大善地法は、煩悩を止滅させるために編成されたものであり、次のとおりです。

○信《しん》

心の清らかさ。信義を重んじ、善行を楽しむ心。

それと、仏教で説く四つの真理、すなわち「四諦《したい》の理」と、「三宝《さんぼう》」すなわち、仏と、その教えと、その僧団、および、業と、その報いとの間の因縁・因果性、以上の三つに対する深い確信をいいます。

○勤《ごん》(精進)

勤勉であり、成すべきことや、善行に対して勇敢なこと。

○捨《しゃ》

私心を離れ、平静で偏りのない心をいいます。

○慚《ざん》

強く反省し恥ずる心。教えや、他の優れた人に対して、自分が不完全であり、不徳であることを反省し、恥ずる心です。それはまた、教えや師友に対して深い恭敬の心となります。

○愧《き》

社会的な立場、グループの一人としての自分を自覚し、恥ずかしくないように行動することです。

慚は他に対して自分を恥ずる心、愧は自分自身に対して自分を恥ずる心です。

○無貪《むどん》

貪りのないこと。地位・権力・物質などに執着したりとらわれたりしないことです。
○無瞋《むしん》
強い忍耐力。憎しみや怒りのないことですが、それだけではなく、積極的に他を愛憐《あいれん》する心です。
○不害《ふがい》
非暴力であり、他を害さないことですが、それだけではなく、篤い同情心を持つことです。
○軽安《きょうあん》
素直で身心明朗であることです。良き適応性を持つことであり、常に身心を軽快安適に保ち、徳を積み、修行に従うことができるように心掛けることです。
○不放逸《ふほういつ》
怠けず、放縦《ほうじゅう》に流れないで、修行や勉学に励むことです。

◉——習気が苦しむ苦行だからこそ効果がある

修行者の深層意識に潜む根本煩悩・随煩悩（根本煩悩に付随して次々に起こる心）の「習気」の種類により、大善地法の中からそれに対応するものを選択し、それをもって、「苦行」の種類を決めるのです。当然、修行者にとって、それは「苦」しい。しかし、「苦」しいからこそ効果があるのです。

この場合、「楽しい」と感ずるのは、習気（悪習慣）を助長することです。飲酒に沈溺《ちんでき》する人間にとって酒を勧められるのは楽しいことであり、それを禁じられることは苦しいことです。しかし、その苦に耐えさせなければ、その人間は立ち直れないでしょう。修行とはまさにそういうものなのであり、苦行を否定する仏道修行などはあり得ないのです。

苦行が不要であるといったり、専門の修行者でなければ苦行ができない、などと考えるのは間違いであることが、これでお分かりでしょう。

とにかく、だまって座って瞑想しているだけでは、どんなにすぐれた修行者でも、絶対に境地が進みません。観念的に同じところをグルグル回っているだけだったり、抑圧意識にキリキリ舞いさせられるだけです。

深層意識における抑圧や葛藤から来る習気を取るためには、まず「行動」させることしかないのです。その「行動」が、「苦行」であり「修行」なのです。いくら理論を説いても、どんな瞑想をさせてもそれだけではダメです。習気がこれを遮るのです。習気が反発するのです。習気が拒否し、抵抗するのです。どうしても「行動」が必要です。

その習気の種類によっては、本当の意味での苦行も必要です。「断食」「寒中の滝行」「指導者とともに何日もの険阻な山歩き」という苦行です。それはじつにさまざまで、修行者によって皆違います。

いずれにしても苦行（身心脱落のための戒行）は絶対に必要であることがお分かりでしょう。

苦行なき瞑想は妄想・夢想となり、単に観念的な人間をつくるだけであり、瞑想なき苦行は妄動となり、常識はずれの人間や、理念なき低級粗野な人間をつくってしまいます。

苦行と瞑想の二つの修行が、良きバランスを保って行われなければなりません。お釈迦さまはそれを、身をもって示されたのである、とわたくしは確信しているのです。

これは、また、お釈迦さまがこの『遊行経』で説かれている「法鏡」の教えにも合致することです。「法鏡」とは、鏡でわが身を照らし見るように、「仏を信仰する」「法を信仰する」「僧伽を信仰する」「戒律を信仰する」という四つの事柄に対して自分が深く堅固な信念を持っているかどうかを照らし見ることをいうのですが、最後の「戒律を信仰する」について、どのようにおっしゃっておられるか。

「賢聖の戒は清浄無穢にして欠漏有ること無く、明哲の所行は三昧定を獲と信ずる」

つまり、「仏・法・僧を信じる」ことに加えて、「聖者の戒行は清浄で穢れがなく、また足らざるところもなく、そのような戒行を実践する聖者は、深い瞑想の境地を獲得することができる」と説いておられるわけです。

この戒と定に関しては、「戒・定・慧」として後述しますが、要するに、身心脱落のための苦行（戒律）によって、わたくしたちの表面意識・潜在意識・深層意識に染みついた習慣的な悪癖（心癖）である習気を取り去らなくては、深い瞑想を獲得することができないのです。習気が邪魔をするのです。

心の中がさまざまな習気によって悩まされていては、とても瞑想に集中することなどできません。ここでいう「瞑想」とは、成仏法の実践といい換えてもよいでしょう。つまり因縁解脱の修行です。因縁を切ろうと思ったならば、悪い心癖を切らなければなりません。悪い心癖を切るところから、因縁解脱の修行は始まるのです。悪い因縁が表面に出ているのが、その人の心癖なのです。その心癖が、その人の日常生活をつくり出している。日常生活で心癖を出しっぱなしにしていては、いつまでたっても因縁解脱はできません。苦行が必要なのです。苦行がなければ五下分結を断ち切って聖者の流れに入ることができないということは、大善地法の内容と照らし合わせてよくお分かりになったことと思います。

◉自分の心癖との戦い

わたくしは今でもいたらない人間ですが、若いころはもっともっと悪い心癖を持っていました。しかし、わたくしは運命学をやっていましたから、自分自身の悪い心癖に早く気づくことができたのです。そして悪因縁から出ているところの悪い心癖をひとつひとつ書き出していきました。そのメモを一日のうちに幾度も繰り返し見て、自分を戒めました。そのように悪い性格をひとつひとつつぶし、運命上の因縁解脱へと発展させていったのです。

アメリカの政治家で、避雷針を発明した科学者でもあった、ベンジャミン・フランクリン(一七〇六―九〇)も、自分の欠点をノートに書き出したことで有名です。なんと五十カ条も書き出したといわれております。そして、そのノートを毎日見て、悪い習慣を出さないようにしたそうです。朝、目を覚ますと、ノートを広げて五十カ条すべてに目を通し、

「今日はこういう悪い欠点を出さないようにしよう」と心に誓う。昼食時にも同じことを繰り返す。そして夜は寝る前にノートを開き、その日に出してしまった欠点のところに赤印をつける。最初のうちは赤印でいっぱいだったそうですが、毎日毎日それを繰り返すうちに赤印が減ってきて、二、三年後にはまったく赤印はなくなってしまった。そうすると、友人知人をはじめ多くの人たちから、

「フランクリンこそ、真の人格者だ」

といわれるようになったといいます。

人間というものは、陶冶《とうや》しなければいけないのです。悪いところを淘《よな》げて（より分けて捨て）、人格を磨かなければいけない。それを行わないならば、いくつになっても土から掘り出した粗金《あらがね》みたいなものなのです。たとえば正宗《まさむね》の名刀にしても、もとは玉鋼《たまはがね》という粗金です。それを高温で焼いて、さらに何度も何度も打って余分な成分を叩き出してしまう。そして形を整え、焼きを入れ、最後に磨きをかけて名刀正宗になったわけです。

人間も生まれたままならば、土から掘り出したばかりの粗金と同じです。とてもものの役に立つものではない。そこで自分の悪い成分、つまり短所を書き出して、それらを出さないように努力する。

わたくしも――フランクリンほど多くは書き出しませんでしたが――自分の欠点を書き出して、それを出さないようにしました。

たとえば、わたくしには「中途挫折の因縁」がありましたから、心の因縁としてムラッ気《け》を持っていたのです。非常にムラッ気がありました。ムラッ気があると、自分の気に入ったことは、

ご飯も食べずに二、三日徹夜してでも没頭しますが、なにかの拍子にふと嫌気が差すと、ぱっとやめてしまう。またなにか気に入ったことがあると、やり出すのですが、気に入らないことがあるとポイと投げてしまう。これを褒め言葉でいえば「名人気質《かたぎ》」「職人気質」になりますが、結局はムラッ気なのですね。なにか他人にいわれただけで、

「もう、やめた!」

と仕事を放り出してしまう。辛抱《しんぼう》が足りない。

だいたい、世の中に自分の気に入ることなど、そうそうあるものではありません。十のことがらのうち、一つでも気に入るものがあれば良い方でしょう。あとの九つはほとんど気に入らないことです。しかしそこをじっと辛抱して、どこまでもやっていく。投げ出さない。それによって物事は成就するのです。

わたくしは運命学によって、自分のムラッ気が「中途挫折の因縁」と「家運衰退の因縁」から来ていることを知りました。また、「中途挫折の因縁」と「家運衰退の因縁」を切るには、絶対にこのムラッ気を直さなければいけないと気づいたわけです。それで因縁解脱の法を修すると同時に、日常生活から改めるようにしたわけです。

仏さまを拝んで因縁解脱の法さえ修すれば、それで心の因縁も自然に直るかというと、そういう甘いものではない。仏さまに因縁解脱をお願いして法を修すると同時に、自分の生活も変えなければならないのです。

このように身心脱落の戒行（苦行）は絶対に必要なものなのです。

では、お釈迦さまのアーナンダに対する説法に戻りましょう。

◉仏陀に至る聖者の四つの階梯

ナーディカー村で亡くなった在俗信者の最初の十二人は、この五下分結のすべてを断ち切っていたので、死後は天上界に生じ、そこで涅槃を得て、もうこの世界には還ってこないのである、とお釈迦さまはお答えになりました。この五下分結をすべて断ち切った聖者を阿那含と呼びます。仏陀《ぶっだ》に至る聖者の四段階については、以前の講義でも説明しておりますので、ここでは簡単に解説します。詳しくは『増一阿含経《ぞういちあごんぎょう》・三供養品《さんくようぼん》（中巻・八一―一五六頁）』を読んでください。

それでは、十結《じっけつ》（一、身見　二、疑惑　三、戒取　四、欲貪　五、瞋恚　六、色貪　七、無色貪　八、慢　九、掉悔　十、無明）と仏弟子が得る果報の関係を、おさらいしてみましょう。

1、須陀洹……三結《さんけつ》（十結の最初の三つ＝身見・疑惑・戒取）を断じた聖者です。預流《よる》・逆流《ぎゃくる》ともいいます。三悪趣の因縁が切れ、この世での寿命が尽きた後も不成仏霊や霊障のホトケにならず、人間界と天上界を数回往来した後に、最高の智慧を得て涅槃に入ります。

2、斯陀含……三結を断じ、次の二結（欲貪・瞋恚）を弱めた聖者です。一来《いちらい》ともいいます。この世での寿命が尽きた後に天上界へ生まれ、天上界での寿命が尽きた後、もう一度人間界に生まれ、この世の人々を利益《りやく》して涅槃に入ります。

3、阿那含……五下分結（十結の最初の五つ＝身見・疑惑・戒取・欲貪・瞋恚）を断じた聖者です。不還《ふげん》ともいいます。この世での寿命が尽きた後に天上界へ生まれ、さらにそこでの寿命が尽きた後に涅槃へ入ります。（中には、この世での寿命が尽きて天上界に生まれるまでの刹那に解脱を得て、涅槃に入ってしまう者もいます）

4、阿羅漢……十結のすべてを断じた大聖者です。如来の十号の一つで、生きたまま涅槃に入られた（即身成仏《そくしんじょうぶつ》した）お方です。

仏弟子が得るこの四つの果報を四沙門果といいます。まず須陀洹になり、次に斯陀含、阿那含というように段階を経て、最後は阿羅漢（仏陀）に到達するわけです。

この聖者の流れに入った者は、悪趣（地獄界・餓鬼界・畜生界）に堕することがありません。

ところで、お釈迦さまは、斯陀含となった五十人の在俗信者について、

「三つの煩悩を断じ、その上、婬怒癡の心が薄らいでいたから斯陀含となった」

と説いておられます。

この婬怒癡の「婬」とは盲目的に欲望を満たすことであり、「怒」は怒り、「癡」は愚かさで、貪瞋癡の三毒と同じです。貪は貪り、瞋は怒り、癡は愚癡ともいいますが、愚かさのことです。因縁因果の道理を知らない愚かでたわけた心を愚癡といいます。

そうすると、「身見」「疑惑」「戒取」の三結を断じ、次の「欲貪」「瞋恚」の二結を弱めたのではなく、一結増えて三結（欲貪・瞋恚・愚癡）を弱めたということになり、十結に入っていなかった「愚癡」が余分に加わったように思えますが、そうではありません。

貪りに貪りを重ねることは、人間としての本道ではありません。財物、地位、名誉などを求め

てやまない人もいますが、いくら欲しいと願っても、それが手に入るだけの徳分がなければ、自分のものにはなりません。種をまき、それを大事に育てることによって花が咲き、果実が実るのです。努力もせず、才能も磨かず、徳も積まずに、ただ結果だけ得ようとするのは、まさしく貪りです。

また、怒りも人間的に立派な行為とはいえません。なにか不快なことがあって立腹するわけですが、不快なことが起きるには、自分にもなんらかの落ち度があるはずです。それなのに反省一つせず、ただ怒りにまかせて怒鳴ったり、暴力を振るうというのは人間として恥ずべき行為です。

そう考えていくと貪も瞋も、因縁因果の道理を知らない愚かさ、つまり愚癡に基づいていることが分かります。要するに愚かさから貪りが生じ、愚かさから怒りが生じているのですから、ここでの婬怒癡とは、欲貪・瞋恚の二結と同じことをいっておられるわけです。

しかし、最初に講義した十結煩悩の内容をよく覚えている人の中には、ここで疑問を持つ人が出るかもしれませんね。あなたはどうでしょうか？

十結の一番目である「身見」（我見《がけん》）とは、「因縁の道理、因縁仮合の法則を理解しない煩悩」であり、そこから出てくる我執《がしゅう》・我慢《がまん》という自己中心の考えも結局は、因縁の道理を理解しない煩悩があるために生じる考え方である、というものでした。

ところが、この四番目の「欲貪」、五番目の「瞋恚」もまた、因縁因果の道理を知らない愚かさから生じるものです。

そうすると、最初の段階の聖者である「須陀洹」になった時点で滅しているはずの「因縁因果の道理を知らない愚かさ」を、ここで再び薄くしなくては、次の階梯である「斯陀含」に進めないという矛盾したことになります。これはいったいどういうことでしょうか？

じつは、矛盾してはいないのです。

なぜか？

それは、人間の心が三層に分かれているからなのです。

わたくしたちが意識している心は意識的精神であり、「表面意識」と呼ばれています。それに対して近代心理学は無意識的精神を発見しました。それを「潜在意識」と呼びます（驚くべきことに、古代仏教もまた無意識の意識を発見しており、それを「随眠《ずいみん》」という名でとらえていました。詳しくは、わたくしの著書『人間改造の原理と方法』平河出版社、をお読みください）。この無意識的精神は潜在意識あるいは深層意識と呼ばれていますが、いずれも無意識の意識を意味するもので、心理学ではその区別はありません。

◉意識しない心

わたくしたちの心の中には、自分のものではない心がいくつも潜んでいるのです。

わたくしたちは、心、というと、自分が意識している心のほかにはないと思っています。そうではないのです。

わたくしたちの心の中には、自分でも気がつかない、意識しない心があるのです。

心理学がそのことに気がついたのは、それほど古いことではありません。

それまでは、心とは、意識するものだと思われていました。つまり、あらゆる精神現象には意識が伴うものであり、精神生活とはすなわち意識生活であるというのが、それまでの考えだったのです。

一八〇〇年代の終わりから一九〇〇年代の初めにかけて、ウィーンの医師ジークムント・フロイト（一八五六―一九三九）が、心の表面に表れない無意識の心――潜在意識についての考察を深めつつあったころ、フランスの心理学者ピエール・ジャネ（一八五九―一九四七）も同じように、人間の心の奥に意識されない心があって、それが人間の行動に大きな影響を与えていることに気づき始めていました。彼は、人間の人格がいくつかの階層を成していると考え、わたくしたちが知っているのは表面にある意識的階層だけであり、その下層に無意識的な精神機構があるとして、その存在を、「意識の下部形態」と呼びました。この意識の下部形態が、フロイトのいう潜在意識であり、フロイトは、有名な『夢判断』（新潮社）その他の著作で、この無意識の意識の機構を明らかにしました。

フロイトによると、わたくしたちの精神生活は、わたくしたちが意識している部分だけのものではなく、意識的動機と合理的決意の背後には、意識する意識の場から除外された無意識の意識があって、それが、それらの本当の決定者なのだというのです。

つまり、人間のある行動の動機や決意は、（一般に考えられているように）意識する意識が決定するのではなく、意識する意識層から除外された、無意識の意識が決定するのだというのです。

その無意識の意識が、なぜ、除外されたのかというと、それは、抑圧されたか、逃避するかして、表面の意識層から姿を消し、心の奥ふかく潜んでしまったのだというのです。では、なにがその心を抑圧したのか、あるいは、その心は、なにから、どうして、逃避したのか。これについてはわたくしの著書『変身の原理』『チャンネルをまわせ』（ともに平河出版社）その他を参照してください。

ここで問題なのは、無意識の意識が、心の奥深く潜んでしまったのだからなにもしないのかというと、そうではなく、常に意識する心に働きかけて、行動の引き金となり、あるいは、決意を固めさせる原動力となるということです。しかも、厄介なことに、意識する心は、この無意識の心の決定に一切気づかず、どこまでも自分自身が決定したものと思い込んでいるのです。

さらに念の入《い》ったことに、その決定には必ず、意識する心が作り出した合理的、かつ正当性のある理由（大義名分といってもよい）がつけられるのです。

それはこのようにしてなされます。

無意識の心は、さきに述べたように、だいたいが、抑圧されるか逃避した心であるから、ほとんどが、ゆがんだ、正常《ノーマル》とはいい難い心です。したがって、その決定もまた決して正常なものではありません。そこで、意識する心は、（無意識のうちに）これを正当化する作業をするのです。つまり、その動機なり決意なりを、合理的かつ正当性のあるものにして、自分自身を納得させるのです。

それは無意識のうちになされます。だから自分自身はあくまでもそれが無意識によって作り出された虚偽のものであることを知りません。つまり、真実の動機を、意識する心は知らないのです。その行動の真実の動機を彼は知らないのです。知らないまま、彼は行動するのです。なんのために、どうして、それをするのか、彼は知らないのです。真実の動機を知らないまま、彼は選択し、行動するのです。人間が矛盾に満ちた行動をするのは、こういうところに原因があるのです。

そんなバカなことが、とあなたはいうでしょうか？

フロイトは次のような実験で、その真実なることを証明しているのです。

◉自分の中のアカの他人

まだ若い医者であったフロイトは、ナンシーの精神医ベルネーム（一八四〇—一九一九）教授のもとに留学して、そこで「後催眠暗示」または「期限つき暗示」の症状を示す患者たちを観察する機会を持ちました。

「後催眠暗示」とは次のようなものです。

医師が、被験者を催眠によって眠らせ、一定の時間に一定の行動——たとえば、目覚めてから三十分後に、診察室中を四つん這いになって歩くように命じます。この暗示を与えてから被験者を目覚めさせます。彼は完全に意識を回復し、しかし命じられたことはなにも覚えていません。ですが、医師に指定された時間になると、彼はソワソワし始め、なにかを探すふうをし、ついに四つん這いになります。その時、彼は、たとえば小銭とかボタンとかをなくしたなどと、もっともらしいいいわけをしながら、結局、命じられたとおりに、四つん這いの姿勢であちこちを探し、診察室中を一周するのですが、命じられたという事実を思い出すことは決してなく、あくまでも自分の自由意思でそうしたと信じているのです。

フロイトはこの実験から多くのことを学んだのですが、この実験で明らかになったことは、

一、無意識的精神が存在していること。なぜなら、被験者は命令を正確に理解し、記憶したからです。これは生理学的器官ではできないことです。

二、無意識が、一定の時間を経てから、意識的生活に影響を及ぼすこと。

三、意識的精神はそうした影響に動かされて行動を起こすが、そのような時には、無意識の意識にそそのかされて起こしたその行動に（捏造した架空のものですが意識的な）偽りの動機を付与すること。

以上です。

フロイトはこれらのことから、後年、彼の精神分析理論を、次のように展開することになるのです。

彼は、人間の誕生以後の最初の数年間を、催眠と非常に似ていると考えます。その数年間に子どもはさまざまな影響と暗示を受けます。それらの影響と暗示は、子どもが本来持つもろもろの欲望や傾向と真っ向から対立します。その結果、子どもの心の深奥に、抑圧や葛藤そして精神外傷が生じます。あるいは、抑圧や葛藤や精神外傷を避けて心の深奥に逃げ込んでしまう場合もあ

ります。しかしこれらのものは、そこにいつまでもじっとおとなしく潜んでいるということはありません。表面に出る機会を常にうかがっているのです。子ども時代はもちろんのこと、大人になってからも、彼はそれらのことをなにも思い出せないし、気づきもしません。しかし、彼が気づかなくても、それらは彼の行動に絶えず影響をおよぼし、彼を動かしているのです。

それらの抑圧された無意識層の中の諸傾向は、決して消滅することはありません。心の奥深く社会的習慣の背後に身を潜め、思いがけないきっかけを利用して、外に表れてきます。その表れ方はさまざまで、時には、遊戯、戦争、迫害、犯罪などの形で激しくほとばしり出たり、あるいは、なんでもないような出来事の中に隠れて象徴的な形で、あるいは、満たされない欲望に禁じられた満足を与える夢となり、あるいはいい間違い、失錯行為《しくじり》、神経症的行動、さらには精神病となって浮かび上がってくるのです。

要するに、フロイトの明らかにした重要なことは、さきにも述べたように、わたくしたちの精神生活は、わたくしたちが意識している部分だけに限られたものではなく、わたくしたちがなす行動の意識的動機と合理的決意の背後には、意識の場から抑圧されたり逃避した、隠れた無意識的動機がうごめいていて、それこそが真の決定者なのであり、しかも意識的精神はそのことに全く気づいていないということです。

このように近代心理学は無意識的精神の層を発見したのです。

しかし、わたくしは、自分の修行によって体得したものがあり、その結果、この無意識の層を二つに分けました。幼児期に生じた無意識と生まれる前の無意識に分けたのです。そして、幼児期に生じた無意識を「潜在意識」と名づけ、生まれる前の無意識を「深層意識」と名づけました。

したがって、阿含宗の心の分類ではこうなります。

表面意識＝意識している心
潜在意識＝幼児期に生じた無意識
深層意識＝生まれる前の無意識

人間の心はこのように三層に分かれているのです。

ところで、さきほど、古代仏教もまた無意識の意識を発見しており、それを「随眠」という名でとらえていたと申しましたが、須陀洹と斯陀含の境界について理解していただくために、ここでそれを簡単に紹介します。

「阿含経」の注釈書である『阿毘達磨倶舎論《あびだつまくしゃろん》』では、「随眠に幾《いくば》く有るか」という問いに、「此《こ》れが差別《しゃべつ》に、六有り」と答えて、貪・瞋・慢・癡・見・疑を挙げています。

この六随眠を、「根本随眠」「根本煩悩」「六大煩悩」あるいは「本惑《ほんなく》」などと呼び、煩悩中の最も根本的なものとしています。この六随眠のうち、見とは見解のことで、悪見《あくけん》ともいいます。

悪見とは、我見《がけん》に固執することです。自分の謝った見解や判断、邪《よこしま》な考えを絶対に正しいものと考えて、他の考えや見解を受け入れないのです。悪見は、人の心を惑《まど》い悩ませることが甚だしいとして、細かく分析し、五つの悪見（有身見《うしんけん》・辺執見《へんしゅうけん》・邪見《じゃけん》・見取見《けんじゅけん》・戒禁取見《かいごんじゅけん》）を出して、他の五大煩悩にこの五見を加え、根本十随眠としています。

五つの悪見は、理を推度《すいたく》することにより起こる、いうならば鋭利な煩悩なので、これを「五利《ごり》使《し》」といいます。これに対し、貪・瞋・癡・慢・疑の五随眠は、随意に働いて、その性が遅鈍《ちどん》であるから、これを「五鈍使《ごどんし》」といいます。「使」というのは、人の身心を駆使する（追い使う・自由に使いこなす）ところから名づけられたもので、煩悩の異名です。

◉──進化の過程で必要だった前人間的動物本能

思うに、人間は、幾十億年の長い年月をかけて、動物から人類にまで進化してきたものであり、その進化の過程においては、動物的本能や、適者生存のための闘争本能、利己的な防衛本能など、絶対に必要なものでした。しかし、そういったものは、進化を果たした今日の人類にとって、ほとんど有害無益なものになってしまっています。にもかかわらず、人類はそれらの心を無意識の意識層に温存しており、それらは時に触れ表面意識に出てきてわれわれを動かし、あるいはわれわれの気づかぬうちにわれわれを動かしているわけです。「五鈍使」はさしずめ、それらの前人間的動物本能でしょう。少なくとも、そういったものに根ざした心の動きであり、「使」とはまさに言い得て妙です。

後《のち》の大乗《だいじょう》唯識《ゆいしき》では、煩悩を「倶生《くしょうき》起」と「分別起《ふんべつき》」に分類しており、倶生起は人間の持って生まれた先天的なもの、分別起は邪師・邪教・邪思想などの誘導によって生じた後天的なものとしていますが、五鈍使を倶生起に、五利使を分別起に充《あ》てているのは妥当でしょう。

無意識の意識である「根本随眠・根本煩悩」を整理すると、このようになります。

五鈍使＝倶生起（人間の持って生まれた先天的なもの・前人間的動物本能）
五利使＝分別起（邪師《じゃし》・邪教・邪思想などの誘導によって生じた後天的なもの）

随眠は、また漏《ろ》・軛《やく》・取《しゅ》という異名とともに、〝暴流《ぼる》〟という異名で呼ばれていると『倶舎論』巻の第十九・本論第五・随眠品第二・第八節「随眠の異名」の中でいっています。

暴流とはなにか？

それは凶暴な流れです。

わたくしは若いころ人間の運命を追究し、やがて「密教占星術」に到達し、それにより、運命を導き出す要因を分析して、それが何十種類かあることを発見して、これに「因縁」という名をつけました。詳しくは拙著『密教占星術Ⅰ』（平河出版社）をご覧ください。

この「因縁」がいかにして人間を動かすかを追究しているうちに、わたくしは「無意識の意識」に行き当たったのです。

人間を動かすものは〝心〟であり、その〝心〟は、知性・理性・感情・意志といったものに分類されるが、人間の行動を（ことに〝因縁〟とそれを予知する運命学を通じて）見ていると、それらの意識の領域に入らない一つの精神作用があって、人間はそれに強く動かされていることが分かってきたのです。それをわたくしは「衝動意識」と名づけました。知性も理性も感情も意志も、この「衝動意識」の強い影響下にあり、というよりも、むしろこの衝動意識がそれらすべての意識《こころ》を動かしているのではないかということに気がついたのです。この、わたくしの「衝動意識」が、心理学のいう「無意識の意識」だったのです。少なくとも、無意識の意識層の中の、大きな領域を占めるものだったのです。

すなわち、暴流とはこの衝動意識を指していっているのではないのか。誠に、衝動とはまさに暴流です。はげしく強暴な力をもって人間を押し流してしまいます。それは奔流のごとく、洪水のごとく、人間を押し流します。思うに、随眠とは無意識の意識が心の奥深く眠っている状態を指し、暴流とはそれが目覚めて動き出した作用に対して名づけたものなのでしょう。

そこで、さきほどの疑問ですが、なぜ、十結の煩悩のうち身見・疑惑・戒取を断ち切り、「因縁の道理、因縁仮合の法則を理解しない煩悩《おろかさ》」から離れて須陀洹の聖者になったはずの仏弟子たちが、さらに同じ「因縁の道理を理解しない愚かさ」から生じる欲貪・瞋恚を弱めなければ、次の段階の聖者である斯陀含になれないのでしょうか？

◉――成仏法の修行は、表面意識、潜在意識、深層意識へと進む

それは、こういうことです。

十結の筆頭である「身見」(因縁の道理、因縁仮合の法則を理解しない煩悩)には、表面意識のすべて、および潜在意識の一部における「貪りと瞋《いか》り」が含まれているのです。ですから、「身見」

を断つことによって、（因縁の道理を理解しない愚かさから来る）表面意識上の「貪りと瞋り」、そして潜在意識の一部の「貪りと瞋り」は、すでに消滅しているわけです。

そして、五下分結の四番目と五番目に位置する（因縁の道理を理解しない愚かさから生じる）「欲貪と瞋恚」は、潜在意識の奥底や深層意識における貪りと瞋りなのです。

須陀洹は表面意識上の「貪りや瞋り」（因縁の道理を理解しない愚かさ）を断ち切っているのですから、間違いなく聖者の流れに入っています。そして、潜在意識の奥底や深層意識に残っている「欲貪と瞋恚」（因縁の道理を理解しない愚かさ）をさらに減ずることによって、須陀洹は斯陀含へと進むことができるわけです。そして完全に断ち切ると阿那含に到達します。

これをさきほどの根本十随眠（根本煩悩）に当てはめれば、須陀洹は主に五利使（後天的な煩悩・邪師・邪教・邪思想などの誘導によって生じたもの）を断ち切っているが、五鈍使（先天的な煩悩・前人間的動物本能）の多くはまだ断ち切れていないということでしょう。しかし、斯陀含・阿那含の境界に到達するためには、さらに五鈍使を薄め、断ち切らなくてはなりません。

	表面意識の欲貪・瞋恚	潜在意識の欲貪・瞋恚	深層意識の欲貪・瞋恚
須陀洹	完全に断ち切っている	一部断ち切っている	残っている
斯陀含	なし	残りが薄らいでいる	薄らいでいる
阿那含	なし	完全に断ち切っている	完全に断ち切っている
阿羅漢	なし	なし	なし

つまり、成仏法（因縁解脱法）の修行は、表面意識、潜在意識、深層意識へと進んでいくわけ

です。人間の心はこのように三つの階層に分かれているのですから、表面意識のみで「煩悩」をとらえている大乗仏教では、人間の「苦」を解決することはできないのです。

こういう俗歌があります。

「こうして　こうすりゃ　こうなるものと
　知りつつこうして　こうなった」

誠にうがった歌です。考えてみれば、人間、だいたい、こういうことをすればこうなるだろうとおおよその見当はついています。まるっきり見当がつかないというのけ、よほどのバカでない限りありません。

会社へ行かないで、毎日酒を飲んで競馬や競輪をやっていたら将来どうなるか、誰でも分かります。学校をさぼって授業を受けず、毎日マージャンをやっていたらどうなるか、これも分かります。

分かっていながらやめられない。この、分かっちゃいるけどやめられない、というのが人間の悲しい宿命です。これが人間の業です。人間、分かったらなんでもピタリとやめることができるのだったら、宗教はいらないでしょう。分かっていながらやめられない、という矛盾を持つ限り、人類は宗教を必要とします。しかし、その宗教も、人間の心の表面意識・潜在意識・深層意識という三つの階層に働きかけることができるものでなくては、人間の「苦」は解決できないのです。

◉聖者の流れに入る

さて、お釈迦さまは、須陀洹となった五百人の人々に対し、彼らは「三つの煩悩を断じて須陀洹となっていたので、天上界に生じ、天上界から再びこの世に転生した時にも、地獄界・餓鬼界・畜生界といった苦しい境界（悪趣）の中に堕ちることはなく、やがて必ず涅槃を得るのです」とアーナンダに説かれましたが、この「悪趣に堕《だ》さない」という句には二つの意味があります。

一つは、現世でこれらの因縁を断ち切ってしまって、三悪趣の境界から脱出してしまう、という意と、もう一つは、過去の業により、たとえこれらの因縁で亡くなっても、不成仏霊とならず、天へ往生する、という意と、この二つです。

早く自分の因縁に気がつき、成仏法を修してカルマを断てば、現世においてこれら三悪趣の因縁を解脱し、安楽円満な人生を送ることができます。しかし、仏道に入ることが遅れ、カルマが十分に断てない場合でも、寿尽きて後、天上界に往生して、二度と悪趣に堕ちることがない、という二つの意味を持っているのです。

この「第一段階の聖者」である「須陀洹」は、「逆流」ともいいます。須陀洹というのは音を写したものであり、逆流というのは意訳です。どういう意味の意訳かというと、〝流れに逆らう者〟という意味で、詳しくいうと、「生死《しょうじ》因縁の流れに逆らう者」という意味です。

生・老・病・死は人間の持つ業であり、因縁所生《しょしょう》のものです。人間である限り、この、因縁と業の流れに、誰も逆らうことはできません。成仏して仏になった人のみ、この流れに逆らうことができるのです。いや、流れに逆らうのではなく、流れそのものを完全に消滅してしまうのです。その前段階として、成仏法の修行により須陀洹という境地に到達した聖者は、因縁と業の流れに逆らう力を持つようになるのです。

というのも、この須陀洹になりますと、信心が決定《けつじょう》して、不退転《ふたいてん》の境界に入ります。聖者の流れに入ってしまっていますから、仏道修行からもう落伍することがありません。ただ前へ前へと進むばかりです。そして、七たび、天上界と人間界の間を往来して、最後に仏界に入るというのです。斯陀含は一往一来、須陀洹は七たび往来する。ただし、七たびというのは、必ず、というのではなく、数回、という意味ですから、二来、三来で仏界に行ってしまうという須陀洹もあるわけです。私の視《み》るかぎり、七回というのは非常に稀《まれ》で、たいていの須陀洹は二、三回生死を繰り返すだけです。

ただし、この世界に再び生まれてくる時には、霊体となってこの世界に生まれてくるのか、肉体を持って生まれてくるかは未定です。

分かりやすくいえば、須陀洹という聖者は、斯陀含、阿那含、阿羅漢を目ざして上昇している状態なのです。この世に生まれてくるのも、善根《ぜんごん》を積むための修行の一つなのです。そして霊界に戻った時には、以前よりも上の霊界へ行くというわけです。須陀洹が人天を七往来するということは、完全に解脱した聖者・阿羅漢となるために、霊界の七つの階段を一つ一つ上がっていく状態なのです。

このように、お釈迦さまは、ナーディカー村で亡くなった在俗信者すべてが、聖者の流れに入っていることをアーナンダに諭《さと》され、その上でおしかりになられました。

◉お釈迦さまのおしかり

「『阿難、夫れ生まれて死する有るは自ずから世の常なり。此れ何ぞ怪しむに足らん。若し一一の人に死来りて我に問はば擾乱に非ずや』と。阿難答えて曰さく、『信に爾り、世尊。実に是れ擾乱なり』と」

これは、

「アーナンダよ、そもそも生まれた者が死を迎えるのは世の常であって、なにも怪しむべきことではありません。それなのに、もし（今後も弟子たちの）一人一人が死を迎えるたびに（彼らの死後の行方を）私に質問に来るならば、それは（私にとって）じつに煩わしいことではありませんか」

という意味です。

このようなお釈迦さまの言葉は、見方によれば随分非情に聞こえるかもしれません。何百人という自分の弟子が亡くなっているのです。普通だったら悲嘆の涙にかきくれるところでしょう。

しかしお釈迦さまには、これらの弟子たちがすべて善処《ぜんしょ》へ行っているのが見えているのです。お釈迦さまにとっては、かえって満足なのかもしれません。

むしろ百歳、二百歳という長寿の弟子たちに大勢囲まれても、それらの弟子たちがすべて、この世の人生を送った後、死後、中有《ちゅうう》界《かい》や三悪趣の世界で苦しみ、さらに三悪趣の境界に生まれていくのであるとしたら、それこそ悲嘆の涙にくれるのではないでしょうか。それはちょうど、今日幸せな、愛する家族たちに囲まれている家長が、明日その愛する家族たちが皆、不幸な苦しい生活に堕ちていくのだ、と分かっている時の気持ちにたとえることができましょう。

そこに、アーナンダに対するおしかりの言葉が出てくるのです。

また、この解説の初めに書いたように、『遊行経』は、お釈迦さまの最晩年を記録したものです。そしてアーナンダは、お釈迦さまが五十五歳の時に二十五歳でお弟子となったといわれており（別説もあります）、この時までに約二十五年間、常にお釈迦さまのお供をし、身の回りのお世話をしてきました。お釈迦さまは三十五歳にして悟りを開かれ、その後、約四十五年間を布教伝道に費やされました。ですから、アーナンダはお釈迦さまが仏陀となられてからの年月の、半分以上という長い期間をお釈迦さまとともに過ごしてきたわけです。そのためにお釈迦さまの弟子の中で最も多くその教法を聞き、またよく記憶していたので、「多聞第一」といわれていたほどです。

お経の冒頭にある「如是我聞」という言葉も、アーナンダが「このとおり私は聞きました」と述べたところから記録されているものなのです。

このように、お釈迦さまの説法を誰よりもよく知っているはずのアーナンダにして、このようなことを聞いてくるとは、いったいどうしたことなのかと、少々がっかりされたのかもしれませんね。このアーナンダに対するおしかりの言葉はそのままわたくしたちに対するおしかりの言葉である、と受け取るべきでしょう。

「死」に対するお釈迦さまのお考えは、わたくしたちとまったく違うのです。お釈迦さまは死を、決して悲しいものとも、苦しいものとも受け取っておられません。むしろ、それは、高い次元へ飛躍し昇華していく跳躍台《スプリングボード》であるとお考えなのです。

大切なのは死後の生処

なぜならば、現世に在るわたくしたちは、輪廻の輪の中にあってどうしても超えられない過去世からの因縁に縛られています。もちろん、それは「成仏法」の修行によってすべて断ち切ることができるのですが、しかし、その解脱にも段階があります。あらゆる因縁を断ち切って、業の束縛から解脱した有余依涅槃《うよえねはん》の境界にまで入る人もいますし、須陀洹の境界に入って聖者の流れに入ったばかりの人もいます。

業によっては、どうしてもいくつかの因縁の残る人があるのです。これはどうしてもやむを得ないことです。ナーディカー村の人たちがそうでしょう。前世の業により、須陀洹、斯陀含、阿那含になっていても、疫病で亡くなるという死を迎えねばならなかったのです。

しかし彼らは、それで過去の業が切れたので、心身ともに安らかな大往生を遂げ、さらにその死を契機として高次元の世界へ飛翔していったのです。死こそ、彼らにとって、現在の苦界の輪廻の渦から脱出する絶対のチャンスだったわけです。お釈迦さまが、死を悲しいものとも、苦しいものとも受け取らない理由が、お分かりになったでしょう。

死後、またこの世の苦しい境界に「再生」するという悲惨な状態を繰り返し、いつまでも暗く低い次元の生存を続けるか、死を転機として限りなく高く透明な次元に飛躍・昇華していくか。お釈迦さまが、アーナンダに、またわたくしたちに、

「人が死ぬのは当たり前である」

とおしかりになり、解脱へと導く法鏡を説いてくださっているのは、じつにこのことなのです。しかし、ここで誤解してはならないのは、だからといって、お釈迦さまが死後の運命、来世の生存のことだけを問題にしているのではないということです。お釈迦さまの「成仏法」は、決して「死」をテーマにしているのではありません。「生」をテーマにしているのです。

死後の運命を変えるということは、生きている今から運命を変えていくということです。明日の運命を変えるためには、今日ただ今から変わっていかなければなりません。成仏法の修行を始めたその瞬間から、その人の運命は変わっていくのです。輪廻の輪はその時から解け始めるのです。

◉法鏡とは仏弟子としてのチェックリスト

お釈迦さまはアーナンダをおしかりになった後で、仏弟子が死後にどのようなところに生まれるのかを知ることができる、「法鏡」を説かれました。

「仏、阿難に告げたまわく、『今当に汝が為に法鏡を説かん。聖弟子を使て、生まれる処を知る所となす。三悪道尽きて須陀洹を得、七生を過ぎずして必ず苦際を尽くすと。亦、他の為に是の如きことを説くことを能くす。阿難よ、法鏡とは、聖弟子の不壊信を得るを謂う』」

現代語訳すると、

「世尊はアーナンダに次のように告げられました。『今からそなたのために法鏡を説いてあげましょう。（この法鏡によって）聖弟子は、（自分が命終した後）どのようなところに生まれるのかを知ることができます。地獄・餓鬼・畜生の三悪道の輪廻《りんね》が尽きて須陀洹となり、七回の生まれ変わりのうちに、必ず解脱（苦しみの消滅）に至ると。また、（この教えを受けたそなた自身が）他の（聖弟子たちの）ために、このようなことを説くことができるようになるでしょう。アーナンダよ、法鏡とは、聖弟子が不壊信（堅固な信仰）を獲得することをいうのです』」

となります。

鏡は自らを映し見るものですが、法鏡とは何でしょうか？

『佛教語大辞典』によれば、法鏡とは、「修行者の映し見るべき鏡。鏡にたとえられる教え。三宝（仏・法・僧）を深く信じること。また三宝を信じることと戒を実践すること」とあります。

そして、「不壊信」とは、「堅固な信仰。三宝（仏・法・僧）と戒とを堅く信じて、ぐらぐらしないこと」とあります。

不壊信は不壊浄《ふえじょう》ともいいます。四不壊信、四不壊浄とも表現されます。これはお釈迦さまの成仏法・七科三十七道品の一部です。

『雑阿含経・当知経《とうちきょう》』で次のように説かれています。

「是の如く我れ聞きぬ。一時、仏、舎衛国《しゃえこく》の祇樹給孤独園《ぎじゅぎっこどくおん》に住《とど》まりたまえり。爾の時世尊、諸の比丘に告げたまわく『五根《ごこん》あり、何等《なんら》をか五と為す。謂《いわ》ゆる信根《しんこん》・精進根《しょうじんこん》・念根《ねんこん》・定根《じょうこん》・慧根《えこん》なり。信根とは当に知るべし是れ四不壊浄なりと。精進根とは当に知るべし是れ四正断《ししょうだん》なりと。念根とは当に知るべし是れ四念処《しねんじょ》なりと。定根とは当に知るべし是れ四禅《しぜん》なりと。慧根とは当に知るべし是れ四聖諦《ししょうたい》なりと』仏此の経を説き已りたまいしに、諸の比丘、仏の説かせたまう所を聞きて、歓喜《かんぎ》し奉行《ぶぎょう》しき」

つまり、不壊信とは、七科三十七道品（四念処・四正断・四神足《しじんそく》・五根・五力《ごりき》・七覚支《しちかくし》・八正道《はっしょうどう》）の一科である、五根の中の信根なのです。

このように、法鏡とは信根を獲得しているかどうかを判断するための指針であり、「仏・法・僧・戒」のひとつひとつについて固く信じているかどうかということを、自分の心に照らし合わせて確認するためのチェックリストと考えればよいでしょう。鏡は、わが身を映し見るものですね。誰でも毎朝、身支度を調え、鏡で外見のチェックをします。しかし、法の鏡とは、わが心を省みて、仏教修行の基本である「仏・法・僧・戒」（真理の体現者・真理に到達するための教えと修行法・真理の体得を目指して修行している法友たち・真理の体得を妨げる身心の汚れの浄化）に対する正しい理解と確信を持って、それらを心の底から堅く信じているかどうかをチェックするためのものなのです。つまり、わが心を映し見るものです。

『雑阿含経《ぞうあごんぎょう》・一切事経《いっさいじきょう》』の講義（上巻・九―六〇頁）で、優婆塞《うばそく》（在家の修行者）の八法・十六法について解説しましたが、お釈迦さまのもとで満足な優婆塞となるための条件として、①信、②戒、③施《せ》、④聞《もん》、⑤持《じ》、⑥観《かん》、⑦法次《ほうじ》、⑧法向《ほうこう》の八法と、それを他の者たちに説き勧める十六法の実践が必要でした。やはり、まず、仏法僧の三宝を信じ帰依《きえ》するということが一番大切なことです。さらにお釈迦さまは、「信があっても戒がなければ真の優婆塞とは呼べませんから、精進して浄戒を守って、信と戒の両方を身につけなさい」と説いておられます。信と戒は一番の基本なのです。しかし、いくら信が大切だといっても、教法を鵜呑《うの》みにしているだけではダメです。

これについては、密教の経典『大日経《だいにちきょう》』（大毘盧遮那成仏神変加持経《だいびるしゃなじょうぶつじんぺんかじきょう》）の「住心品《じゅうしんぼん》」を解説したわたくしの著書、『説法六十心１』（平河出版社）の「明心《みょうしん》」の章を引用してみましょう。

「いかんが明心《みょうしん》、いわく不疑慮の法において疑慮なくして修行す、とある。

疑慮というのは、いろいろと疑いまどうことです。これに不の字がつくから、疑わずまどわず、まったく信ずる。なにを信ずるかというと〝不疑慮の法〟です。

不疑慮の法とは、前の闇心でのべた無疑慮の法とおなじように、疑うべからざる真理、真実の法をいいます。この疑うべからざる真理、真実の法を、まったく疑わないで頭から信じて修行する。これを明心という。（中略）

どんな不疑慮の法でも、どんなすばらしい真理でも、それをそのままパッと受け入れてはいけない。一度よく自分の頭で考えてみろ、ということですね。どんなにすばらしい真理でも、鵜呑《うの》みにしてはいけない。一度、自分の頭で、『そうかなあ、ほんとうにそうだろうか？』と考えて、あらゆる面から検討してみる必要がある。（中略）

自分の思いもよらない、考えもしなかった面から疑いをぶつけられたとき、それをただちに反論、説得できるだけ教えを理解し、咀嚼《そしゃく》しておらないと、答えられないで、そのまま自分もひきずられてしまう恐れがある。たとえそれがへりくつのようなものでも、そのへりくつであるという間違いを正すことができないと、それがやがて自分の疑慮のもとになる恐れが多分にある」

このように心の底から信じるためには、知性や理性の働きをもって深く理解しなくてはなりません。

そして仏法僧の三宝と戒を堅く信じるに至れば、死後には地獄界・餓鬼界・畜生界の三悪趣の境界に堕ちることなく、須陀洹となって天上界に行き、天上界とこの世界を幾度か行き来しながら修行を続け、ついにはすべての因縁を断ち切って涅槃を成就します。

お釈迦さまは、まだ修行未熟で高度な霊眼を持たず、自分や法友の死後の行方に不安を持っている弟子たちに対して、仏弟子の死後の行方を知る（須陀洹になって天上界に行く）ことができる指針として、この法鏡を説かれました。そしてこの法鏡に基づいて、他の仏弟子たちにも、そのような指針を説くことができるようになるのです。

あなた自身もこの法鏡によって、自分の死後の行方を知ることができるわけです。

◉――「仏・法・僧・戒」に対する堅固な信仰を獲得する

お釈迦さまは、続いて法鏡の詳しい内容をお説きになられました。

第一に、「仏は、如来・無所著・等正覚などの十号をすべて備えている」と確信し、歓喜して信仰するということです。十号とは次のとおりです。

①如来……真如《しんにょ》の世界から来られたお方。真理の体現者。修行を完成したお方。
②無所著……阿羅漢・応供とも訳す。人間と神々から尊敬・供養される資格のあるお方。
③等正覚……正遍知《しょうへんち》とも訳す。正しく悟ったお方。
④明行足《みょうぎょうそく》……明知《みょうち》と行いを完全に備えているお方。
⑤善逝《ぜんぜい》……立派に完成したお方。幸福なお方。
⑥世《せ》間解《けんげ》……世間を知ったお方。
⑦無《む》上士《じょうし》……この上ないお方。
⑧調御《じょうご》丈夫《じょうぶ》…衆生を制御する御者《ぎょしゃ》。
⑨天人師《てんにんし》……天（神々）と人間との師。
⑩仏世《ぶっせ》尊《そん》……尊い仏。世間から尊ばれるお方。

つまり、お釈迦さまは、修行を完成して真理を体現した方であり、このような十種の呼び名にふさわしいお方である、と心の底から喜び信じて仰ぎなさいということですね。では、なぜ単に「信ずる」のではなく、「歓喜して信ずる」のでしょう。

お釈迦さまがお生まれになった時代、つまり古代インドにおいては、ほとんどすべての人が永遠に続く輪廻転生を信じていました。彼らはそのために、常に来世に対する不安を抱いていたのです。なぜならば、この世では良い人生を歩んでいたとしても、来世もまたそのように幸福であるという保証は、どこにもなかったからです。彼らは悲惨な運命を持つ人間に転生《てんしょう》することを恐れていました。また、それ以上に、死後に地獄界や餓鬼界に堕ちたり、さらには家畜などの動物に転生することを非常に恐れたのです。そして、来世は幸福な人間に生まれるように、できれば天上界に神となって生じるようにと願って、神々に供物を捧げて祈りました。お釈迦さまはそのような時代に登場されて、

「業を消滅させて輪廻を脱し、二度と生まれ変わらない自由自在の身となりなさい」

と説かれたのです。

仏教の各宗で法要や読経の前に読まれる偈《げ》（『開経偈《かいきょうげ》』）には、このように書いてあります。

無上《むじょう》甚深微妙《じんじんみみょう》法《ほう》（この上なく優れ深遠にして不可思議な真理である仏法には）
百千万劫難遭遇《ひゃくせんまんごうなんそうぐう》（たとえ無限の時間が過ぎようとも出会いがたい）
我今見聞得受持《がこんけんもんとくじゅじ》（ところが私は今、その法に出会い、教えを受けることができた）
願解如来真実義《がんげにょらいしんじつぎ》（ただ願うのは、仏陀の真実の教法を理解し体現せんことのみ）

このように無限の時間が過ぎようとも、出会いがたい真実の法を教えてくださる仏陀に出会うことができ、永遠に続く輪廻転生の不安から解放されるのですから、心の底から喜ばない方がおかしいでしょう。

第二には、「法は真実にして正しく、奥深く、自由自在に説かれて時節を選ばず、涅槃への道

を示して、智者の実践するものである」と歓喜して法を信仰するとあります。

この法とはどんな法か？　当然、お釈迦さまが生涯をかけて説かれた唯一の法である、成仏法・七科三十七道品を指しているのです。そして、その根幹を成す「縁起《えんぎ》の法」の教えですね。すべての存在は縁によって生じ縁によって消滅するという、「縁起の法」を深く理解し体得すれば、身見・疑惑・戒取を断ち切ることができるわけです。そして、さらに成仏法の修行を進めて阿羅漢（仏陀）を目指すのです。

第三に、「僧伽はよく相和して、行ないが質直であって諂うことなく、修行を成就していて、上下の者が和順し、法身（仏の説いた正法）を備えており、向須陀洹（須陀洹へ向かっている人）・得須陀洹（須陀洹になった人）・向斯陀含（斯陀含へ向かっている人）・得斯陀含（斯陀含になった人）・向阿那含（阿那含へ向かっている人）・得阿那含（阿那含になった人）・向阿羅漢（阿羅漢へ向かっている人）・得阿羅漢（阿羅漢になった人）という、四双八輩の人々が如来の弟子である聖者・賢者たちであり、非常に恭しく敬うべき世の福田である」と歓喜して僧伽を信仰するとあります。

お釈迦さまの教団ではすべての弟子たちが、解脱して輪廻転生を断滅するために成仏法を修行して、聖者の四つの階梯（須陀洹・斯陀含・阿那含・阿羅漢）を進みつつある聖者・賢者たちである、と堅く信じてともに修行できることを喜びなさい、ということですね。

第四に、「聖者・賢者の戒は清浄で穢れなく、欠けたところがなく、聡明な人の実践するものであり、これによって深い瞑想（三昧定）が獲得できるのである」と戒律を信仰するとあります。

ここでは、戒律を実践してこそ深い瞑想が獲得できるのであると説いておられます。つまり、身心脱落のための戒行を実践しなくては、煩悩に妨げられて深い瞑想の境地を得ることができないということですね。これにはその先があるのであって、その深い特殊な瞑想によって解脱への智慧が獲得できるのです。これを「戒・定・慧」の三学といいます。これはお釈迦さまと弟子たちにとっては当然のことなので、ここでは「慧」を省略して説いておられるのです。

◉戒学・定学・慧学

じつは、お釈迦さまはこのナーディカー村に来られる前にとどまっておられたコーティ村において、この三学がいかに大切なものであるかを次のように説いておられます。

「その時世尊、跋祇より遊行して拘利村に至る。一の林下に在りて諸の比丘に告げ給わく、『四つの深き理法あり、一は聖戒《しょうかい》と曰《い》い、二は聖定《しょうじょう》と曰い、三は聖慧《しょうえ》と曰い、四は聖解脱《しょうげだつ》と曰ふ。此の法は微《み》妙《みょう》にして解《げ》知《ち》し難し。我れ及び汝等《ら》、暁了《ぎょうりょう》せざるが故に、久しく生死に在りて流《る》転《てん》窮《きわま》り無し』と。爾の時世尊、此のように義を観《しめ》し已りて即ち頌《じゅ》を説きて曰はく。『戒・定・慧及び解は、唯《ただ》仏のみ能《よ》く分別《ふんべつ》し給い、彼を化《け》して苦を離れしめ、生死の習《ならい》を断ぜしむ』」

これを現代語訳すると、

「その時、世尊はヴァッジ国を巡ってコーティ村に到着し、とある林の中で比丘たちに告げられました。

『四つの深遠なる理法があります。一には聖なる戒といい、二には聖なる定といい、三には聖なる慧といい、四には聖なる解脱といいます。この法は計り知れぬほど深い意義があり、理解しがたいものです。私もそなたたちも、これまでこの法を明らかに悟ることがなかったために、永い間迷いの世界で際限のない輪廻転生を繰り返してきたのです』

その時、世尊は、このように意義を示されたのち、次のように偈《げ》頌《じゅ》を説かれました。

『戒律と瞑想と智慧および解脱は、ただ仏陀のみよく説き示すことができ、人々を教化して苦を離れしめ、輪廻転生を断たしめる』」

となります。

このようにお釈迦さまが、仏教の修行に絶対欠かしてはならぬと教示された、戒・定・慧の三学とはどのようなものでしょうか？

戒

まず戒学です。

これは、修道の中で特に情意的習慣的な悪業を矯正して、善い方向に向かわしめるものです。戒（sīla）という言葉には、習性・習慣という意味があるといいますが、つまり、善にせよ、悪にせよ、習慣的行為をすべて「戒」というのです。しかし、普通には、悪い面に対しては「破戒」（sīla-vipatti 毀壊）とか「悪戒」（dussīla）というように呼ばれ、単に「戒」という時には、善い習慣的行為を指すのです。だから、一般的な意味では、戒とは道徳的行為ということになります。sila は英語の moral とか ethic にあたるものだからです。

三宝（仏法僧）に対する信があっても、それだけではダメなのです。『雑阿含経・一切事経』では、お釈迦さまがマハーナーマ（お釈迦さまのいとこで在家の弟子）に次のように説いておられます。

「若し優婆塞信有り戒無くば、是れ則ち具《ぐ》せず。当に勤方便《ごんほうべん》し浄戒《じょうかい》を具足《ぐそく》し信戒《しんかい》を具足すべし」

これは、

「信があっても戒がなければいけないのだよ。おまえは戒を保っているか？」

ということですね。

「戒」には、二つの意味があります。一つは修行者としてやってはいけないことの取り決め、もう一つは修行者としてやらなければいけないことを指します。

もちろん、信じることが一番の根本努力です。ですから、信じなければいけません。しかし、信じているだけでは足りないのです。

信仰を持つというのは、ただ種をまいただけにすぎません。その種から、すくすくと芽が伸びて、立派な花が咲くようにするには、いろいろな手入れが必要でしょう。肥料も与えなければいけないし、また、雑草も抜かなければいけない。たとえるならば、肥料を与えるということが、やらなくてはいけないことをやるということになり、雑草を取るということが、やってはいけないことをやらないということにあたります。

この二つがそろって初めて、「信」という種がすくすくと芽を出し、やがて花を咲かせ実を結ぶのです。種をまいても、放っておけば枯れてしまいます。枯れないまでも健全に育っていきません。

修行も同じです。一生懸命に勤行をする。また、先祖のご供養をする。これは大切なことですが、それだけでは信仰の種をまいただけにすぎない。その種がすくすくと伸びていくためには、戒がなければいけないのです。

実践的な修行の面で戒を定義するとしたら、それは定のための「身心・環境の調整と制御」ということになるでしょう。

ではなぜそれをするのかというと、「定」と「慧」を獲得するためです。

定（samādhi）とは、「等持《とうじ》」とも「三昧《さんまい》」とも訳されるように、瞑想して精神を集中し統一して散乱しないように等しく持《たも》ち、専心した三昧の状態に置くことです。ではなぜ定が必要であるかというと、もちろん、どんなことでも統一し集中した心をもってしなければ、完全に遂行するということができないからです。

ところで、精神を集中し統一するためになにが一番必要かというと、まず、それをするにあたって、その人の身心と環境がそれを完全に果たせるように、よく調整されているということでしょう。それが妨げられるようなこと、たとえば、睡眠不足とか、過労とか、過食暴飲とか、病気、負傷、あるいはノイローゼなどで身体の調子を悪くしていたり、なにか不道徳なことや不義理のことをして、心配ごとや不安なことがあって精神が安定しなかったり、また、家庭やその他の環境上、非常に不安定な状態に置かれたりしていると、当然、精神を集中したり統一したりすることは困難です。

もちろん、そういった不利な状態を克服して高い境地に入ることこそが大切なのですが、最初からそういう状態であっては進歩することができません。まず、そういう悪条件を取り除くところから始めなければなりません。仏教的にいえば、悪因縁からの解脱を考えねばならないのです。

要するに、戒というのは、必ずしも倫理道徳的な善のみをいうのではなく、よく習慣づけられた健全な肉体および安定した精神と環境、それをいうのです。戒が整って初めて定が順調かつ完全に得られるのです。

定

次に定です。

定は、定それ自体が目的ではないのです。ここを間違えないようにしなくてはなりません。定すなわち瞑想ですが、瞑想というとただ単に黙ってものを考えたり、なにかの目標に精神を集中したりしさえすればよいことのように考え、そう指導している人々が多いようですが、そうではないのです。仏教における定（深い瞑想）の目的は、それによって高度で正しい慧（智慧）を得ることなのです。

つまり、それはこういうことです。

お釈迦さまご在世当時の外教《げきよう》（仏教以外の教え）の人々の中には、定をもって修行の究極の目標とし、定を得さえすれば、それがつまりニルヴァーナの理想境に達したものであるとする、いわゆる「主定主義者」が少なくなかったのです。いや、瞑想をもって主たる修行法とする人たちは、ほとんどがそうであったといってよいでしょう。お釈迦さまが修行時代に師事したアーラーラ・カーラーマおよびウッダカ・ラーマプッタの二人の仙人（isi）や、また、六十二見（六十二の誤った見解。自己および世界に関して仏教の正しい立場から逸《そ》れた見解の総称）の中にある初禅《しょぜん》ないし第四禅《だいしぜん》の禅定《ぜんじょう》をもって、それがそのままニルヴァーナであるとする主張などです。

しかし、禅定は、定に入って精神統一が得られている間だけは、一切の不安や苦悩がなくなっても、いったん定の統一状態から出ると、やはり一般人と同じく不安や苦悩が起こるのです。お釈迦さまが、二人の仙人の優れた禅定をも、いまだ十分ではないとして、彼らのもとを去られたのも、このような主定主義者の欠陥を悟られたからにほかならないのです。

お釈迦さまによって悟られた理想の状態は、定という特別な精神統一が得られている間だけでなく、日常普通の生活においても、絶対に不安苦悩のないものでなければならないのです。そうして、それがそのままその人の働きとなって、その人の日常活動の上に発揮されるものでなければならないのです。では、それはどのようなものでしょうか？　お釈迦さまはそれを「慧」、すなわち智慧による働きであるとされたのです。

慧

では、お釈迦さまの説かれる智慧とはどのようなものか？

それはまずこの世の中の実相、すなわち存在の理法である縁起や四諦の法《ダルマ》を如実に悟り、その上に立っていかなる場合にも窮することなく自由自在に活動して、高い理想をこの世の中に現実に実現していく「力」です。実に智慧とは力でなければならぬのです。すなわち、その智慧は「三明《さんみょう》」という三種の智慧から成り、そこから六種の超人的な力が発揮されます。

宿命智《しゅくみょうち》・天眼智《てんげんち》・漏尽智《ろじんち》の三つを三明と呼ぶのですが、お釈迦さまが菩提樹下で悟りを開かれる直前には、この三明が得られたとされています。また一般に、阿羅漢の悟りを得た者も、すべてその時に三明に通達するといわれています。

実際に、『中阿含経・大品・請請経第五』には、

「舎梨子、この五百の比丘、九十の比丘三明達を得（サーリプッタよ、この五百人の比丘のうち九十人が三明を得ています）」

という記述があります。

阿羅漢という言葉は、「応供」と訳されますが、これは、一般信者から衣食住などすべてにわたって供養を受ける資格があるという意味で、つまり、阿羅漢は他の人々から供養を受けることにより、彼らに大きな功徳を与えるのであり、さらに彼らを平和で幸福な生活へと導き、社会を救済するという任務を持ちます。故に阿羅漢は、あらゆる人々を最も効果的に巧みに指導し得る力を持っていなければなりません。その指導教化の能力が、「三明六通《ろくつう》」といわれる神通《じんずう》奇蹟の智慧なのです。六通とは、六神通のことで、今挙げた三明に、神足通《じんそくつう》、他心通《たじんつう》、天耳通《てんにつう》の三つを加えたものです。

深い瞑想によって得られたこの三明六通の智慧によって解脱するのです。

このお釈迦さまの三学（戒・定・慧）の教えは、後代になって様式化された形で密教の護身法《ごしんぼう》に取り入れられています。密教の修法を始める前には必ず、塗香《ずこう》といって、香を身に塗る作法がありますが、続いて小さな声で観想を行います。

「戒定慧《かいじょうえ》解《げ》脱解《だつげ》脱知《だっち》見《けん》の五分法身《ごふんほっしん》を磨瑩《まよう》す」

そして心の中では次のように観念します。

「大宇宙に遍満《へんまん》する大生命《ほとけ》の力が今、私の上に降り注ぎ、私の五体は今この大生命の力に満ち満ちる。

この大生命の力により、戒身《かいしん》成就して私の形姿《すがた》は一切の卑醜《ひしゅう》を除き、金剛薩埵《こんごうさった》の厳身《ごんしん》を現し、定身《じょうしん》成就して心一切散乱せず、慧身《えしん》成就して凡想《ぼんそう》の愚かでむなしきものなることを悟り、すべての執着を去り、解脱身《げだつしん》成就して一切の悩み災いから解脱し、知見身《ちけんしん》成就してあらゆる束縛から離れ、一切の法において大自在を得る」

「戒・定・慧」についてはすでに述べましたが、では「解脱・解脱知見」とはなんでしょうか？仏教辞典などによれば、「解脱」とは、慧によって惑（煩悩）を断じ、惑の繫縛《けばく》を解いた境地であるニルヴァーナです。また「解脱知見」とは、自分が解脱したことを認める智慧であるとされています。また「五分法身」とは、「戒・定・慧・解脱・解脱知見」の五種の法をもって仏の身体とするので、五分法身というとあります。

◉あらゆる存在の相（すがた）から解放される

悟りを完成し、仏陀になられたお釈迦さまの体験があります。これは、『マッジマ・ニカーヤ（中部経典）』（『中阿含経《ちゅうあごんぎょう》』に相応）において、お釈迦さまご自身によって語られたものです。

「わたし（釈尊）は、つねに努力精進《しょうじん》し、その想いは確立してすこしもみだれず、体は安楽で動揺せず、心は禅定に入って静かである。そのわたしがあるとき、瞑想に入ってしだいに禅定が深まってきた。第一禅定から第二、第三、第四禅定まで深まるにつれて、心に思い浮かぶなにものもなくなり、喜びや楽しみだけとなり、そして遂にはそれもなくなって、ただ清浄な想いだけとなった。

そのとき、わたしの心は、一点のけがれもなく、清く明るく、絶対不動であった。そしてわたしの心の眼はおのずから前世の光景に向けられていった。それは一生だけではなく、二生、三生、十生、二十生、そして無限の生涯の、生きかわり死にかわりした光景が展開してきた。これが第一の智慧である。

それからわたしの心は、あらゆる衆生《しゅじょう》のすがたに向けられてきた。わたしは超人的な眼力でそのすがたを見た。そこには、貴《とうと》いもの、賤《いや》しいもの、美しいもの、醜《みにく》いもの、幸福なもの、不幸なもの、それぞれの宿業が渦巻いていた。これが第二の智慧である。

それからわたしは、苦集《くじゅう》滅道《めつどう》の四諦《したい》（四つの真理）をありのままに知り、わたしの心は、あらゆる存在の相《すがた》から、全く解放され、ふたたびそれに執着することはなくなった。これが第三の智慧である」（玉城康四郎訳による）

この、じつに鮮やかに語られたお釈迦さまの体験は、次の五つの段階に分けられます。

——第一の段階

わたしは、

1．常に一つの目的に向かって精進を続けることができ、

2．想念《おもい》が確立して乱れず、
3．身体は安楽で動揺しない。
4．心はいつも定に入って静かである。

――第二の段階

第一禅定から第二、第三、第四禅定までしだいに深まっていって、
1．心に思い浮かぶなにものもなくなり、
2．喜びや楽しみだけとなり、
3．ついには、ただ清浄な思いだけに満たされ、
4．一点の汚れもなく、清く明るく、絶対不動となった。

――第三の段階

続いて心の眼が開かれ、
1．自分の前世における光景が展開し始める。
2．それは一生だけでなく、二生、三生、十生、二十生、と限りなくさかのぼり、無限の生涯の、生き変わり死に変わりした光景が展開する。

それは生命の根源への遡及《そきゅう》であり、第一の智慧（宿命智）の獲得であった。

――第四の段階

心の眼はさらに広く深く広がり、人の持つ能力の限界を越えて、過去、現在、そして未来へと流れてゆく、あらゆる人々の姿が透視される。

それは、存在を規制する宿業《カルマ》の実体の把握であった。

これが第二の智慧（天眼智）の獲得である。
──第五の段階
続いてわたしは、
1．宿業《カルマ》から解脱する四つの真理を如実に知り、
2．あらゆる存在からの解脱と超越を完成した。
それは第三の智慧（漏尽智）の獲得であった。

このように無色貪を断ち切り、苦行（戒）の段階を越えて修行を続けられたお釈迦さまは、定に熟達され、その定の極みにおいてカルマの実体を把握する智慧を獲得し、その智慧によって真理を知り、解脱を完成して仏陀になられました。つまり煩悩の滅尽（漏尽）に到達されたのです。

◉法鏡とは不壊信を獲得すること

本講義で紹介した経文は『遊行経』のごく一部であり、大変短いものですが、このようにじつに深い内容を含んでいます。わたくしたちも、因縁解脱をしたい、成仏したいと願うのであれば、まず、お釈迦さまがこのお経でお説きくださった、法鏡の教えに従わなくてはなりません。

お釈迦さまは、仏と法と僧伽を信じ、戒を信じて実践するという四不壊信（四不壊浄）を獲得することによって、聖者の最初の段階である須陀洹に到達し、再び悪趣（地獄界・餓鬼界・畜生

界）に堕ちることなく、七度までの生まれ変わりのうちに阿羅漢（仏陀）へと向かうことができる、と説かれているのです。

しかし、法鏡の第一で「仏を信仰する」とありますが、もはやお釈迦さまのおられない現在の世界に生きるわたくしたちは、いったいどのような仏を信仰すればよいのでしょうか？

この信仰の対象となる仏は、仏画や仏像ではありません。ましてや、日本の大乗仏教が祀る架空の仏、空想上・概念上の仏でもありません。お釈迦さまがこのお経で説いておられるように、如来の十号を備えた真実の仏として、応供のお力を持っておられなくてはならないのです。

それはなぜか？

わたくしたちをご加護くださり、成仏へとお導きくださることができる、お力が必要だからです。如来の十号の一つである無所著は、阿羅漢・応供とも訳され、人間と神々から尊敬、供養される資格のあるお方のことですが、尊敬・供養されるだけではないのです。「応供」とは「供養に応える」ということです。つまり、お釈迦さまは、供養に応えて人々を解脱へと護り導くお力を持っておられました。今の世界のどこに、そのような方がおられるのか？

◉―――現在における「仏」、応供の如来の復活

しかし、驚くべきことに、現代のこの世界に応供の仏が復活《アナスタシス》されたのです。

一九七九年二月四日、阿含宗創建の翌年に、京都花山の総本殿建立予定地において奉修された、「節分星まつり大柴燈護摩供」において、その修法中、一陣の霊気が結界内を走ったかと思うと、突然、お焚き上げしている大護摩の火炎が、巨大な仏のご尊体へと変わりました。

その炎の高さは、およそ六、七メートル、それまで、風速七、八メートルの山風に、右に左に大きく揺れていた火炎が、一瞬、ピタリと静止したかと思うと、突如、如来《ほとけ》のお姿を現したのです。その寸前、修法中のわたくしは、思わず、あ！　と思いました。というのは、その時、燃え上がっている火炎の火の色が、一瞬、変わったからです。それまでの赤みを帯びた普通の火の色が、輝くばかりの黄金色となりました。あ！　と思った次の刹那、火炎がピタリと静止し、巨大な仏の尊形《そんぎょう》となったのです。——次の瞬間、火はもとの色に戻り、ごうッと吹く山風に大きく揺れ、なびいていました。

修法が終わって道場に帰り、ご霊示を仰いだところ、

「われは応供の如来である。供養を受けるぞ」

というご霊示が下がりました。

「応供の如来」とは、「（信者の）供養を受けて、その供養を功徳として（信者に）返す如来」という意味です。わたくしは、その瞬間、この総本殿建立地が霊界と直結した聖地となったことを確信しました。しかし、わたくしは、これを一部の幹部の者のみに伝えるにとどめました。ご霊体を拝さぬ者にいっても仕方がないと思ったからです。

ところが、数日後、当日の修行者の一人が、

「これは霊写真ではないでしょうか」

といって一葉の写真を届けてきたのです。一見して、わたくしは息をのみました。まさしく、あの刹那、わたくしが拝した法爾無作《ほうにむさ》（作りものではない自然のままの生きた仏）の如来のお姿でした。その黄金色に輝く色も、形も、寸分違いません。わたくしは思わず、おしいただきました。

現形という言葉があります。神・仏が、そのご自身の意志によって姿を現し、そのお姿をとどめることです。これを現形といいます。誰か一人がそのお姿を目にしたというのでは、現形とはいいません。万人、誰でもそのお姿を拝せるよう、姿形をとどめなければいけないのです。

なんという奇蹟でしょうか。如来が写真に自らお姿をとどめて、現形されたのです。わたくしの胸は、ただ感激に震えるのみでした。大日如来・釈迦如来・準胝《じゅんてい》如来の三身《さんしん》を一身に顕現した、三身即一《そくいっ》の「応供の如来」として現形された、この仏さまの霊写真は、阿含宗の法宝《ほうぼう》として大切に祀られております。

◉真正仏舎利の降臨

再び、驚くべきことが起こりました。

一九八六年四月七日、スリランカの首都コロンボ市（当時）の大統領官邸において、J・R・ジャヤワルダナ大統領閣下から、阿含宗に真正仏舎利が授与されたのです。

お釈迦さまは、護摩の炎に応供の仏としてご出現され、その霊体を写真にとどめてくださるという形で降臨《こうりん》現形されただけではなく、今度は、その肉体（ご遺骨《ゆいこつ》・ご聖骨《せいこつ》）をもって阿含宗に降臨されたのです。

この仏舎利は、インドのビハール州にあるブッダガヤの大塔（大菩提寺）に奉安されていたもので、一八八一年、考古学者のカニンガムによって、大塔の金剛宝座《こんごうほうざ》の下から発掘されました。

ブッダガヤの聖蹟が、現在のような形で保たれているのは、ビルマ（現在のミャンマー）、スリランカの歴代の王たちの力によるものです。ことにスリランカの力が大きく、アショーカ王の創建した精舎をさらに増広して大菩提寺を建立したのは、四世紀のセイロン（現在のスリランカ）王メーガヴァンナです。こういう因縁により、大菩提寺の管長、主管者には、スリランカの高僧が選ばれることが多いのです。

このスリランカと因縁の深い大菩提寺で、一九四四年当時に管長をされていたスリランカの高僧が、スリランカに帰住するにあたり、上記仏舎利の一部をスリランカに移管し、奉安しました。この仏舎利のうちの数粒が、スリランカ大統領・ジャヤワルダナ閣下に献上され、大統領から阿含宗に寄贈されたわけです。

どうしてこういうご縁ができたのか、わたくしは、今でもまったく分かりません。

わたくしの方からあつかましく、仏舎利を分けていただきたいなどと申し出たことなどは一切なく、本当に不思議な成り行きで、自然にこうなったのです。ただただ、仏縁――仏さまのご意志によるものとしか、いいようのない不思議なご縁です。

スリランカ側の当事者のお話では、日本でただ一つ、釈尊直説の経典である「阿含経」を奉持する仏教団体であるから、ということでした。

この真正仏舎利は、まさに生ける釈迦如来として阿含宗に降臨され、阿含宗の本尊として金色《こんじき》の大光明を放って、阿含宗の信徒を護り導いてくださっています。

昔から、キリスト教が日本の仏教を批判する時、まっさきに突いてくるのが、日本の仏教は「偶像崇拝」の低劣な宗教である、という点でした。たしかに、そういわれてもやむを得ない弱点が、日本の仏教にはあります。本尊として祀るところの、大日如来、阿弥陀《あみだ》如来、薬師《やくし》如来、その他、すべて架空の仏の像です。皆、実在しない仏の像なのです。故にキリスト教は、これを、未開人の持つ宗教と同じ、偶像崇拝の低劣な信仰と断定するのです。

では、偶像を本尊とする仏教が、なぜ低劣視されるのでしょうか？　二つの理由が挙げられます。

その1、

偶像の仏とは実在しない仏の像であり、実在しない仏の像は「虚像《きょぞう》」です。虚像の仏は、要するに、にせものの仏です。真実の仏に似せた虚《うそ》の仏の説いた経典が、真実の仏の教説といえるでしょうか？　それは仏が説いたものではなく、仏を装った人間が説いたものです。いくら天才であっても、所詮、人間は人間です。仏陀ではありません。

虚像の、にせものの仏の像を本尊とし、にせものの仏の経典を読む。これでは、合理性を重んずる外国の宗教に、軽蔑されてもしようがありません。

その2、

実在しない虚像の仏を本尊として拝んで、なんになるのか。

キリスト教は、実在したキリストの遺した物を、「聖物《せいもつ》」と呼んで最も尊崇します。他の聖者たちの遺体の一部も、「聖物」として祀ります。たとえば、有名な聖者フランシスコ・ザビエルは、右の臂《ひじ》が聖物としてイエズス会の聖堂に祀られています。いうならば、この聖ザビエルの右の臂がこのイエズス会の寺院の「本尊」なのです。そしてキリストの「聖物」が、キリスト教の「総本尊」ということになります。

なぜ、「聖物」が尊ばれるのでしょうか?

それは、奇蹟を現すからです。たとえば、ローマ法王庁内には、「福者《ふくしゃ》」や「聖人《せいじん》」と呼ぶ尊称があります。福者というのは、キリストの信仰のために受難、殉教《じゅんきょう》したり、生前に特別の聖性を示し、死後に奇蹟をもたらしたりした聖職者に与えられます。

そしてさらに、そうした福者の中から、普通、長い年月をかけてなお調査を行い、厳選されるのが「聖人」です。聖人に列せられるためには、その死亡した肉体、本人が所有していた物から三回以上、奇蹟が起こらなければならないとされています。聖物はこのように、数々の奇蹟を現すから尊ばれるのです。

では、聖物がなぜ奇蹟を起こすのでしょうか?

霊界にある聖者のお霊《みたま》が、われわれの祈りに応えて降臨する時、その聖者に最もゆかりの深い物に降《くだ》ります。あるいは、その物が聖者のお霊を呼びます。こうして、聖者の降霊による奇蹟が起きるのです。

聖物は、聖者の肉体（遺体、遺骨）が、一番尊ばれます。これが最も奇蹟を起こすからです。これがなければ、平生、身につけていたものがこれに準じます。架空の仏や空想の仏を拝んでなにが起きるものでしょうか? 実在の聖者、実在の仏であるからこそ奇蹟が起きるのです。

未開人が、虚像、偶像を拝んで一心に奇蹟を願っている、哀れむべき姿を、キリスト教の人たちは、日本仏教の信者たちの上に見るのでしょう。

仏教において、キリスト教における「聖物」を求めるならば、それはもちろん、仏陀のご聖骨しかありません。すなわち、真正仏舎利こそが、唯一の、仏陀の聖物なのです。ですから、仏教教団であるからには、「本尊」として、真正仏舎利をお祀りし、これを尊崇するのが本当なのです。仏と法がそろって、本当の仏法となるのです。

仏陀のご聖物である真正仏舎利が、本尊として修行者・信者に力を与え、ご加護くださって初めて、法が成就するのです。仏陀のご加護なくして、自力だけで成仏法を成就することなど、不可能です。わたくしの完全解脱も、本尊のご加護があってこそ、成就したのです。

以上のように、阿含宗には、生ける如来である真正仏舎利が本尊として祀られ、お釈迦さまが伝えられた成仏法・七科三十七道品があり、信徒たちは本尊のご加護の下に成仏法を実践しています。真の三宝がそろっているのですから、まさしく、お釈迦さまご在世当時の教団が復活再現されている、といってよいでしょう。

諸君も、阿含宗の仏法僧を固く信仰するとともに、心解脱行（戒行）を実践し、梵行で徳を積み、正しい先祖供養によって霊的に清めていけば、今生においてニルヴァーナに入るのは至難の業《わざ》であったとしても、法鏡の教えのとおりに須陀洹となって、数度の生まれ変わりのうちにニルヴァーナに入ることができるはずです。このように、自分自身の死後の行方を確信することができます。どうか、懈《け》怠《だい》なく、修行に精進していただきたい。これで『遊行経』の講義を終わります。

◉――長阿含経・遊行経［一部］

（前略）爾時世尊於拘利村随宜住已。告阿難。倶詣那陀村。阿難受教。即著衣持鉢与大衆倶侍従世尊。路由跋祇到那陀村止揵椎処。爾時阿難在閑静処黙自思惟。此那陀村十二居士。一名伽伽羅。二名伽陵伽。三名毘伽陀。四名伽利輸。五名遮楼。六名婆耶楼。七名婆頭楼。八名藪婆頭楼。九名陀梨舎㝹。十名藪達利舎㝹。十一名耶輸。十二名耶輸多楼。此諸人等今者命終為生何処。復有五十人命終。又復有五百人命終。斯生何処。作是念已。従静処起至世尊所。頭面礼足在一面坐。白仏言。世尊。我向静処黙自思惟。此那陀村十二居士伽伽羅等命終。復有五十人命終。又有五百人命終。斯生何処。唯願解説。仏告阿難。伽伽羅等十二人断五下分結。命終生天。於彼即般涅槃不復還此。五十人命終者断除三結婬怒癡薄。得斯陀含。還来此世尽於苦本。五百人命終者。断除三結得須陀洹。不堕悪趣必定成道。往来七生尽於苦際。阿難。夫生有死自世之常。

此何足怪。若一一人死来問我者非擾乱耶。阿難答曰。信爾世尊。実是擾乱。仏告阿難。今当為汝説於法鏡。使聖弟子知所生処。三悪道尽得須陀洹。不過七生必尽苦際。亦能為他説如是事。阿難。法鏡者。謂聖弟子得不壊信。歓喜信仏如来無所著等正覚十号具足。歓喜信法真正微妙。自恣所説無有時節。示涅槃道智者所行。歓喜信僧善共和同。所行質直無有諛諂。道果成就上下和順法身具足。向須陀洹得須陀洹。向斯陀含得斯陀含。向阿那含得阿那含。向阿羅漢得阿羅漢四双八輩。是謂如来賢聖之衆。甚可恭敬世之福田。信賢聖戒清浄無穢無有欠漏。明哲所行獲三昧定。阿難。是為法鏡。使聖弟子知所生処。三悪道尽得須陀洹。不過七生必尽苦際。亦能為他説如是事。（後略）

XXIII

雑阿含経

摩訶迦経

仏弟子が顕現した念力の炎

奇蹟を起こしてこその宗教

わたくしは、宗教というものは奇蹟を起こすものだ、と考えております。逆にいえば、奇蹟を起こす力を持っていなければ、たとえそれが宗教を名乗っていたとしても、それは本当の意味では宗教とはいえない、とわたくしは思うわけです。奇蹟を起こしてこその宗教であって、単に教えを説くだけならば、それは倫理・道徳に過ぎません。

お釈迦さまとその弟子たちの教法を伝える唯一の経典であり、阿含宗の依《え》経《きょう》である「阿含経」を読んでいくと、お釈迦さまはもとよりその弟子たちも、人智では計れない神通奇蹟を起こしていたことが記されています。今日は、その中でも、特にわたくしが起こした奇蹟と関連が深いと思える、『雑阿《ぞうあ》含経《ごんぎょう》・摩訶《まか》迦経《かきょう》』（以下『摩訶迦経』）について講義をいたしましょう。

まずは経文を読み、現代語訳をいたします。

如是我聞。一時仏住菴羅聚落菴羅林中。与衆多上座比丘倶。時有質多羅長者。詣諸上座所。稽首礼足。退坐一面。白諸上座比丘言。唯願諸尊。於牛牧中。受我請食。時諸上座。黙

是《かく》の如《ごと》く我《わ》れ聞《き》きぬ。一時《いちじ》、仏《ほとけ》、菴羅《あんら》聚落《じゆらく》の菴羅林中《りんちゆう》に住《とど》まりたまえり。衆多《しゅた》の上座《じようざ》比丘《びく》と倶《とも》なりき。時《とき》に質《しっ》多羅《たら》長者《ちようじや》有り、諸《もろもろ》の上座の所《みもと》に詣《まい》り、稽首《けいしゅ》し足に礼《らい》し、退《しりぞ》きて一面《いちめん》に坐《ざ》し、諸の上座比丘に白《もう》して言《もう》さく、「唯《ただ》願《ねがわ》くば諸尊《しよそん》、牛牧《ぎゆうぼく》の中に於《おい》て我が請食《しようじき》を受《う》けたまえ」

然受請。質多羅長者知諸上座黙然受請已。既自還家。星夜備具種種飲食。晨朝敷座。遣使白諸上座時到。諸上座著衣持鉢至牛牧中質多羅長者舍。就座而坐時質多羅長者自手供養種種飲食。食已洗鉢澡漱畢。質多羅長者敷一卑床。於上座前坐聴法。時諸上座為長者説種種法。示教照喜。示教照喜已。従座起去。質多羅長者亦随後去。諸上座食諸酥酪蜜飽満。於春後月熱時。行路悶極。爾時有一下座比丘。名摩訶迦。白諸上座。今日大熱。我欲起雲雨微風。可爾不。諸上座答言。汝能爾者佳。時摩訶迦即入三昧。如其正受。応時雲起。細雨微

と。時に諸の上座、黙然《もくねん》として請《こ》いを受けぬ。質多羅長者、諸の上座の黙然として請いを受けしを知り已《おわ》って、既に自ら家に還《かえ》り、星 夜《しょうや》種種《しゅじゅ》の飲食《おんじき》を備具《びぐ》し、晨朝《しんちょう》に座を敷き、使いを遣《つか》わして諸の上座に時の到れるを白せり。諸の上座衣《ころも》を著《つ》け鉢《はち》を持ちて牛牧の中なる質多羅長者の舎《いえ》に至り、座に就《つ》きて坐せり。時に質多羅長者自らの手もて種種の飲食を供養せり。食し已って鉢を洗い澡《そう》漱《そう》し畢《おわ》んぬ。質多羅長者は一卑床《いちひしょう》を敷きて上座の前に於て坐して法を聴《き》けり。時に諸の上座、長者の為《ため》に種種の法を説きて示教《じきょう》照 喜《しょうき》せり。示教照喜し已って座従《よ》り起《た》ちて去りにき。質多羅長者も亦《ま》た後に随《したが》いて去りぬ。諸の上座、諸の酥酪《そらく》の蜜《みつ》を食して飽満《ほうまん》し、春 後《しゅんご》の月熱《あつ》き時に於て行路《こうろ》に悶《もだ》え極まりぬ。爾《そ》の時一下座《いちげざ》の比丘有り、摩訶迦と名づく。諸の上座に白さく、「今日は大熱《だいねつ》なり。我れ雲雨《うんう》微風《みふう》を起こさんと欲す。爾《し》かす可《べき》や不《いな》や」と。諸の上座答えて言はく、「汝《なんじ》爾かし能《あた》わば佳《か》なり」と。時に摩訶迦即《すなわ》ち三昧《さんまい》に入ること其《そ》の正 受《しょうじゅ》の如くせしに、時に応じて雲起こり。細雨《さいう》微《かす》かに下り、涼風亹亹《びび》として

下。涼風亹亹。従四方来。至精舎門。尊者摩訶迦語諸上座言。所作可止。答言可止。時尊者摩訶迦即止神通。還於自房。時質多羅長者作是念。最下座比丘而能有此大神通力。況復中座及与上座。即礼諸上座比丘足。随摩訶迦比丘。至所住房。礼尊者摩訶迦足。退坐一面白言。尊者。我欲得見尊者過人法神足現化。尊者摩訶迦言。長者勿見恐怖。如是三請。亦三不許。長者由復重請願見尊者神通変化。尊者摩訶迦語長者言。汝且出外。取乾草木積聚已。以一張氈覆上。質多羅長者即如其教。出外聚薪成積来白尊者摩訶迦。薪積已成。以氈覆上。時尊者摩訶迦即入火光三昧。於戸鉤

四方従り来りて、精舎《しょうじゃ》の門に至る。尊者《そんじゃ》摩訶迦、諸の上座に語って言わく、「所作《しょさ》止《や》む可きか」と。答えて言わく、「止む可し」と。時に尊者摩訶迦即ち神通《じんずう》を止めて、自房《じぼう》に還りぬ。時に質多羅長者是《こ》の念を作《な》さく、「最も下座の比丘にして而《し》かも能《よ》く此の大神通力有り、況《いわ》んや復《ま》た中座《ちゅうざ》と及び上座とならんをや」と。即ち諸の上座比丘の足に礼し、摩訶迦比丘に随いて、住《じゅう》する所の房に至り、尊者摩訶迦の足に礼し、退きて一面に坐して白して言さく、「尊者、我れ尊者の過人法《かにんほう》の神足現化《じんそくげんけ》を見得《まみえ》んことを欲す」と。尊者摩訶迦言わく、「長者、見て恐怖《くふ》する勿《なか》れ」と。是の如く三《み》たび請いしも亦《ま》た三たび許さざりき。長者由《よ》って復た重ねて請えり、「願くば尊者の神通変化《へんげ》を見せたまえ」と。尊者摩訶迦、長者に語って言わく。「汝且《しば》らく外に出《い》で乾《かわ》ける草木《そうもく》を取り、積聚《しゃくじゅ》し已りなば一張《ひとはり》の氈《せん》を以て上を覆えよ」と。質多羅長者即ち其の教えの如く外に出で薪《まき》を聚《あつ》めて積《つみき》と成し来りて尊者摩訶迦に白せり、「薪を積とすること已《すで》に成

孔中出火焰。光焼其積薪都尽。唯白氈不然。語長者言。汝今見不。答言已見。尊者。実為奇特。尊者摩訶迦語長者言。当知此者皆以不放逸為本。不放逸集。不放逸生。不放逸転。不放逸故得阿耨多羅三藐三菩提。是故長者。此及余功徳。一切皆以不放逸為本。不放逸集。不放逸生。不放逸転。不放逸故。得阿耨多羅三藐三菩提。及余道品法。質多羅長者。白尊者摩訶迦。願常住此林中。我当尽寿。衣被飲食。随病湯薬。尊者摩訶迦有行因縁故。不受其請。質多羅長者聞説法已。歓喜随喜。即従座起作礼而去。尊者摩訶迦不欲令供養利障罪故。

り氈を以て上を覆えり」と。時に尊者摩訶迦即ち火《か》光三《こうざん》昧《まい》に入りて戸の鉤孔《ここう》の中より火焔《かえん》を出しぬ。光り其の積薪《しゃくしん》を焼き都《す》べて尽きぬ。唯白 氈《びゃくせん》のみは然《も》えざりき。長者に語って言わく、「汝今《いま》見しや不や」と。答えて言わく、「已に見たり。尊者は実に奇特《きとく》を為す」と。尊者摩訶迦、長者に語って言わく、「当《まさ》に知るべし此れは皆不放逸《ふほういつ》を以て本《もと》と為し、不放逸の集《じゅう》、不放逸の生《しょう》、不放逸の転《てん》なり。不放逸の故に阿耨多羅三藐 三菩提《あのくたらさんみゃくさんぼだい》を得《う》。是の故に長者、此れ及び余《よ》の功徳は一切皆《みな》不放逸を以て本と為し、不放逸の集、不放逸の生、不放逸の転なり。不放逸の故に阿耨多羅三藐三菩提及び余の道品《どうぼん》の法を得るなり」と。質多羅長者、尊者摩訶迦に白さく、「願くば常に此の林中に住まりたまえ。我れ当に寿《じゅ》を尽くすまで衣被《いひ》・飲食、病に随い湯薬《とうやく》を（供養すべし）」と。尊者摩訶迦行く因縁有りしが故に其の請いを受けざりき。質多羅長者説法を聞き已って、歓喜《かんぎ》し随喜《ずいき》し、即ち座従り起ち礼を作して去りにき。尊者摩訶迦は供養して障 罪《しょうざい》を利せしめんと欲せざりしが故に、即ち座従り起ちて去

即従座起去。遂不復還

——り、遂《つい》に復た還えらざりき。

◉現代語訳

このように私は聞きました。仏さまがアームラ聚落のアームラ樹林の中にご滞在の時のことです。仏さまは、多くの上座の（長老）比丘を伴っておられました。ある日、質多羅という名の長者がもろもろの上座の（長老）比丘のもとへ参詣し、その比丘たちの足に頭をつけて礼拝し、退いて片隅に座り、もろもろの上座の（長老）比丘たちに、

「（長老の）皆さま、お願いでございますので、私の持つ牧場においでいただき、どうか私より食事の供養をお受けください」

と申し上げました。

もろもろの上座（の長老比丘たち）は、聖黙をもってこの申し出を承知されました。質多羅長者は上座の長老比丘たちの聖黙による許しを受け終わると、家に帰って種々の食べ物や飲み物の準備を夜通し行い、早朝に（長老たちのための）座を敷いて、使いの者を遣《や》り、上座の長老たちに（供養の準備が整い、食事の）時間となったことを告げさせました。

もろもろの上座（の長老比丘たち）は衣をつけて鉢を持ち（出かけ）、牧場の中にある質多羅長者の家に到着すると、座に着きました。すると質多羅長者は自らの手によって、種々の飲食を供養いたしました。（長老比丘たちが）食事を終えて鉢を洗い、手を洗い、口をすすぎ終わると、質

多羅長者は粗末な座具を敷いて、上座の長老比丘の前に座り、説法を拝聴しました。上座の長老比丘たちは、長者のためにいろいろな法を説き、教え示して照らし、（長者を）喜ばしめました。その後、（上座の長老たちは）座を立って、帰途に就き、質多羅長者もまた後に従いました。もろもろの上座（の長老比丘たち）は、いろいろな美味なる乳製品のごちそうをたくさん食べて満腹な上に、熱季の月で暑いため、復路で（暑さのため）非常にあえぎました。

その時、一人の下座に位置する、摩訶迦という名の比丘がおり、もろもろの上座（の長老比丘たちに）に、

「今日はとても暑い日でございます。私は雲と雨と微風を起こそうかと思います。いかがでしょうか？」

と申し上げました。もろもろの上座（の長老比丘たち）は、

「よろしい。結構なことです」

と答えられました。摩訶迦がたちまちのうちに三昧に入って精神統一をすると、それに応じて雲が湧き、小雨がかすかに降り、涼風がうまずたゆまず四方から吹き入りだして、（そうこうするうちに一行は）精舎の門に到着しました。尊者摩訶迦は、もろもろの上座（の長老比丘たち）に、

「（そろそろ雨を降らし、涼風を吹かせるのを）やめましょうか？」

と申し上げました。（上座の長老比丘たちは）答えて、

「おやめなさい」

とおっしゃいました。尊者摩訶迦は早速、神通を止めて、自房へと向かいました。

（一連の顚末を見ていた）質多羅長者は、

「最も下座の比丘でさえ、これほどまでの大神通力を持っておられるのだから、中座や上座（の比丘）ならばとてつもない（神通力を持っておられる）のだろう」

と心の中で思いました。それで（長者は）もろもろの上座比丘の足に額をつけて礼拝すると、摩訶迦比丘の後を追って、（尊者摩訶迦が）起居する房へと至り、尊者摩訶迦の足に額をつけて礼拝し、退いて片隅に座り、

「尊者よ、私は尊者の、常人を超越した聖者の功徳に基づく神通力の顕現を目の当たりにしたい、と存じます」

と申し上げました。尊者摩訶迦は、

「長者よ、（そなたは私の神通力を）見て恐怖するでしょう。（ですから）やめておきなさい」

とおっしゃいました。（長者は）そのように三度願い出ましたが、（尊者摩訶迦は）三度とも許しませんでした。（しかし、）長者はまた重ねて願い出て、

「お願いでございますから、尊者の不思議な神通力を拝見させてください」

と申し上げました。（すると）尊者摩訶迦は長者に、

「そなたはしばらく外に出て、（房の前に）乾いた草木を取り集めて積み重ね、その上に一枚の毛《もう》氈《せん》を載せて覆いなさい」

とおっしゃいました。質多羅長者はその指示のとおりに外に出て、（房の前に）薪を集めて積み上げ、尊者摩訶迦に、

「（ご指示のとおりに、房の前に）薪を積み上げてその上を毛氈で覆いました」

と申し上げました。尊者摩訶迦はたちまちのうちに火光三昧に入り、戸の鍵穴の中を通して火

焔を出され、その（火の）光は（自房の前に）積み上げられた薪をすべて焼き尽くしました。ただし、白い毛氈だけはそのまま燃えずに残りました。

（尊者摩訶迦は）長者に対して、

「そなたは今、（この神通力の顕現をしっかりと）見ましたか？」

とおっしゃいました。（長者は）答えて、

「確かに拝見しました。尊者は誠に奇蹟を起こされました」

と申し上げました。尊者摩訶迦は長者に対して、

「よく理解しなさい。これはすべて、不放逸を根本とする。不放逸の集積であり、不放逸の生起であり、不放逸の顕現である。（不放逸とは怠けずに修行することである）不放逸の結果として最高至上の悟りを得るのです。ですから長者よ、この神通奇蹟もその他の功徳も、すべてが皆、不放逸を根本とする、不放逸の集積であり、不放逸の生起であり、不放逸の顕現なのです。不放逸の結果として最高至上の悟りや（そのもととなる）七科《しちか》三十七道品《さんじゅうしちどうぼん》の法を得るのです」

とおっしゃいました。質多羅長者は尊者摩訶迦に、

「どうかお願いでございますので、（尊者は）この（アームラの）林の中にずっとおとどまりください。（そうしていただければ）私は自分の寿命が尽きるまで、（尊者に）衣や食べ物・飲み物、そして病の時にはお薬を（供養させていただきます）」

と申し上げました。尊者摩訶迦には（ここを去り）行く因縁がありましたので、その要請は受けられませんでした。質多羅長者は（尊者摩訶迦の）説法を拝聴し終わって、心から喜んで座を立ち、礼を行って去りました。尊者摩訶迦は障罪につながるような供養はさせたくないと考えて、

すぐさまに座を立って（自房から）立ち去り、二度とそこには戻りませんでした。

◉解説

まずは難しい語句の説明からしましょう。

最初の方に菴羅とありますが、これはサンスクリット語の「アームラ」を漢字に音写したものです。アームラは桃に似ているものの桃ではない樹木だそうです。したがって、菴羅林中というのはアームラ樹林の中ということになります。

過人法とは常人を超越した聖者の功徳のことです。

火光三昧という言葉がありますが、これを『佛教語大辞典』で引くと、

「身から火を出す禅定。火の光につつまれて瞑想していること」

とあります。

不放逸とは怠けずに修行することで、阿耨多羅三藐三菩提とは無《む》上正等正覚《じょうしょうとうしょうがく》ともいい、仏《ぶっ》果《か》、つまり最高至上の悟りのことです。

道品とは成仏法・七科三十七道品のことです。

さて、この『摩訶迦経』は、摩訶迦比丘が起こす二つの神通奇蹟がテーマとなっておりますが、行歴の長い諸君はこのお経の現代語訳を読んで、わたくしが起こした二つの奇蹟を思い出したかもしれません。

◉——モンゴルの奇蹟

摩訶迦比丘は最初に自在に天候を操り、熱暑の中に風雨を起こしましたが、わたくしは一九九六年六月五日にモンゴル国の首都ウランバートル市のガンダン寺境内観音堂前で「モンゴル国立十一面観世音菩薩開眼法要　世界平和祈念大柴燈護摩供」を奉修し、干ばつと大火災に苦しむモンゴル国に雨をもたらしました。これは前者とは比べものにならないほど、規模も意義も大きいものです。この詳細は坂田芳男氏の編著、『祈りは天地を動かす』（平河出版社）に記されておりますす。少し長くなりますが、このことを知らない新入行者も少なくないと思いますので、次に引用しましょう。

「モンゴルの皆さん、私たちは、モンゴルに雨と幸運をプレゼントするために、日本からやってまいりました」

一九九六年六月五日。

モンゴルの首都、ウランバートル市の中心街にある、ガンダン寺の境内で、密教の秘法、大柴燈護摩供を焚きおえた阿含宗桐山靖雄管長は、護摩壇の結界内外を埋める八千有余の善男善女に、こう呼びかけた。

結界の中には、モンゴル政府を代表して、エンカバヤール文化大臣夫妻、プレブドルジ副首相夫人、その他、政府高官たち、さらに、バクラ・インド大使、また、モンゴル仏教会会長で、ガンダン寺管長のチョイジャムツ・ハンブ・ラマ猊下《げいか》をはじめ、長老たち、僧侶数十人が居ならぶ。

結界の外には、八千人を越すモンゴルの老若男女がひしめいている。

あとでわかったことだが、この群衆の中には、たまたま、二日前からモンゴルを訪問中の、東洋大学前学長、菅沼晃教授夫妻の姿があったのである。教授は、この大柴燈護摩供の奉修を知って、急遽、スケジュールを変更したのだという。教授と桐山管長は、三十年来の旧知の仲であった。

——桐山管長のスピーチはつづく。

「一昨日、私は、首相官邸で、ジャスライ首相、プレブドルジ副首相、エンカバヤール文化大臣、その他のかたがたとお目にかかりました。その時、私は、こう申しました。

『私たちは、モンゴルに、雨と幸運をもたらすために参りました。この五日に、私たちは、国立十一面観音菩薩の前で、護摩を焚いて、法要をおこないます。その時、雨が降るように祈願いたします。

観音菩薩は、この祈りにこたえて、ただちに雨を降らせて下さるでしょう。かならず、雨は降りますよ』

と。

また、モンゴル大学で、ドルジェ学長にお目にかかった時も、こう申しました。

『かならず、雨は降ります』

と。

ご覧の通り、雨は降りました。いま、降っています。

観音菩薩、仏さまのお力は、なんと偉大ではありませんか。

私たちは、今後も、モンゴル国の発展と繁栄のために祈ります。

モンゴルの皆さん、
ともに手をとり合って、日本とモンゴルの友好のため、世界平和のために、努力しようではありませんか。

皆さんの幸運を祈ります。

最後にこの法要のためにご協力くださった、モンゴル政府のかたがたに厚く御礼申し上げるとともに、ガンダン寺管長のチョイジャムツ・ハンブ・ラマ猊下、ならびに、インド大使、バクラ・リンポチェ閣下のご長寿をお祈りいたします」

どっと、歓声が湧き起こり、同時に、群衆は、今朝早くから口にしていた言葉を口々につぶやいた。

「大貴人《エルヘムセグ・ノヨン》が雨を持って来てくれた！」

じつをいうと、雨は、この日、明けがた前から、降りはじめていたのである。

とどろく雷鳴とともに、ウランバートル市街はどしゃ降りのしぶきにつつまれていたのだった。

桐山管長が、祈りによって雨を降らせると約束した言葉は、前日、モンゴル政府機関紙「政府ニュース」が報道していた。それを読んだ市民たちは、明けがたからの豪雨が、桐山管長の祈りによるものと信じて、この言葉をくり返し、口にしていたのである。

「大貴人（ERHEMSEG NOYON　エルヘムセグ・ノヨン）」とは、非常に身分の高い人にたいし、公的尊敬をあらわす時、その名前の前につけて呼ぶ尊称である。一般の人にたいしては用いない。非常に尊敬する場合、特別に尊い方、という意味で使う。訳すれば大貴人、大貴殿となる（トゥムルバートル氏による）。要するに、〝王侯〟というような意味であろう。伝説的には、モンゴルに国難が生じたとき外国から来て雨を降らせて助けてくれる貴人、をいう。

その雨は、大柴燈護摩供が開始される午前十一時前には止み、桐山管長が結界に姿をあらわすころには、陽ざしさえも洩れはじめていたのだが、点火されて、護摩壇が焔を上げはじめるとまもなく、ふたたび、雨が降りはじめていたのである。

——雨は、いま、壇上の桐山管長にはげしく降りそそぎ、手にしていたスピーチ用の原稿は、濡れそぼって、破れた。

前述のように、モンゴルの奇蹟は、規模も意義も摩訶迦比丘の降雨とは比べものになりません。しかし、いずれにせよ、経文が示すように阿耨多羅三藐三菩提（最高至上の悟り）を得た者は、天地を動かすような奇蹟を顕現することができることが、諸君にもよく理解できたと思います。

火光三昧と念力の護摩

摩訶迦比丘が起こしたもう一つの奇蹟は、火光三昧に入って念の力で薪を燃やし尽くした、というものです。この火光三昧というのは、わたくしが一九七〇年に成就した、念の力で生木に火をつけて焚くという密教最高の難行、「念力の護摩」と深く関係しており、また「理の護摩」とも直結しています。

わたくしは一九九八年十月に台湾の嘉義市において、「台湾平安・世界和平 阿含佛教大柴燈護摩供法會」を「理の護摩」に基づいて執り行いましたが、「理の護摩」とは心の中で護摩を焚き、理の聖火によって一切の煩悩、悪因縁、罪障といったものを焼き尽くしてしまう、秘法中の秘法です。一口でいえば、「理の護摩」の極地が「念力の護摩」です。

この「理の護摩」が甚深《じんじん》の法だと特に感ずるのは、病気平癒のご祈禱の時です。たとえば、観想でガンに苦しむ人の患部を目前にありありと観じ、そこに「理の護摩」を修するわけです。理の聖火をもって、悪いところを焼き尽くしてしまうわけです。そのほかにも、悪縁を断ち切る場合には、その悪縁を念じて焼き尽くします。もっとも、口でいうのはやさしいですが、実際に成就するには本当に厳しい修錬が必要となります。

先にも述べたように「理の護摩」の究極が「念力の護摩」で、これを成就した人は真の仏法の大導師であり、密教最高の力を備えた阿闍梨《あじゃり》となります。さらにいえば、この法を成就すれば『摩訶迦経』にもあるように、その人は間もなく阿耨多羅三藐三菩提つまり仏果、最高至上の悟りを得て、ニルヴァーナ（涅槃＝完全解脱の境地）に入るわけです。逆にいえば、真の仏法の目的であるニルヴァーナを得るには、「念力の護摩」を焚くだけの念力・法力を持たなければなりません。「念力の護摩」を焚くか焚かないかは別にして、それを成就するだけの力が備わらなければニルヴァーナは得られません。

わたくしはかつて、『止観の源流としての阿含仏教』（平河出版社）の中で、止観について詳しく解説しました。「止」とはサンスクリット語でシャマタといいますが、これは心を一点にとどめて動かさない、という心の集中です。もう一方の「観」はサンスクリット語でビパシュヤナーといいますが、これは「止」とは反対に、いろいろと心に想いを巡らせて観想することです。つまり、止観とは集中と拡大（観想）という相反する作用を駆使して行う瞑想なのです。

わたくしは「理の護摩」の究極が「念力の護摩」だといいましたが、「念力の護摩」は瞑想によって火を出すという、瞑想の極地であり、止観の極地なのです。『摩訶迦経』の摩訶迦尊者の火光三昧も、ほぼ同じだと考えてよいでしょう。要するに、ともに源流はお釈迦さまの瞑想（止観）なのです。

◉――不放逸に阿含の教法を歩め

それでは、どのようにすれば、「念力の護摩」を成就するだけの存在になれるのでしょうか？

『摩訶迦経』ではその問いに、

「一切皆不放逸を以て本と為し、不放逸の集、不放逸の生、不放逸の転なり。不放逸の故に阿耨多羅三藐三菩提及び余の道品の法を得るなり」

と答えております。不放逸とは「怠けずに修行すること」です。「精進」と換言してもよいでしょう。

「一心なる修行への精進を根本とし、その精進の功徳が集積し、生起し、顕現することによって、阿耨多羅三藐三菩提（最高至上の悟り）を得られ、火光三昧の奇蹟も起こせるようになる」

と摩訶迦比丘は述べているわけですね。では、どのような修行に精進すればよいのかというと、それは「道品の法」です。「道品の法」とは、わたくしがいつも説いている成仏法、七科三十七道品です。

わたくしは観音信仰から宗教の道に入り、積徳の行から始め、寒中の滝行や密教の修行に進んで「求聞持聡明法」を成就し、その後、クンダリニーの覚醒を経て「念力の護摩」を達成し、七科三十七道品の成仏法を完全に体得しました。いや、積徳の行から「念力の護摩」の修行までのすべてが、七科三十七道品の修行そのものになっていたのです。わたくしの修行の道はそのように、霊性の完成・成仏に向かって一本につながっていました。

奇しくも、この『摩訶迦経』が、そのことを証明しているのは、繰り返し説明するまでもないでしょう。

そして、わたくしは、わたくしが実践してきた修行をもとに、諸君に修行を実践させているわけです。梵行、勤行、先祖供養、心解脱行、滝行、密教の修行、瞑想と、いずれもわたくしが実践してきたものであり、これらはすべて七科三十七道品の成仏法に直結しています。そのことが理解できずに、わたくしのもとを去って行った人たちも少なからずいますが、多くの信徒諸君はわたくしのことを心から信じ、ついて来てくれました。

ですから、わたくしは諸君を因縁解脱・成仏まで導かなければなりません。それには、「念力の護摩」を成就させなければならない。そのために、本山はもとより、各本部に修行場を建立してきたわけです。高度の錬成修行が行える場所を造ってきました。また、霊性の開顕から完成に必須の、「思念による王者の相承」が受けられる聖地を、京都花山に建立しました。これもすべて諸君のためです。

◉徳によって成仏する

ですから、諸君は成仏を目指して、修行に精進していただきたい。『摩訶迦経』にあるように、「不放逸」に修行していただきたい。そして、滝行や密教の修行を実践するのはもちろんですが、特に積徳の行、梵行に邁進しなさい。わたくしは『輪廻する葦』（平河出版社）に次のように記しました。

「梵行とはなにかというと、それは『徳を積む行』です。出家者は、自分の修行をしながら、衆生を救済する、指導するというのが建て前ですから、これは特に徳を積むという行をする必要がない。出家者の生活そのものが徳を積む行をするようになっている。

しかし、在家者は、生活そのものが徳を積むような仕組みにはなっていない。むしろ、徳を損ずるような方向にいきやすい。これを補正するためには、どうしても、徳を積む仕組みをくわえなければいけない。それが、梵行です。（中略）

いいですか。

どんな高度の修行法があっても、修行法で成仏するんじゃないんです。『徳』で成仏するんです。修行法で修行して成仏力を身につけるのには、どうしても徳がなければならない。徳がなかったら、修行法そのものにさえ、縁がいただけない」

要するに徳がなければ、決して高度の修行はできません。いや、高度の修行どころか、在家としてのごく普通の修行さえ頓挫してしまうのです。わたくしは以前の法話でも述べたことがありますが、法の力を得るには法の徳を積まなければいけないのです。同様に、財の福を得るには財の徳を積まなければならないし、人としての信用を得るには人の徳を積まなければなりません。

では、どのようにして法の徳を積むのでしょうか？

それには、一人でも多くの人に、阿含宗が説く正しい仏法を伝えるのです。

具体的には、「神仏両界　解脱宝生祈願護摩」と「地鎮屋敷浄霊法力護摩」によって、わたくしの「念力の護摩」を原点とする「人類救済の御聖火」を日本全国に、そして各家庭に灯し、悪しきカルマを断つことによって、正法を広めていくのです。これにより、人々は本当に救われます。そして、その功徳は諸君の法徳になるわけです。

諸君は伝法会にも出て、わたくしからいろいろな行法や瞑想法を授かっています。しかし、その学んだものを持続させ、身につけるには法徳が不可欠です。法徳を積み重ねることによって初めて、学んだ修行法が身につき、さらに高度の法へと進めるわけです。

ですから、諸君はまず、前述の二つの護摩法によって、一心に法徳を積みなさい。それも、『摩訶迦経』が説くように、不放逸に法徳を積むのです。そうすれば、さらに高度の修行を実践できる「法の器《うつわ》（法器《ほうき》）」となれます。

そのように「不放逸」の心で法徳を積み、また、その他のさまざまな修行を実践していくならば、やがて「念力の護摩」の成就へとつながり、ほどなくして成仏への門は開かれるでしょう。阿含宗の修行はすべて「念力の護摩」の成就へとつながり、成仏へと続いているのです。

そのことを諸君はよく理解して、「不放逸」に修行に精進していただきたい。そのように思います。

◉

雑阿含経・摩訶迦経［全文］

如是我聞。一時仏住菴羅聚落菴羅林中。与衆多上座比丘倶。時有質多羅長者。詣諸上座所。稽首礼足。退坐一面。白諸上座比丘言。唯願諸尊。於牛牧中。受我請食。時諸上座。黙然受請。質多羅長者知諸上座黙然受請已。既自還家。星夜備具種種飲食。晨朝敷座。遣使白諸上座時到。諸上座著衣持鉢至牛牧中質多羅長者舎。就座而坐時質多羅長者自手供養種種飲食。食已洗鉢澡漱畢。質多羅長者敷一卑床。於上座前坐聴法。時諸上座為長者説種種法。示教照喜。示教照喜已。従座起去。質多羅長者亦随後去。諸上座食諸酥酪蜜飽満。於春後月熱時。行路悶極。爾時有一下座比丘。名摩訶迦。白諸上座。今日大熱。我欲起雲雨微風。可爾不。諸上座答言。汝能爾者佳。時摩訶迦即入三昧。如其正受。応時雲起。細雨微下。涼風疊疊。従四方来。至精舎門。尊者摩訶迦語諸上座言。所作可止。答言可止。時尊者摩訶迦即止神通。還於自房。時質多羅長者作是念。最下座比丘而能有此大神通力。況復中座及与上座。即礼諸上座比丘足。随摩訶迦比丘。至所住房。礼尊者摩訶迦足。退坐一面白言。尊者。我欲得見尊者過人法神足現化。尊者摩訶迦言。長者勿見恐怖。如是三請。亦三不許。長者由復重請願見尊者神通変化。尊者摩訶迦語長者言。汝且出外。取乾草木積聚已。以一張氀覆上。質多羅長者即如其教。出外聚薪成積来白尊者摩訶迦。薪積已成。以氀覆上。時尊者摩訶迦即入火光三昧。於戸鉤孔中出火焰。光焼其積薪都尽。唯白氀不然。語長者言。汝今見不。答言已見。尊者。実為奇特。尊者摩訶迦語長者言。当知此者皆以不放逸為本。不放逸集。不放逸生。不放逸転。不放逸故得阿耨多羅三藐三菩提。是故長者。此及余功徳。一切皆以不放逸為本。不放逸集。不放逸生。不放逸転。不放逸故。得阿耨多羅三藐三菩提。及余道品法。質多羅長者。白尊者摩訶迦。願常住此林中。我当尽寿。衣被飲食。随病湯薬。尊者摩訶迦有行因縁故。不受其請。質多羅長者聞説法已。歓喜随喜。即従座起作礼而去。尊者摩訶迦不欲令供養利障罪故。即従座起去。遂不復還

XXIV

雑阿含経

第一義空経

十二《じゅうに》因縁《いんねん》の順観《じゅんかん》と逆観《ぎゃくかん》

「最高真実の空」を説くお経

人は死後に迷える霊的存在となるが、十二因縁の観法《かんぼう》の実践者はそのような境遇にはならずに解脱するということが説かれた、『雑阿《ぞうあ》含経《ごんぎょう》・第一義《だいいちぎ》空経《くうきょう》』（以下『第一義空経』）を講義いたします。

まずは経文を読んでみましょう。

如是我聞。一時仏住拘留捜調牛聚落。爾時世尊告諸比丘。我今当為汝等説法。初中後善。善義善味。純一満浄。梵行清白。所謂第一義空経。諦聴善思。当為汝説。云何為第一義空経。諸比丘。眼生時無有来処。滅時無有去処。如是眼不実而生。生已尽滅。有業報而無作者。此陰滅已。異陰相続。除俗数法。耳鼻舌身意。亦如是説。除俗数法。俗数法者。謂此有故

是《かく》の如《ごと》く我《わ》れ聞《き》きぬ。一時《いちじ》、仏《ほとけ》、拘《く》留《る》捜《そう》の調牛聚落《じょうぎゅうじゅらく》に住《とど》まりたまえり。爾《そ》の時《とき》世《せ》尊《そん》、諸比《しょび》丘《く》に告《つ》げたまわく。「我れ今当《いままさ》に汝等《なんじら》が為《ため》に法《ほう》を説《と》くべし。初《しょ》・中《ちゅう》・後《ご》も善《よ》く、善義《ぜんぎ》善味《ぜんみ》、純一満浄《じゅんいつまんじょう》にして梵行《ぼんぎょう》清白《しょうびゃく》なり、所謂《いわゆる》第一義《だいいちぎ》空経《くうきょう》なり。諦《つまびらか》に聴《き》き善《よ》く思《おも》え。当に汝が為に説くべし。云何《いかん》が第一義空経と為《な》す。諸《もろもろ》の比丘、眼生《げんしょう》ずる時来処《らいしょ》有《あ》ること無《な》く、滅《めつ》する時去処《きょしょ》有ること無し。是の如く眼は実《じっ》に而《し》かも生ぜず、生じ已《おわ》らば尽《ことごと》く滅す。業報《ごうほう》有るも而かも作者《さしゃ》無し。此《こ》の陰滅し已らば異陰相続《いおんそうぞく》す。俗《ぞく》数法《しゅほう》をば除《のぞ》く。耳《に》・鼻《び》・舌《ぜっ》・身《しん》・意《い》も亦《また》是の如く説き、俗数法をば除く。俗数法とは謂《いわ》ゆる此れ有るが故《ゆえ》に彼《か》れ

彼有。此起故彼起。如無明縁行。行縁識。広説乃至純大苦聚集起。又復此無故彼無。此滅故彼滅。無明滅故行滅。行滅故識滅。如是広説。乃至純大苦聚滅。比丘。是名第一義空法経。仏説此経已。諸比丘聞仏所説。歓喜奉行

有り。此れ起《お》こるが故に彼れ起こる。無明《むみょう》に縁《よ》りて行《ぎょう》、行に縁りて識《しき》。広説乃至《こうせつないし》純大苦《じゅんだいく》聚集《じゅうじゅう》起こり、又復《またま》た此れ無きが故に彼無く、此れ滅するが故に彼れ滅す。無明滅するが故に行滅し。行滅するが故に識滅す。是の如く広説し乃至純大苦聚滅す。比丘、是を第一義空の法経と名づく」と。仏此の経を説き已わりたまいしに諸の比丘、仏の説かせたまう所《ところ》を聞きて、歓喜《かんぎ》し奉行《ぶぎょう》しき。

◉現代語訳

このように私は聞きました。ある時、仏さまはクル地方の調牛聚落にご滞在でした。その時、世尊はもろもろの比丘に告げられました。

「私は今、まさにそなたたちのために、法を説くこととしましょう。(これは)初めも、中ほども、終わりも善く、善い意味であり、善い味わいであり、混じりけがなく、浄らかさが満ち、梵行(を)潔白(に行うのに必要)な(教え)で、いわゆる『第一義空経(最勝真実の空の経)』である。しっかりと聞き、よく思惟しなさい。まさに、そなたたちのために説きましょう。

なにをもって『第一義空経』とするのでしょうか?

比丘たちよ、眼（は因縁仮合《けごう》の存在であって、常恒不変《じょうごうふへん》の実在ではないから、眼）が生じる時も、やってくるところがどこかにあるわけではなく、滅する時も（そのまま）去ってゆくところがどこかにあるわけでもない。このように眼は実在として生じているのではなく、（縁起の法、因縁果報の法則に従って生じ、）生じ終わったならばことごとく滅します。（すべてのことは）業報によって生じるのであって、作用・活動の主体となるような我《アートマン》はありません。それで、（死によって）今の（五）陰が消滅し（て、現世の眼が滅び）たならば、（通常の五陰とは違う）異陰が生じて存在を相続するのです。ただし、世の因果を明かす法（の実践者）はこの限りではな（く、眼の異陰は相続しな）い。耳・鼻・舌・身・意も同様で（今の五陰が消滅し、現世の耳・鼻・舌・身・意が滅びたならば、通常の五陰とは違う異陰が生じて存在を相続するので）すが、世の因果を明かす法（の実践者）はこの限りではありません。世の因果を明かす法とはいわゆる、

『これがあるが故にあれがある。これが起こるが故にあれが起きる』

（という『縁起の法』の前半の公式とそれに基づく、）

『無明によって行（が生じ）、行によって識（が生じ、識によって名色《みょうしき》が生じ、名色によって六処《ろくしょ》が生じ、六処によって触《そく》が生じ、触によって受《じゅ》が生じ、受によって愛《あい》が生じ、愛によって取《しゅ》が生じ、取によって有《う》が生じ、有によって生《しょう》が生じ、生によって老死《ろうし》が生じて、）ただ苦しみだけの集まりが生まれる』

（という『十二《じゅうに》因縁《いんねん》』の順観であり、）また、

『これがないからあれがなく、これが滅するからあれが滅する』

（という『縁起の法』の後半の公式とそれに基づく、）

『無明が滅するから行が滅し、行が滅するから識が滅し、（識が滅するから名色が滅し、名色が滅す

るから六処が滅し、六処が滅するから触が滅し、触が滅するから受が滅し、受が滅するから愛が滅し、愛が滅するから取が滅し、取が滅するから有が滅し、有が滅するから生が滅し、生が滅するから老死が滅するので、）そのようにして、ただ苦しみだけの集まりが滅する』（という『十二因縁』の逆観）です。

比丘たちよ、これを第一義空の法の経と名づけるのです」

仏さまがこのお経を説かれると、比丘たちはその教法を聞いて心より喜び、それを実践いたしました。

◉解説

このお経は一見すると非常に短いお経ですが、じつは多くの部分が省略されています。きっと、このお経を拝聴していた比丘たちは、いずれも長い修行を積んだ者たちで、すでに知っている教義が大半なので、お釈迦さまは細かい説明を割愛して説かれたのでしょう。しかし、省略したままでは諸君には分かりませんので、少し煩雑になるかもしれませんが、語句や仏教の基本的な認識論も含めて、詳しく説明していきます。

さて、このお経は前述のように、『第一義空経』といいますが、「第一義空」とは、「最勝真実の空」「一切の迷いがなくなった絶対的境地」「真如《しんによ》」というような意味です。ですから、『第一義空経』とは「最勝真実の空の経」ということになります。

眼・耳・鼻・舌・身・意は総称して六根《ろっこん》といい、眼根・耳根・鼻根・舌根・身根・意根とも表記します。これは人間の持つ六つの感覚器官・知覚器官・認識能力を指しますが、もっと砕いていえば、視覚・聴覚・嗅覚・味覚・触覚の五つの感覚（知覚）器官と、認識し思考する心です。

『佛教語大辞典』には、

「すなわち、視覚器官（視神経）とそれによる視覚能力（眼根）、以下、聴覚（耳根）、嗅覚（鼻根）、味覚（舌根）、それと触覚器官や触覚能力（身根）の五根と、また思惟器官とその能力（意根）とを合わせて六根となる」

という詳しい説明があります。意根は一般的には心を指すとされますが、この説明に従えば、意根には心だけではなく、思惟器官である脳も含まれることになるのでしょう。

次に陰が出てきますが、これは五陰《ごおん》の略です。五陰は「五蘊《ごうん》」ともいいます。阿含宗の信徒諸君が毎日読誦している『般若心経』に「照見五《しょうけんご》蘊皆空《うんかいくう》」とありますが、この五蘊です。五陰（五蘊）とはあらゆるものを構成する五つの要素で、その五つとは色《しき》（物質）・受《じゅ》（感受作用）・想《そう》（表象作用＝心に浮かぶ像）・行《ぎょう》（意志）・識《しき》（認識作用・識別作用）です。人間でいえば、肉体が色となり、精神作用が受・想・行・識となるわけです。

右の五蘊と六根は、「蘊処界三科《うんじょかいさんか》の法門《ほうもん》」という仏教の認識論の一部です。つまり、ここではこの「蘊処界三科の法門」の説明が省略されているわけです。これが分からないと、後の経文が理解できませんので、ここでこれについて解説しましょう。

蘊処界三科の法門

「蘊処界三科の法門」の蘊（陰）・処・界とは、

蘊＝五　蘊＝色・受・想・行・識

処＝十二《じゅうに》処《しょ》＝眼・耳・鼻・舌・身・意（六根）、色《しき》・声《しょう》・香《こう》・味《み》・触《そく》・法《ほう》（六境《ろっきょう》）

界＝十八界《じゅうはっかい》＝眼界・耳界・鼻界・舌界・身界・意界・色界・声界・香界・味界・触界・法界・眼識界・耳識界・鼻識界・舌識界・身識界・意識界

のことです。前述のように、五蘊（五陰）はこの世界と人間の構成要素で、六根は人間の感覚（知覚）器官です。六根とともに十二処を構成する六境は、六根が対象とする世界で、色（境）・声（境）・香（境）・味（境）・触（境）・法（境）からなります。五蘊（五陰）の色は物質を指しましたが、六境の色は「目で認識する色彩や形状」をいいます。簡単にいえば目に映るものすべてを色（境）というわけです。声は耳に入る言語や音声を、香は鼻で嗅ぐ香りや匂いを、味は舌が感ずる苦い・酸っぱい・甘い・辛い・塩辛いなどの味わいをいいます。触は手足や肌で感ずるさまざまなものや状況を、法は心（意）が対象とするすべてのものを指します。

六根を「内の六入《ろくにゅう》」「六処《ろくしょ》」と、六境を「外の六入」といいます。「入」とは「渉《しょう》入《にゅう》」（中に入り込むこと）の略で、六根と六境が相対し、交互に入り込んでいるのでこう呼びます。ちなみに、「十二処」を「十二入」と訳しているお経もあります。十八界というのは、右の六根・六境に六識《ろくしき》を加えたものです。六識とは六根が六境に触れた時の識別作用で、眼識・耳識・鼻識・舌識・身識・意識があります。つまり、眼が色を眼識によって識別するという具合に、六根・六境・六識は関連しているわけです。

では、五蘊（五陰）と六根・六境・六識はどのように関係しているのでしょうか？

一例を挙げると、まず、庭に花が咲いているとしましょう。花自体は五蘊（五陰）の「色」であり、これは目に映るものですから六境の「色」でもあります。花を見るのは六根の「眼」で、「眼」も五蘊（五陰）の「色」になります。「眼」が花を「これは花だ」と認識しているのは、「眼識」によります。すると、これにより感覚・感受作用、つまり五蘊（五陰）の「受」が働きます。「受」が働くと、「これは赤い花だな」とか「これはきれいな花だな」、あるいは「以前に見たことがある花だな」といった表象作用が生じます。これが「想」で、この「想」に従って、「いつまでもこの花を見ていたいな」とか「この花を部屋に飾りたいな」という意志が生じます。これが「行」です。そして、この「行」は意識、つまり「識」に刻まれていきます。さらにこの「受想行識」は六根の「意（根）」で起きたことであり、六識の「意識界」での範疇となるわけです。

実際には、花は匂いも持っていますし、食べられる花の場合には味もあり、花や葉には独特の手触りもあるわけですから、一つの対象があれば、蘊処界のほぼすべてが関連し、働き合うことになります。非常に複雑ではありますが、後の経文を理解するためにも、この「蘊処界三科の法門」は頭に入れておいてください。

◉眼にアートマンはない

以上のことを理解した上で、この『第一義空経』でも特に重要な、

「諸の比丘、眼生ずる時来処有ること無く、滅する時去処有ること無し。是の如く眼は実に而かも生ぜず、生じ已らば尽く滅す。業報有るも而かも作者無し。此の陰滅し已らば異陰相続す。俗数法をば除く。耳・鼻・舌・身・意も亦是の如く説き、俗数法をば除く」

の部分を読み解いていきましょう。

この中の「眼」とは、「蘊処界三科の法門」で学んだ「眼（根）」のことです。その「眼根」は「生ずる時来処有ること無く、滅する時去処有ること無し。是の如く眼は実に而かも生ぜず、生じ已らば尽く滅す」というわけです。直訳をすれば、

「眼が生じる時も、やってくるところがどこかにあるわけではなく、滅する時も去ってゆくところがどこかにあるわけでもない。このように眼は実在として生じるのではなく、生じ終わったならばことごとく滅します」

となりますが、これは眼が空《くう》であり、縁起の法則によって仮に生じたもので、あらゆるものが無常《むじょう》・苦《く》・無我《むが》であることを指しているわけです。右の経文だけではよく分からないでしょうから、類似の記述がある、他の阿含経典群を例にして説明しましょう。南伝の「阿含経」である、「パーリ五部」の『相応部経典』（漢訳の『雑阿含経』に相応）の『六処相応・無常品』には、次のように説かれております。

「比丘たちよ、眼は無常である。およそ無常なるものは、それは苦である。およそ苦なるものは、それは無我である。およそ無我なるものは、それは、それを〈こは我所《がしょ》にあらず。こは我《が》にあらず。こは我体《がたい》にあらず〉と、そのように正しき智慧をもって如実に見るべきである」

無常とは、あらゆるものが常に変化していて一定ではないことです。わたくしたちの身心も、わたくしたちの生きる世界も、また物も、一つとして変化しないものはありません。すべてが無常です。これには異論を挟む余地はないでしょう。

次の「無常なるものは苦である」も、まさに真理です。「万物は無常である」と悟って執著《しゅうじゃく》（執着《しゅうちゃく》）しない聖者にとっては、無常なるものは苦になりません。しかし、平常の人間は無智であるが故に、無常なるものの上に常住性を期待してしまいます。たとえば手もとにあるお金が、いつまでも自分のものであると思ってしまうから、それを失った時の喪失感は大きいわけです。あるいは、自分の若さがずっと続くと考えるから、自分の老いを目の当たりにした時に大きな失望を味わいます。そのように常住だと思っているものが、自分の期待に沿わずに変化をした時、人は失望や怒りに襲われて、いかんともしがたい悩みや苦しみを感じます。

けれども、前述のように、無常なるものを無常であると如実に知る聖者には、苦はありません。凡夫だけに苦があるのです。要するに、苦は、無常を理解するかどうかによって生じるわけです。苦という実在はありません。つまり「無我」です。それが「苦であるものは無我である」の意味なのです。

この「我」とは、梵語の「アートマン」を漢訳したもので、永遠不滅の実在を指します。仏教以前のバラモン教では、あらゆるものに永遠不滅・常恒不変の実在である「アートマン（我）」

が備わっていると考えました。ところがお釈迦さまは「常恒不変・常住不滅のアートマンなどはない」と説かれたのです。これを漢訳して「無我」（旧訳では非我《ひが》）といいます。

以上のように、あらゆるものには永遠不滅の実在であるアートマン（我）はなく、常に変化しておりよす。しかし、古代バラモン教などではアートマン（我）を説き、そのアートマン（我）が輪廻転生の核になると説いておりました。そこでお釈迦さまは、まずわたくしたちの眼を取り上げて、「眼生ずる時来処有ること無く、滅する時去処有ること無し。是の如く眼は実に而かも生ぜず、生じ已らば尽く滅す」と説かれたのです。

つまりこれは、

「眼はアートマンという永遠不滅・常恒不変の実在ではないのだから、人が生まれる時にも、『どこかに眼の実在する世界があって、そこから眼がやってくる』というようなことはなく、また死を迎える時にも、『眼が、眼の実在する世界に帰っていく』というようなことはない。このように眼はアートマンとして実在するのではなく、因縁仮合の存在なのだから、生じている因縁がなくなれば滅してしまうのです」

ということです。

◉——この五陰が滅しても異陰が相続する

次に「業報有るも而かも作者無し」とあります。「業報」とは業による報いです。人は前世で善業を積めば、現世では楽果《らくか》（善果《ぜんか》）を得ます。反対に前世で悪業を積めば、現世では苦果《くか》（悪果《あっか》）を得ます。これを善業楽果・悪業苦果あるいは、善業善果・悪業悪果といいます。「作者」とは「作用の主体」、あるいは「活動の主体となる我（アートマン）」のことです。ですから、この経文は、

「すべてのことは前世の業の報いによって生じるのであって、作用・活動の主体となるようなアートマン（我）はないのです」

という意味になるわけです。

そして次は、「此の陰滅し已らば異陰相続す。俗数法をば除く。耳・鼻・舌・身・意も亦是の如く説き、俗数法をば除く」という経文ですが、これは非常に重要な内容です。

「蘊処界三科の法門」のところで説明したように、人間活動というものは、色・受・想・行・識の五陰（五蘊）、眼・耳・鼻・舌・身・意の六根、眼識・耳識・鼻識・舌識・身識・意識の六識が互いに関連し合って成立します。眼根自体は五陰の色にあたります。そして、眼根は眼識を動かし、それに基づいて受・想・行・識が動きます。このように人が生きている時は、五陰・眼根・眼識は一体になって作用するわけです。

では、その人が亡くなったならば、いったいどうなるのでしょうか？

多くの現代人は、人は死ねばそれで存在は消滅する、と考えております。仏教のお坊さんでさえ、そのように説く人が少なくありません。ところがお釈迦さまはこの『第一義空経』で、「此の陰滅し已らば異陰相続す」とおっしゃっているのです。つまり、

「この五陰が死とともに滅して、肉体としての『眼』がなくなったとしても、生きている時とは異なった五陰（色・受・想・行・識）、つまり『異陰』を相続して、その『異陰』に基づく『眼』が生じ、それに関連して『眼識』その他の精神活動も存続する」

とおっしゃっているのです。さらに「耳・鼻・舌・身・意も亦是の如く説き」ですから、

「『異陰』によって、眼だけではなく『耳・鼻・舌・身・意』も存続し、『耳識・鼻識・舌識・身識・意識』その他の精神活動も存続する」

というわけです。お釈迦さまはこの『第一義空経』で、人は死を迎えても、現世の五陰とは違う「異陰」が生じて、生命を存続させる、と説かれています。では、その「異陰」とはなんなのでしょうか？

◉――「異陰」とは霊魂のこと

この「異陰」を現代人にも分かる言葉で表現するならば、「霊魂」と呼ぶしかない、とわたくしは思います。人の死後に生命を存続させる、現世の身心とは別のもの。それは「霊魂」と表現

するしかないでしょう。ちなみに『雑阿含経・仙尼経《せんにきょう》』では次の経文にあるように、この「異陰」を「与陰《よおん》」と漢訳しております。

「我が諸の弟子は、我が所説を聞きて悉《ことごと》く義《ぎ》を解《げ》せず、而《しか》も慢《まん》を起こして無間等《むけんとう》に非《あら》ず、無間等に非ざるが故に慢則《すなわ》ち断《だん》ぜず。慢断ぜざるが故に此陰《しおん》を捨て已《おわ》りて与陰相続して生ず。是《こ》の故に仙尼、我則ち是の諸弟子の身壊《しんやぶ》れ命終《みょうおわ》りて彼彼《ひひ》の処《ところ》に生ずと記説《きせつ》す。所以《ゆえん》は何《いか》ん。彼《か》れ余慢《よまん》有るを以ての故なり」

これを現代語訳すると、

「私のもろもろの弟子の中には、私の説くところをすべて理解できず、慢（我執《がしゅう》）を起こして智慧を完成させることができないし、智慧を完成させることができないから慢を断つことができない者がいます。それらの者は慢を断つことができないから、（命終とともに）この五陰を捨て終わっても『与陰』が相続して生じます。この故にセーニャよ、私はこのような弟子たちに関しては、『命終の後に、これこれこういうところに生まれた』と説き示すのです。どうして、（与陰を相続するの）でしょうか？　彼らに『余慢』（という残りの我執）があるからなのです」

となります。

「与」は「関連した」という意味ですから、「与陰」で「関連した陰」になりますが、それでは、なにに関連しているのかといえば、「彼れ余慢有るを以ての故なり」が示すように、「余慢」に関連しています。つまり、「『余慢』があるから、余慢に関連した陰である『与陰』が、『此陰』（の消滅）に続いて生ずる」というわけです。

要するに「異陰」にせよ、「与陰」にせよ、これらを現代の言葉で表現すれば、霊魂と呼ぶしかないでしょう。それなのに霊魂を否定しているお坊さんや仏教者が、この日本にはたくさんおります。結局のところ、それらの人たちは、「阿含経」を読んでいないのです。ですから彼らは、「この世の中に霊魂なんてあるはずがない。そんなものは迷信だ！」と最初から思い込んでしまっています。それで、お釈迦さまのお言葉を素直に受け入れることができないのです。仏さまのお言葉よりも先に、自分の考えを立ててしまっているわけです。

霊魂と呼ぼうが、「異陰」と呼ぼうが、「与陰」と呼ぼうが、そういうことはどうでもよいでしょう。とにかくお釈迦さまは、死後もなにかが存続すると、はっきりとおっしゃっています。わたくしは「阿含経」に説かれている成仏法・七科三十七道品を修行することにより、成仏力と霊眼を身につけ、お釈迦さまのおっしゃっている「異陰」を、はっきりと覚知できるようになりました。

この「異陰」こそが、かねてからわたくしのいっている「不成仏霊」であり、「霊障のホトケ」だったのです。この存在が、どれだけ多くの人に苦しみを与え、どれだけ多くの家庭を不幸のどん底に陥れているか、『守護霊を持て』『守護霊が持てる冥徳供養』『人は輪廻転生するか』（いずれも平河出版社）などに書いたとおりです。

わたくしは、あらゆる不幸・不運・災難のもとは、この「異陰」が原因であると確信しております。もちろん、どんな不幸・不運・災難にも、それぞれの理由がありましょう。しかし、その理由のもとをどこまでもたどっていくと、結局はその家、その人にかかわる不成仏霊・霊障のホトケにたどり着いてしまうのです。

今、わたくしの霊視によりますと、各家庭が抱える不成仏霊・霊障のホトケの数は急増しております。なぜ、このように多くの不成仏霊が存在するのでしょうか？

答えは明白です。今までの日本の仏教に成仏力が欠けていたためです。成仏力どころか、すでに述べたように、仏教の僧侶自体が死後の存在、霊魂の存在を否定しているわけです。これで、死者の霊が成仏するはずがないでしょう。

では、どのようにすれば、人は「異陰」にならずに済むのでしょうか？

当然のことながら、生きている時からお釈迦さまの教法を実践していれば、その人は死を迎えても「異陰」にはなりません。この『第一義空経』には、「俗数法をば除く」という言葉が二回も登場します。これは「俗数法の実践者は『異陰』を存続しません」ということですが、では、俗数法とはどういうものでしょうか？

◉――聞思修（もんししゅう）の三慧（さんえ）

それについて、『第一義空経』には、「俗数法とは謂ゆる此れ有るが故に彼れ有り。此れ起こるが故に彼れ起こる。無明に縁りて行、行に縁りて識。広説乃至純大苦聚集起こり、又復た此れ無きが故に彼無く、此れ滅するが故に彼れ滅す。無明滅するが故に行滅し。行滅するが故に識滅す。是の如く広説し乃至純大苦聚滅す」とあります。

俗数法とは「世の因果を明かす法」というほどの意味です。では、具体的にはどういうものかというと、『第一義空経』では、それは縁起の法に基づく十二因縁の瞑想だと説いております。
わたくしは『般若心経瞑想法』（平河出版社）で、

「ブッダは生前、なにをお説きになられたのであろうか？
それは、
教えとして、
　縁起の法
修行法として、
　四諦十二因縁瞑想法
　成仏法（七科三十七道品《どうぼん》）
である。
さきにあげた聞・思・修の三慧（『般若心経瞑想法』二一一頁）にあてはめれば、
　縁起の法……………聞
　四諦十二因縁瞑想法……思
　七科三十七道品………修
ということになろう」

と説明しております。実際には四諦《したい》の瞑想法は、七科《しちか》三十《さんじゅう》七道品《しちどうぼん》の中の五根法《ごこんほう》（の慧根《えこん》）や五《ご》力法《りきほう》（の慧力《えりき》）に含まれておりますし、縁起の法は七科三十七道品の修行を行う上での根本の教えとなります。また、十二因縁の瞑想法は七科三十七道品と深く結びついております。ですから、この三者はすべて関連し合っている、と理解してもらってよいと思います。

話を戻すと、『第一義空経』には、縁起の法に基づいて十二因縁の瞑想を行え、と説かれているわけです。おそらく実際は、四諦の教理と瞑想、そして七科三十七道品も併せて行うわけでしょう。けれども、この法座に集っている弟子たちは皆ベテランで、それらのことを熟知しているので、十二因縁に的を絞って説かれているわけです。

◉縁起の法と四諦

経文に「此れ有るが故に彼れ有り。此れ起こるが故に彼れ起こる」と「此れ無きが故に彼無く、此れ滅するが故に彼れ滅す」とあります。これがつまり、

これあるによりてこれあり
これ生ずればこれ生ず
これなきによりてこれなし
これ滅すればこれ滅す

という、縁起の法から導き出される四つの公式です。
この四つの公式を、人間の「苦」と「苦の解決」に当てはめて説かれたのが、「四諦の法門」です。この四諦は南伝の「パーリ五部」『相応部経典・申恕《しんじょ》』（漢訳『雑阿含経・申恕林経』に相応）では、

一、こは苦なり
二、こは苦集（苦の生起）なり
三、こは苦滅（苦の滅尽）なり
四、こは順苦滅道（苦の滅尽に至る道）なり

と説かれ、「パーリ五部」の『長部経典・大念処経』では、

比丘等よ、苦《く》聖諦《しょうたい》とは何ぞや。
比丘等よ、苦《く》集《じゅう》聖諦《しょうたい》とは何ぞや。
比丘等よ、苦《く》滅《めつ》聖諦《しょうたい》とは何ぞや。
比丘等よ、苦《く》滅道《めつどう》聖諦《しょうたい》とは何ぞや。

となりましたが、これを漢訳する際、翻訳者たちが端的に、

苦諦《くたい》
集諦《じったい》
滅諦《めったい》
道諦《どうたい》

とし、さらに簡潔に、

苦《く》
集《じゅう》
滅《めっ》
道《どう》

としたわけです。

いろいろな学者が四諦に対して難しい説明をしておりますが、わたくしは分かりやすく、

苦……一切苦である。
（なぜか？）
集……苦の原因となるものを集めたからである。
（どうしたらよいか？）

滅……集めたものを滅すればよいのである。
（どのようにして？）
道……滅する道（仏道）を修すればよい。

と説明しております。

◉——十二因縁と苦の発生・消滅

一方、縁起の法の公式に、人間の「苦の発生」と「苦の消滅」を当てはめたものが、この『第一義空経』の中心眼目である、「十二因縁の順観」（以下「順観」）と「十二因縁の逆観」（以下「逆観」）という瞑想です。

では、先の四つの公式に基づいて、どのように瞑想するのでしょうか？

最初に、公式の前半の二つ、

これあるによりてこれあり
これ生ずればこれ生ず

にのっとって、

「無明に縁りて行、行に縁りて識。広説乃至純大苦聚集起こり」

と「順観」の瞑想を行います。続いて、

これなきによりてこれなし

これ滅すればこれ滅す

に基づき、

「無明滅するが故に行滅し。行滅するが故に識滅す。是の如く広説し乃至純大苦聚滅す」

と「逆観」の瞑想を行うわけです。この「順観」「逆観」を説明する前に、十二因縁そのものについて理解をする必要があります。十二因縁とは十二支縁起《じゅうにしえんぎ》ともいい、

無明＝真実相に対する根元的無知

行　＝潜在的形成力

識　＝認識作用

名色＝名称（概念）と形態（実体）

六処＝六つの領域、眼・耳・鼻・舌・身・意

触　＝接触

受　＝感受

愛　＝妄執・渇愛《かつあい》（タンハー）

取　＝執着

有　＝生存

生　＝生まれること

老死＝老い死ぬこと

の十二支からなります。
十二因縁は「阿含経」において、四諦とともに最も重要な法門とされており、南方上座部所伝の「律蔵・大品」（『南伝大蔵経』所収）で、お釈迦さまご自身が、
「私の証得したこの法（十二因縁）は甚深《じんじん》であって見難く、理解し難い……この縁依性・縁起の理は見難いものである」（カッコ内著者）
と語っておられるほどに難解なものです。しかし、お釈迦さまの仏教を体得するには、十二因縁を必ず理解しなければなりません。ですから、ここでは、中村元博士の『原始仏教の思想』（春秋社）を参照しつつ、できるだけ分かりやすく解説します。なお、説明の順番は老死→生……行→無明となります。

一、老死（**老い死ぬこと**）

苦しみ悩むわたくしたち凡夫にとって、最も切実な問題は「死」です。あらゆる人間の苦しみは、死に究極します。ところで死というものは、おおむね老衰の現象を伴っています。この老衰もまた苦です。そこで、老衰と死との二つの現象を一つにまとめて、「老死（老い死ぬこと）」といい表したわけです。

二、生（**生まれること**）

それでは、なぜ「老死」が生ずるのでしょうか？

「老い死にゆくことが成立しているのは、特定の縁に基づいているのであるか？」

「しかり」

「では、老い死にゆくことは、なにを縁として成立しているのであるか？」

「老い死にゆくことは、〈生まれること〉を縁としているのである」

当然のことながら、「生（生まれること）」があるからこそ「老死」が生じるのです。

三、有（生存）

なぜ、「生」が起こるのでしょうか？

「〈生まれること〉は、いかなる縁に基づいて起こるのであるか？」

「生存がある時に生まれることが起こる。生まれることは生存の縁に基づいて起こるのである」

「有（生存）」があるから、「生」が起こるというわけです。ここでいう生存とは、迷いの生存、輪廻の状態において生きていることを指します。

四、取（執着）

なぜ、「有」が生じるのでしょうか？

「じつに執着がある時に生存がある。執着という縁に基づいて生存があるのである」

「取（執着）」とは、生きている人間がなにかに執着することではありません。これは、生命というものを存在させる、根源的な力を指しています。絶えず流動変化する無常なる万象の中にあって、一つの生命として凝結存在させる根本的な力がどこかになければなりません。それを

「取」と呼んだのです。

なにがある時に「取」が生じるのでしょうか？

五、愛（妄執）

「妄執（タンハー）がある時に執着がある。妄執の縁に基づいて執着が起こるのである」

「愛（妄執）」は、本来は「渇愛」と訳されていました。「渇愛」とは、「激しい喉の渇き」にたとえられる欲望です。喉の渇いた者がひたすら水を求めてやまない激しい欲望、それが「渇愛」です。それが後に「愛」と略されるようになり、お釈迦さまが表現されようとしたものとは、異なるイメージになってしまいました。

「渇愛（妄執）」は、いろいろに解釈されています。たとえば、眼・耳・鼻・舌・身・意の「六処」に対する妄執と説明されることがあります。

　わたくしは十二因縁を瞑想する立場から、これを次のように考えています。

瞑想を実践する立場からすれば、第一に人間そのものに即して「渇愛」を観察し、第二にすべての存在そのものに即して「渇愛」を観察するわけです。これは当然のことであって、人間を考える時であっても、人間だけを考えるわけにはいきません。やはり、人間を存在させているあらゆるものとの関連において、人間というものを観察する必要があります。

　そうすると、「渇愛」は人間の持つ欲望を表すと同時に、前の「取」に引き続いて、この世界が持つ根源的な生命形成力を指していると考えるべきです。つまり、渇愛は、執着が生み出した「有」にさまざまな激しい欲望を発生させ、「有」を誘導していく根源的な力なのです。

お釈迦さまは人間に即した「個」の瞑想として先の四諦を説かれ、人間と全体とのかかわりにおける瞑想として十二因縁を説かれた、とわたくしは考えます。

六、受（**感受**）

なにがある時に「愛（妄執・渇愛＝タンハー）」が生じるのでしょうか？

「感受がある時に妄執が起こる。感受という縁に基づいて妄執が存する」

「受」があるから「愛」が起こるわけです。「受」とは苦・楽などの印象感覚を受けることです。「有（生存）」は「取（執着）」と「愛」とによって生じますが、そのためには、そこに感受するなにものか、つまり「受」がなければならないのです。

七、触（**接触**）

では、なにがある時に「受」が生じるのか？

「接触がある時に感受が起こる。接触という縁に基づいて感受がある」

「触」があるからこそ、それに対応して「受」、つまり感受が生じるわけです。

八、六処（**六つの領域**）

なぜ、「触」が起こるのでしょうか？

「六つの領域がある時に接触が起こる。六つの領域という縁に基づいて接触がある」

「六処」とは、前に述べた眼・耳・鼻・舌・身・意の六つの領域です。ここから「触」が生じます。

九、名色（名称と形態）

なにがある時に「六処」が起こるのでしょうか？

「名称と形態とがある時に六つの領域が起こる。名称と形態という縁に基づいて六つの領域がある」

古ウパニシャッドでは、現象世界へ展開することを「名称と形態による展開」（中村元博士）と呼んでいました。名称が「名」であり、形態が「色」で、両者を合わせて「名色」といいます。しかし、それが仏教に取り入れられて、より深い意味を持つようになりました。

「名」とはなんでしょうか？

人間の心的作用によって表象されたものです。

では、「色」とはなんでしょうか？

形あるもののすべてを指します。つまり、「名」は内界を表し、「色」は外界を表します。

十、識（認識作用）

なにがある時に「名色」が起こるのでしょうか？

「じつに認識作用がある時に、名称と形態が起こる。認識作用という縁に基づいて名称と形態がある」

「識」があるから「名色」が起きるというわけですが、仏教経典では「識」、つまり認識作用を定義して、次のようにいいます。

「認識作用の種類は六つある。すなわち、眼による認識作用と耳による認識作用と鼻による認識作用と舌による認識作用と身体による認識作用と意による認識作用である。これが〈認識作用〉といわれる」

六つの認識作用とはつまり、「蘊処界三科の法門」のところで説明した、眼識・耳識・鼻識・舌識・身識・意識です。ここでは「触」と「識」の違いが述べられているわけです。

十一、行（潜在的形成力）

なにがある時に認識作用が起こるのでしょうか？

「潜在的形成力（サンカーラ）がある時に認識作用が起こる。潜在的形成作用という縁に基づいて認識作用がある」

パーリ語の「サンカーラ」は漢訳経典では「行」と訳されますが、中村元博士は「形成力」と現代語訳されました。それについて博士は、「これを〝形成力〟と訳したのは、インド哲学一般の用法に従ったまでである」といい、「インド哲学では一般に、〝潜在的形成力〟〝潜勢力〟あるいは〝前世からの潜勢力〟というような意味で用いられることが多い」と述べておられます。「サンカーラ」に対応する梵語の「サンスカーラ」は、「これによってつくられる」または「これがつくられる」という意味です。つまり、わたくしたちの存在を成り立たせること、また、成り立っている状態を指すもので、つまり、これは「業（カルマン）」を形成する潜勢力、あるいは「業（カルマン）」そのものを指すと考えればよいでしょう。

では、「サンスカーラ」と「カルマン」とはどのように違うのか、と梵文学の専門家におたずねしたいところですが、わたくしは十二因縁の「行（サンスカーラ）」は、「業（カルマン）」そのものを示すと考えています。

十二、無明（根源的無知）

なにがある時に、「行」が起こるのでしょうか？

「無明がある時に、潜在的形成力が起こる。無明という縁に基づいて潜在的形成力がある」「無明」によって「行」が起こるわけです。無明とは根源的無知のことです。根源的無知とは真理に対する無知、真実相に関する無知です。この真理・真実相に関する無知とは、すべての存在が「無常」であるという真理、真実相を知らぬことです。

『雑阿含経・能断一法経《のうだんいっぽうきょう》』では、

「『世尊よ、無明をどのように知り、どのように見れば、欲を離れて智慧（明）が生じるのでしょうか？』と申し上げました。仏さまは比丘に、『まさに正しく、眼は無常であると観察しなさい。そして、目に映るもの（色）、視覚による認識（眼識）、眼が対象と接触すること（眼触）、それによる感受作用（受）、また感受作用による苦しみ・楽しみ・楽しみでも苦しみでもない感情など、すべてが無常であると正しく観想し、耳・鼻・舌・身・意においても、また同様に観想する。比丘よ、無明をこのように知り、このように見れば、欲を離れて智慧が生じるのである』と告げられました」

と説いております。

無明が迷いの生存、輪廻の成立する根本であるという思想は、非常に古い時代にもありました。しかし、古い時代においては、輪廻の根本がなにかについては、一元的な説明は提示されていなかったのです。いろいろなものを雑然と、輪廻の起こる根本原因として考えていました。

お釈迦さまはこれに対して、無明が根本原因であるとされたのです。

では、なにがある時に無明が起きるのでしょうか？

なにもありません。苦の生存の根本原因、その究極となるものは無明なのですから。もちろん、厳密に考えれば無明もまた縁によって起こるはずですが、苦の生存の原因としての縁起の追究は、無明によって究極となります。

なぜならば、無智は無智として知られた時に消滅するからです。無智が無智として知られた時には、もはや無智はあり得ません。ですから、無明は発見されることによって消失します。

ちょうど夢と同じです。たとえば誰かが眠って夢を見ているとします。しかし、その人が夢を見ている間は、本人にとってはそれが夢であることが分かりません。夢であることに気づかずに、夢の内容に対して苦しんだり悩んだり、あるいは喜んだり怒ったりしているわけです。そして、それが夢であると気づいた時には、もう夢から覚めています。

そのように無明は夢にたとえられ、「無明長夜《じょうや》の夢」などといわれます。それが無明であることに気がつかないから、無明に迷わされるのです。無明を発見して、その本質を知れば、無明の迷妄性から脱することができます。無明が滅して明、つまり真実の智慧に転換されるのです。したがって、苦の生存の原因としての縁起の追究は、無明に至ってやみます。

以上が十二因縁の各項目の説明になります。

◉――十二因縁と浄め高める行

それで、今説明した十二因縁のひとつひとつの内容を具体的に思い描きながら、

「無明があるから行が生じる。行があるから識が生じる。識があるから名色が生じる。名色があるから六処が生じる。六処があるから触が生じる。触があるから受が生じる。受があるから愛が生じる。愛があるから取が生じる。取があるから有が生じる。有があるから生が生じる。生があるから老死が生じる。このようにしてすべての苦しみが生じる」

と観想するのが「順観」です。

それに対して、

「無明が滅するから行が滅する。行が滅するから識が滅する。識が滅するから名色が滅する。名色が滅するから六処が滅する。六処が滅するから触が滅する。触が滅するから受が滅する。受が滅するから愛が滅する。愛が滅するから取が滅する。取が滅するから有が滅する。有が滅するから生が滅する。生が滅するから老死が滅する。このようにしてすべての苦しみが滅する」

と観想するのが「逆観」です。

お釈迦さまは、この「順観」と「逆観」を行う人間は「異陰」を相続することがない、とおっ

しゃっているわけです。では「異陰」を相続せずにどうなるのでしょうか？

智慧を得て解脱をするわけです。まさに「逆観」にあるように、すべての苦しみが滅するのです。というと、

「では、この十二因縁の瞑想だけをやっていれば、解脱ができるのですね」

と質問する人が出てくるでしょう。でも、そうではありません。基本的な修行ができていなければ、たとえ「順観」と「逆観」を行っても、字面を追うだけのものにしかなりません。基本的な修行をみっちりと行うことによって初めて、解脱へと向かう、本当に深い十二因縁瞑想法ができるわけです。では、その基本的な修行法とはどういうものでしょうか？

まずは仏舎利供養です。仏舎利供養は「礼拝供養」と「奉仕《みささげ》供養」に分けられますが、「礼拝供養」とはご本尊・仏舎利宝珠尊御宝塔（以下、仏舎利尊）に香《こう》（焼香）・華《げ》（仏花《ぶっか》）・燈《とう》（燈《とう》明《みょう》）・塗《ず》（塗香《ずこう》）・閼伽《あか》（水）・飲食《おんじき》（飲み物・食べ物）といった供物を捧げて、心からの聖典勤行を捧げることです。これにより、仏さまの成仏力を頂戴し、自らの因縁が浄められていきます。「奉仕供養」とは、自分の持っているなにか価値のあるものを、懺悔と感謝の心を持って仏舎利尊に捧げる行です。物品、金銭、身の働きなど、自分が、これは仏舎利尊に捧げる価値のあるものだと思うものを、捧げる行です。お導きの行などの梵行もこれに入ります。これによって解脱に必須の徳を積むわけです。

次は先祖供養です。仏陀の成仏法に基づく解脱供養・冥徳供養によって、先祖の霊をご供養するわけですが、これにより先祖からの抑圧意識を取り除きます。先祖からの抑圧意識があると、人は不幸な運命へと導かれていきますが、それだけでなく、先祖からの抑圧意識があると、とて

も深い瞑想を行うことができないわけです。瞑想修行の面から見ても、不成仏霊・霊障のホトケを成仏させることは、非常に重要な意味を持つのです。

三つ目は心解脱行です。戒行ともいいます。これによって「心の因縁」を断ち切り、不徳の性格を、徳に通ずる性格へと変えていきます。よく「我を出す」とか「我が強い」といいますが、この「我」が「心の因縁」です。悪い「心の因縁」を出しっ放しにしていたら、瞑想だけではなく、どのような修行も成し遂げることはできません。やはり、心も清らかで徳に通じるものになって初めて、どのような修行も行うことができ、深い瞑想もできるようになるわけです。

要するに仏舎利供養・先祖供養・心解脱行によって、人は浄め高められます。そして、浄め高められることによって、四諦十二因縁瞑想法などの高度な瞑想法ができるようになるわけです。ですから、諸君は右の三つの修行を一心に行い、まずは十二因縁の教理を頭にたたき込んでいただきたい。瞑想をするといっても、それぞれの意味が分からなければどうにもなりませんから、まずは十二因縁を教学的に学ぶ。そして、修行が進んで行くならば、自然と深い瞑想ができるようになります。

この『第一義空経』は短いお経ではありますが、非常に深い内容です。諸君は何度も読み返し、その意義をよく理解していただきたい。これで『第一義空経』の講義を終了いたします。

◉雑阿含経・第一義空経［全文］

如是我聞。一時仏住拘留捜調牛聚落。爾時世尊告諸比丘。我今当為汝等説法。初中後善。善義善味。純一満浄。梵行清白。所謂第一義空経。諦聴善思。当為汝説。云何為第一義空経。諸比丘。眼生時無有来処。滅時無有去処。如是眼不実而生。生已尽滅。有業報而無作者。此陰滅已。異陰相続。除俗数法。耳鼻舌身意。亦如是説。除俗数法。俗数法者。謂此有故彼有。此起故彼起。如無明縁行。行縁識。広説乃至純大苦聚集起。又復此無故彼無。此滅故彼滅。無明滅故行滅。行滅故識滅。如是広説。乃至純大苦聚滅。比丘。是名第一義空法経。仏説此経已。諸比丘聞仏所説。歓喜奉行

XXV

雑阿含経

七道品経・果報経・七種果経

涅槃《ねはん》へと導く七覚支法《しちかくしほう》

◉念覚支と四念処観（しねんじょかん）

それぞれ二つの『雑阿含経《ぞうあごんぎょう》・七道品経《しちどうぼんきょう》』（以下『七道品経』）と『雑阿含経・果報経《かほうきょう》』（以下『果報経』）、そして『雑阿含経・七種果経《しちしゅかきょう》』（以下『七種果経』）を講義し、そこに説かれる成仏法の一つ、七覚支法について解説します。

まずは二つの『七道品経』の経文を読み、現代語に訳してみましょう。

如是我聞。一時仏住舎衛国祇樹給孤独園。時有異比丘。来詣仏所稽首礼足。退坐一面。白仏言。世尊謂覚分。世尊。云何為覚分。仏告比丘。所謂覚分者。謂七道品法。然諸比丘七覚分漸次而起。修習満足。異比丘白仏。世尊。云何覚分漸次而起。修習満足仏告比丘。若比丘内身身観住。彼内身身観住時。摂心繫念不忘。彼当爾

是《かく》の如《ごと》く我《わ》れ聞《き》きぬ。一時《いちじ》、仏《ほとけ》、舎衛国《しやえこく》の祇樹給孤独園《ぎじゅぎっこどくおん》に住《とど》まりたまえり。時《とき》に異《い》比丘《びく》有《あ》り。仏の所《みもと》に来詣《らいけい》し稽《けい》首《しゅ》して足に礼《らい》したてまつり、退《しりぞ》きて一面《いちめん》に坐《ざ》し、仏に白《もう》して言《もう》さく、「世尊《せそん》の謂《いわ》ゆる覚分《かくぶん》とは、世尊、云何《いかん》が覚分と為《な》すや」と。仏、比丘に告《つ》げたまわく、「所謂《いわゆる》覚分とは謂《いわ》ゆる七道品《しちどうぼん》の法《ほう》なり。然《し》かも諸《もろもろ》の比丘、七覚分《しちかくぶん》は漸次《ぜんじ》に而《し》かも起《お》こり、修習《しゅじゅう》し満足《まんぞく》す」と。異比丘、仏に白さく、「世尊、云何が覚分は漸次に而かも起こり、修習し満足するや」と。仏、比丘に告げたまわく、「若し比丘、内身《ないしん》の身観《しんかん》に住《じゅう》せば、彼《かれ》、内身の身観に住する時、

時念覚分方便修習。方便修習念覚分已。修習満足。満足念覚分已。於法選択。分別思量。当於爾時。修択法覚分方便。修方便已修習満足。如是乃至捨覚分修習満足。如内身身観念住。如是外身。内外身。受心法法観念住。当於爾時。専心繫念不忘。乃至捨覚分亦如是説。如是住者。漸次覚分起。漸次起已修習満足。仏説此経已。諸比丘聞仏所説。歓喜奉行

(『七道品経』)

心を摂《しょう》し念《ねん》を繫《つな》げて忘れず。彼、爾《そ》の時に当たって念覚《ねんかく》分《ぶん》を方便《ほうべん》し修習す。方便して念覚分を修習し已《おわ》らば、修習満足す。念覚分を満足し已らば法に於いて選択《せんちゃく》し、分《ふん》別《べつ》し思《し》量《りょう》す。爾の時に当たって択法覚分《ちゃくほうかくぶん》の方便を修するなり。方便を修し已らば修習満足す。是の如く乃至《ないし》捨《しゃ》覚分《かくぶん》の修習満足す。内身の身観念《しんかんねん》に住するが如く、是の如く外《げ》身《しん》・内外《ないげ》身《しん》・受《じゅ》・心《しん》・法《ほう》の法観念《ほうかんねん》に住せば、爾の時に当たって専心《せんしん》に念を繫げて忘れず。乃至捨覚分も亦《また》、是の如く説く。是の如く住せば漸次に覚分起こる。漸次に起こり已らば修習満足す」と。仏此《こ》の経《きょう》を説き已りたまいしに、諸の比丘、仏の説かせたまう所《ところ》を聞きて、歓《かん》喜《ぎ》し奉《ぶ》行《ぎょう》しき。

◉現代語訳

このように私は聞きました。ある時、仏さまが舎衛国の祇樹給孤独園に滞在されておりました。その時、異教徒の出家が仏さまのみもとを来詣して、仏さまのおみ足を額にいただいて礼拝し、

退いて座に着き、仏さまに、

「世尊の説かれる、いわゆる覚分（七覚支法）とはどのようなものでしょうか？　世尊よ、なにをもって覚分とされるのですか？」

と申し上げました。仏さまは異教徒の出家に、

「いわゆる覚分とは七つの道品法（七科《しちか》三十《さんじゅう》七道品《しちどうぼん》）の一つです。もろもろの比丘たちもよく聞きなさい。七覚分（七覚支）は順番に生じ、それを修行して完全に修めていくのです」

と告げられました。

異教徒の出家は仏さまに、

「世尊よ、どのようにして覚分は順番に生じ、どのように修行して完全に修めていくのでしょうか？」

と申し上げました。仏さまは異教徒の出家に、

「もしも比丘が身体の内側を観察する時は、彼は身体の内側を観察することに没頭し、心を修めて念を集中して気を散らさないことが肝要です。そうするならば、彼は『念覚分《ねんがくぶん》（念覚支《かくし》）』を工夫して修行したといえます。

そのように工夫をして『念覚分』を修行し終わるならば、それを完全に修めたといえます。『念覚分』の修行を成就したならば、法について選択し、分別してよく考えるのです。それが『択法《ちゃくほう》覚分（択法覚支）』を工夫して修行するということです。そのように工夫して修行し終わるならばそれを完全に修めたといえます。

そのようにして、（『精進《しょうじん》覚分〈精進覚支〉』『喜《き》覚分〈喜覚支〉』『猗《き》覚分〈軽安《きょうあん》覚支〉』『定《じょう》覚分〈定

覚支〉』と完全に修めて）『捨覚分《しゃ》（捨覚支）』まで完全に修めます。

（『念覚分』では）身体の内側を観察するのと同じように、身体の外側も、そして身体の内外ともに観察し（以上、四念処観《しねんじょかん》の身《しん》念処（身体を不浄と観ずる不浄観）〉）、さらに『受は苦なり〈四念処観の受《じゅ》念処〉』『心は無常なり〈四念処観の心《しん》念処〉』『法は無我《むが》なり〈四念処観の法《ほう》念処〉』という（『四念処観』の）観念に没頭し、念《こころ》をつなげて気を散らしてはなりません。

同様に（『択法覚分』から）『捨覚分』まで没頭して、心を繋げて気を散らしてはなりません。

このように七覚分は（『念覚分』から『捨覚分』まで）しだいに生じるのです。そして、しだいに生じたそれぞれを順番に完成させていくのです」

と告げられました。仏さまがこの経を説き終わると、もろもろの比丘たちは、その教えを聞いて心から喜び、その内容を実践いたしました。


如是我聞。一時仏住舎衛国祇樹給孤独園。爾時世尊告諸比丘。所謂覚分何等為覚分。諸比丘白仏。世尊是法根法眼法依。唯願為説。諸比丘聞已。当受奉行。仏告諸比丘比丘尼。七覚分者謂七道品法。諸比丘。此七覚分

是の如く我れ聞きぬ。一時、仏、舎衛国の祇樹給孤独園に住まりたまえり。爾の時世尊、諸の比丘に告げたまわく、「所謂、覚分とは何等《なんら》をか覚分と為す」と。諸の比丘、仏に白さく。「世尊は是《これ》、法根《ほうこん》・法眼《ほうげん》・法依《ほうえ》なり。唯《た》だ願くば為《ため》に説きたまえ。諸の比丘聞き已りなば当に受け奉行すべし」と。仏、諸の比丘・比丘尼《に》に告げたまわく。「七覚分とは謂ゆる七道品の法なり。諸の比丘、

漸次起。漸次起已。修習満足。諸比丘白仏。云何七覚分漸次起。漸次起已。修習満足。若比丘身身観念住。彼身身観念住已。専心繫念不忘。当於爾時。方便修念覚分。方便修念覚分已。修習満足。謂修念覚分已。於法選択。当於爾時。修択法覚分方便修択法覚分方便已。修習満足。如是精進・喜・猗・定・捨覚分。亦如是説。如内身。如是外身。内外身。受心法法観念住。専心繫念不忘。当於爾時。方便修念覚分。方便修念覚分已。修習満足。乃至捨覚分。亦如是説。是名比丘七覚分漸次起。漸次起已。修習満足仏説此経已。諸比丘聞仏所説。歓喜奉行（『七道品経』）

此の七覚分は漸次に起こる。漸次に起こり已って修習満足す」と。諸の比丘、仏に白さく。「云何が七覚分は漸次に起こり、漸次に起こり已って修習満足するや」と。「若し比丘身《しん》の身観念に住せば、彼、身の身観念に住し已って専心に念を繫げて忘れず。爾の時に当たって方便して念覚分を修するなり。方便して念覚分を修し已らば修習満足す。謂ゆる念覚分を修し已って法に於いて選択す。爾の時に当たって択法覚分の方便を修す。択法覚分の方便を修し已らば、修習満足す。是の如く精進・喜・猗・定・捨覚分も亦、是の如く説く。内身の如く、是の如く外身、内外身、受・心・法の法観念に住し、専心に念を繫げて忘れざるなり。爾の時に当たりて方便して念覚分を修す。方便して念覚分を修し已らば修習満足す。乃至捨覚分も亦、是の如く説く。是を比丘の七覚分漸次に起こり、漸次に起こり已って修習満足すと名づく」と。仏此の経を説き已りたまいしに、諸の比丘、仏の説かせたまう所を聞きて、歓喜し奉行しき。

◉現代語訳

このように私は聞きました。ある時、仏さまが舎衛国の祇樹給孤独園に滞在されておりました。その時、世尊はもろもろの比丘たちに、

「いわゆる覚分とはどういうものか分かりますか？」

と告げられました。

もろもろの比丘たちは、仏さまに、

「世尊は真理の根であり、真理を見る智慧の眼《まなこ》であり、真理のよるべであります。どうか私たちのためにお説きください。私たちはその教えを拝聴したならば、即座にそれを実行いたします」

と申し上げました。

仏さまは、もろもろの比丘や比丘尼に対し、

「七覚分（七覚支法）とは、いわゆる七つの道品法（七科三十七道品）の一つです。もろもろの比丘たちよ、この七覚分は順番に生じ、それをひとつひとつ行じていくのです。順番に修行していって、最後に完全にそれを修めていくわけです」

と告げられました。

もろもろの比丘たちは仏さまに、

「七覚分はどのようにして順番に生じ、どのように修行して完全に修めていくのでしょうか？」

と申し上げました。仏さまは、

「もし比丘が身体の観察（身念処）を一心に行い、その観法に専心して念をつなげて忘れなければ

ば、七覚分の第一の修行である『念覚分』を工夫して修行したといえるのです。そのように工夫して、『念覚分』を修行し終わったならば、それを完全に修めたといえます。念覚分を修行し終えると、法について選択するようになります。そうして『択法覚分』を修行するのです。工夫して『択法覚分』を修行し終わったならば、それを完全に修めたといえます。『精進覚分』『喜覚分』『猗覚分』『定覚分』『捨覚分』もまた同様です。身体の内側と同じように、身体の外側も、そして身体の内外ともに観察し（身念処）、感受作用を観察し（受念処）、心を観察し（心念処）、法を観察し（法念処）、専心して念を繫げて忘れることがないならば、工夫して『念覚分』を修行したといえるのです。工夫して『念覚分』を修行し終わるならば、それを完全に修めたといえます。そのようにして『念覚分』から『捨覚分』までを修めていくのです。比丘たちよ、このように七覚分を順番に修行していって、最後にそれを完成させるのです」

と告げられました。仏さまがこの経を説き終わると、もろもろの比丘たちは、その教えを聞いて心から喜び、その内容を実践いたしました。

◉解説

まず、「覚分」という言葉が出てきますが、これはお釈迦さまの成仏法・七科三十七道品の一つである、「七覚支法」のことです。阿含宗の信徒諸君が毎日読誦している『雑阿含経・応説《おうせつ》経《きょう》』（以下『応説経』）に、「念処正《ねんじょしょう》　勤如意《ごんにょい》足根力覚道《そくこんりきかくどう》」という箇所がありますが、この中の「覚」というのが「覚分」、つまり七覚支法です。

最初のお経では念覚支（念覚分）・択法覚支（択法覚分）・捨覚支（捨覚分）以外は省略されておりますが、二番目のお経にあるように、七覚支法は念覚支・択法覚支・精進覚支（精進覚分）・喜覚支（喜覚分）・軽安覚支（猗覚分）・定覚支（定覚分）・捨覚支の七つの徳目から成り立ちます。

各徳目の具体的な内容は、各経の解説を終えた後にお話しいたしますが、この『七道品経』には、「念覚支を終えたならば、択法覚支に入り、それを終えたら精進覚支に入って、喜覚支、軽安覚支、定覚支と進んで、最後に捨覚支に到達する」ということが説かれているわけです。

さらにこの二つのお経では、七覚支法の念覚支とは四念処観であることも示されております。四念処観もやはり七科三十七道品の一つで、前述の『応説経』では「念処」と記されております。四念処観は新訳で四念住《しねんじゅう》（観）ともいう、四種の瞑想法です。これは普通、次のように解釈されています。

一、この身は不浄なり
二、受は苦なり
三、心は無常なり
四、法は無我なり

以上の四項目について、深く瞑想するのが四念処観です。これを分かりやすくいえば、

一、身体についての瞑想
二、感受作用についての瞑想
三、心の性質についての瞑想

四、存在を構成するもの（法）についての瞑想

となるでしょう。

簡単に説明しましょう。

一、この身は不浄なり

これは、肉体が不浄で汚らわしいものであることを観想して、煩悩や、欲望を取り除くわけです。いわゆる「不浄観」の瞑想です。

二、受は苦なり

わたくしたちの肉体はじつにはかなくもろいものです。常に死や老衰、病気、けがなど、生命の危険にさらされています。要するに、わたくしたちの肉体は不完全極まるものです。それを悟らずして、完全なるものを望み、完全なるものに執着するから、すべて苦しく感じられてかなわないわけです。

それはまた、財物や地位、権力、人間関係などについてもいえます。わたくしたちは、それらのものをひとたび手にすると、失いたくないと考え、失われることを恐れ、悩み、苦しみます。しかし、それらは縁によってわがものとなったのであり、その縁がなくなれば、また去って行くのは当然です。それを悟らずに執着するから苦が生じるわけです。以上のように、苦（と感じるもの）の根源を深く瞑想していくのです。

三、心は無常なり

無常とは変滅してやまないことをいい、これに対して、永遠に不変なるものを〝常住〟といいます。わたくしたちの心は、常に変滅してやまない、とりとめもないものです。そのとりとめもないものが、常住なるものを求めているのです。そこに、矛盾や悩みや苦しみが生じるのは当然です。常に変滅してやまない、とりとめもないわが心を深く見つめて、常住なるもの（真理）を求める姿を瞑想していくのです。

四、法は無我なり

法とは、自分を含めたすべての存在、あるいは存在を構成するものをいいますが、この「無我」という言葉は、二つの意味を持っているわけです。それは、

①すべてにわたって「わがもの」というもののないこと

②すべてのものに「我《アートマン》がない」こと

です。

①は、この世の中のどんなものでも、自分の所有《もの》というものはない、ということです。それは、縁あって仮に自分のものになったのであり、縁のある間は自分のものになっているけれども、縁がなくなれば自分のものではなくなるわけです。したがって、この世の中に、「これこそ確実に自分のものだ」といい切れるものは、なに一つとしてないのです。

それをさらに徹底すると、自分というものさえもないわけです。「自分」とは、いったいなんでしょうか？　それについての有名な問答があります。お釈迦さまが、問答に来たバラモンに反

問するわけです。

「あなたとはなんでしょうか？　腕があなたですか？」

相手は「否《いな》」と答えます。

「では、脚《あし》があなたですか？　顔があなたですか？　眼《め》があなたですか？　口があなたですか？　耳があなたですか？」

と次々に質問するお釈迦さまに、バラモンはすべて「否」と答えざるを得ません。

最後に、

「では、心があなたですか？」

と問われて、バラモンはしばらく考えますが、しかし、これもまた「否」と答えざるを得ません。

なぜならば、心は常に「無常」であって、変滅してやまず、今の心の考えが、次の瞬間にまったく反対の考えに変わるかもしれません。心が（不変の）自分だ、と確信を持って答えることはできないのです。そこでお釈迦さまに、

「結局、どこにもあなたというものはないのではありませんか」

と、自分の所有するもの（さらにはこれから所有したいと望んでいるもの）すべてに強い執着を持っていたバラモンは、悟れるわけです。

四念処観は小乗の瞑想ではない

②は、すべてのものに「我《アートマン》」がないということですが、この「アートマン」とは、永久に変わらない実在・実質を指します。

仏教以前のバラモン教では、あらゆるものには本質的自我である「アートマン」が実在し、これは常恒不変《じょうごうふへん》である、としていました。

しかし、お釈迦さまは、

「全ての事物は、もろもろの因縁によって作り出された諸要素の集合体にすぎない。それを集合させ、構成させている原因・理由がなくなれば、消滅するか変化してしまうのである。永久に絶対変化しないという実在・実質、つまり『アートマン』はない」

と説かれたわけです。

この「アートマン」は「我《が》」と漢訳され、「アートマンがない」ことを「無我《むが》」と漢訳しました(旧訳は非我《ひが》)。

「法は無我なり」というのは、このように、どこにも自分のものはなく、また、永久に変化しない実在・実質がないことを、さまざまな事例を観想して瞑想していくことを指します。

この四念処観は、お釈迦さまが弟子たちにお教えになった瞑想の一つです。ところが、ずっと後になって登場した大乗仏教は、この四念処観を「小乗の瞑想」であると決めつけ、排撃したのです。

では、大乗仏教がどうして四念処観を「小乗の瞑想」だといったのかというと、

一、この身は不浄なり

二、受は苦なり

というのが小乗の考え方だ、と彼らはいうのです。

大乗仏教の思想的基盤は「空《くう》」です。空というのは、「ものには全て固体的実体性がない」ということで、一切の事物・現象に「限定的、固定的、相対的なものを認めない」という考え方です。有・無などの対立を否定する考え方です。これが、大乗仏教の思想的立場です。

彼らは、

「四念処観は、この身を不浄のものであると限定して見、感受するものは苦であると固定して考える。したがって、これは小乗の瞑想だ」

というわけです。たしかに、この身は不浄でもなければ浄でもありません。この世の中に、苦と限定されて存在しているものはありません。苦でないと限定されて存在しているものもありません。存在しているものは一つの現象だけで、それを、ある人はある立場に立って、浄と見たり不浄と見たり、苦と感じたり、楽と感じたりしているだけにすぎません。全て縁によって起きるので、これを「縁起《えんぎ》の法」といい、この見方を「空観《くうがん》」といいます。そこで、大乗仏教（と称するグループ）は、四念処観は「空観」以外の考え方に立つとして、「小乗の瞑想」だと決めつけたわけですが、これが間違いなのです。

もう気づいている人もいるでしょうが、大乗仏教は四念処観の、

三、心は無常《むじょう》なり

四、法は無我なり

を無視しています。

「縁起の法」は、この無常・無我をもとにして出てきたもので、「空観」は〝諸行《しょぎょう》無常《むじょう》〟〝諸法《しょほう》無我《むが》〟の論理の上に初めて成り立つわけです。むしろ大乗仏教の基本となるものです。

それなのに、なぜ大乗仏教が四念処観を「小乗の瞑想」と決めつけ、抹殺しようとしたのかというと、この四念処観は大乗仏教と対立する部派仏教《ぶはぶっきょう》が護持していたからです。

大乗仏教は、この部派仏教と対立して、これを小乗と貶称《へんしょう》し、数百年にわたって論争を続けた結果、仏教の主流から追い落としてしまいました。

そこで、その部派仏教が奉持していた四念処観まで、「小乗の瞑想」として追放してしまったわけです。

「心は無常なり」「法は無我なり」を見れば、これらは大乗仏教の「空」のもとをなすものですから、決して排斥されたり、非難されたりすべきものではありません。それにもかかわらず、抹殺してしまいました。「心は無常なり」「法は無我なり」を故意に無視して、無理に「小乗の瞑想」だとしてしまったのです。随分と強引なことをしたものです。

諸君は、四念処観は決して「小乗の瞑想」ではない、ということをよく理解していただきたい。

四念処観の説明が長くなりましたが、この四念処観が七覚支法の念覚支《ねんかくし》の具体的な内容です。それと同時に、念覚支は念を強くする修行でありますが、このことは後ほど改めて詳しく説明しましょう。

◉七覚支法の果報

続いて、七覚支法を修行することによって得られる果報について説いた、二つの『果報経』と『七種果経』の経文を読み、現代語訳しましょう。それぞれ短いお経ですが、重要な意味を持っておりますので、しっかりと頭に入れてください。

如是我聞。一時仏住舎衛国祇樹給孤独園。爾時世尊告彼比丘。如上差別者。若比丘如是修習七覚分已。当得二種果。現法得漏尽無余涅槃。或得阿那含果。仏説此経已。諸比丘。聞仏所説。歓喜奉行（『果報経』）

是《かく》の如《ごと》く我《わ》れ聞《き》きぬ。一時《いちじ》、仏《ほとけ》、舎衛国《しやえこく》の祇樹給孤独園《ぎじゆぎつこどくおん》に住《とど》まりたまえり。爾《そ》の時世尊《ときせそん》、彼《か》の比丘《びく》に告《つ》げたまわく、「差別《しやべつ》せば上《かみ》の如し。若《も》し比丘、是の如く七覚分《しちかくぶん》を修習《しゆじゆう》し已《おわ》らば、当《まさ》に二種《にしゆ》の果《か》を得《う》べし。現法《げんぽう》に漏尽《ろつ》きて無余涅槃《むよねはん》を得《え》、或《ある》いは阿那含果《あなごんか》を得ん」と。仏此《ほとけこ》の経《きよう》を説《と》き已りたまいしに、諸《もろもろ》の比丘、仏の説かせたまう所を聞きて、歓喜《かんぎ》し奉行《ぶぎよう》しき。

◉現代語訳

このように私は聞きました。ある時、仏さまが舎衛国の祇樹給孤独園に滞在されておりました。

その時、世尊はもろもろの比丘たちに、

「区別するならば、先に説いたとおりです。もしも比丘がこの七覚分（七覚支法）を修行し終えるならば、まさに二種の果報を得られるのです。一つは現世において漏《ろ》尽解《じんげ》脱《だつ》して無《む》余《よ》依《え》涅《ね》槃《はん》を得ることで、もう一つは阿那含果を得ることです」

と告げられました。仏さまがこの経を説き終わると、もろもろの比丘たちは、その教えを聞いて心から喜び、その内容を実践いたしました。


如是我聞。一時仏住舎衛国祇樹給孤独園。如上説。差別者。如是比丘修習七覚分已。多修習已。得四種果。四種福利。何等為四。謂須陀洹果。斯陀含果。阿那含果。阿羅漢果。仏説此経已。異比丘聞仏所説。歓喜奉行（『果報経』）

是の如く我れ聞きぬ。一時、仏、舎衛国の祇樹給孤独園に住まりたまえり。「上に説けるが如し。差別せば是の如く比丘、七覚分を修習し已り、多く修習し已らば四《し》種《しゅ》の果、四種の福利《ふくり》を得ん。何等《なんら》をか四と為《な》す。謂《いわ》ゆる須《しゅ》陀《だ》洹果《おんか》・斯《し》陀《だ》含果《ごんか》・阿那含果・阿《あ》羅《ら》漢果《かんか》なり」と。仏此の経を説き已りたまいしに、異比丘、仏の説かせたまう所を聞きて、歓喜し奉行しき。

◉現代語訳

このように私は聞きました。ある時、仏さまが舎衛国の祇樹給孤独園に滞在されておりました。

「先に説いたとおりです。区別するならば、比丘たちよ、このように七覚分（七覚支法）を修行し終わり、多く修行し終わるならば、四種の果報と四種の福徳と利益《りやく》を得られるのです。なにをもって四つとするのでしょうか。それは、いわゆる須陀洹果・斯陀含果・阿那含果・阿羅漢果の四つです」

と（仏さまは告げられました）。仏さまがこの経を説き終わると、異教徒の比丘は、その教えを聞いて心から喜び、その内容を実践いたしました。

如是我聞。一時仏住舎衛国祇樹給孤独園。如上説。差別者。若比丘修習七覚分。多修習已。当得七種果。七種福利。何等為七。是比丘得現法智証楽。若命終時。若不得現法智証楽。及命終時。而得五下分結尽。中般涅槃。若不得中般涅槃。而得生般涅槃。

是の如く我れ聞きぬ。一時、仏、舎衛国の祇樹給孤独園に住まりたまえり。「上に説けるが如し。差別せば、若し比丘、七覚分を修習するに多く修習し已らば、当に七種の果、七種の福利を得べし。何等をか七と為す。是の比丘は現法の智《ち》証《しょう》の楽、若しくは命終時（の智証の楽）を得ん。若し現法の智証の楽、及び命終時（の智証の楽）を得ざらんも、而かも五下《ごげ》分結《ぶんけつ》尽くるを得て中《ちゅう》般涅《はつね》槃《はん》せん。若し中般涅槃を得ざらんも、而《し》かも生《しょう》般涅《はつね》槃《はん》を

若不得生般涅槃。而得無行般涅槃。若不得無行般涅槃。而得有行般涅槃。若不得有行般涅槃。而得上流般涅槃。仏説此経已。異比丘聞仏所説。歓喜奉行（『七種果経』）

得ん。若し生般涅槃を得ざらんも、而かも無行《むぎょう》般涅槃《はつねはん》を得ん。若し無行般涅槃を得ざらんも、而かも有行《うぎょう》般《はっ》涅槃《ねはん》を得ん。若し有行般涅槃を得ざらんも、而かも上《じょう》流《る》般涅槃《はつねはん》を得ん」と。仏此の経を説き已りたまいしに異比丘、仏の説かせたまう所を聞きて、歓喜し奉行しき。

◉現代語訳

このように私は聞きました。ある時、仏さまが舎衛国の祇樹給孤独園に滞在されておりました。

「先に説いたとおりです。区別するならば、もし比丘が七覚分（七覚支法）を修行し、多く修行し終わるならば、まさに七種の果報、七種の福利を得られます。なにをもって七とするのでしょうか。第一に、その比丘は現世において正しい智慧を得て、ニルヴァーナ（涅槃）という安楽を獲得します（有余依涅槃《うよえねはん》）。第二に、命終の時に正しい智慧を得てニルヴァーナという安楽を獲得します（無余依涅槃）。もし、有余依涅槃と無余依涅槃を得られなくても、（身見《しんけん》・疑惑《ぎわく》・戒取《かいしゅ》・欲《よく》貪《とん》・瞋恚《しんに》の）五下分結をなくして中般涅槃を得ます。もしも中般涅槃を得られなくても、生般涅槃が得られます。もしも生般涅槃が得られなくても、無行般涅槃を得ます。もしも無行般涅槃を得られなくても、有行般涅槃が得られます。もしも有行般涅槃が得られなくても、上流般涅槃が得られます」

と（仏さまは告げられました）。仏さまがこの経を説き終わると、異教徒の比丘は、その教えを聞いて心から喜び、その内容を実践いたしました。

◉解説

一番目の『果報経』では、七覚支法を実践すると漏尽解脱して無余依涅槃を得るか、阿那含果を得る、と説かれており、二番目の『果報経』では七覚支法によって、須陀洹果・斯陀含果・阿那含果・阿羅漢果の四つの果報が得られると説かれております。

そして『七種果経』では、七覚支法の実践者は有余依涅槃・無余依涅槃・中般涅槃・生般涅槃・無行般涅槃・有行般涅槃・上流般涅槃の七つの果報が得られると説かれております。それぞれの果報について説明しましょう。

（1）有余依涅槃

『七種果経』では、「現法の智証の楽」と書かれておりますが、これは肉体を持ったまま、身《しん》見《けん》・疑惑・戒取《かいしゅ》・欲貪《よくとん》・瞋恚《しんに》・色貪《しきとん》・無《む》色貪《しきとん》・慢《まん》・掉悔《じょうけ》・無《む》明《みょう》の十結《じっけつ》（十結については、上巻・一六二―一六九頁参照）をすべて断って完全に解脱し、涅槃（ニルヴァーナ）に入ることで、後に説く阿羅漢果と同じです。肉体を残しているので、まだ生存にかかわる最低限度の欲が残っているので有余といいます。

（2）無余依涅槃

普通は有余依涅槃に入った阿羅漢が命終を迎えて、最低限度の欲も捨てた完全な涅槃に入ることを指しますが、『七種果経』にあるように、命終の瞬間に完全に解脱を得ることも無余依涅槃（命終時の智証の楽）と呼びます。

（3）阿羅漢果

十結の全てを断った大聖者で、如来の十号の一つです。生きたまま涅槃に入られた（有余依涅槃）お方です。

（4）阿那含果

五下分結（十結の最初の五つ＝身見・疑惑・戒取・欲貪・瞋恚）を断った聖者で、不還《ふげん》ともいいます。この世での寿命が尽きた後に天上界（色天《しきてん》[*1]）に生まれ、さらにそこでの寿命が尽きた後に無余依涅槃に入りますが、その涅槃への入り方によって、次の五種類に分けられます。（五種不還《ごしゅふげん》）

①中般涅槃……欲界《よくかい》[*1]で亡くなってから色界《しきかい》[*1]へ生まれていく途中の、中有《ちゅうう》[*2]の位で涅槃に入る
②生般涅槃……命終後に色界へ生まれていって、そこで間もなく涅槃に入る
③有行般涅槃…命終後に色界に生じ、そこで長く修行をして涅槃に入る
④無行般涅槃…命終後に色界に生じるが、そこで修行をせず、ある程度の時間を経て涅槃に入る
⑤上流般涅槃…命終後に色界の初禅天《しょぜんてん》に入り、修行を重ねて第二禅天、第三禅天と昇り、第

四禅天に至って涅槃に入る

（5）斯陀含果

三結《さんけつ》（十結の最初の三つ＝身見・疑惑・戒取）を断ち、次の二結《にけつ》（欲貪・瞋恚）を弱めた聖者で、一来《いちらい》ともいいます。この世で命終を迎えた後に天上界に生まれ、天上界での寿命が尽きた後にもう一度人間界に生まれ、この世の人々を利益して涅槃に入ります。

（6）須陀洹果

三結を断ち切った聖者で預流《よる》・逆流《ぎゃくる》ともいいます。三悪趣《さんあくしゅ》（地獄界《じごくかい》・餓鬼界《がきかい》・畜生界《ちくしょうかい》）の因縁が切れ、この世での寿命が尽きた後も不成仏霊・霊障のホトケにはならず、人間界と天上界を数回（最高は七回）往来した後、最高の智慧を得て涅槃に入ります。

以上が七覚支法を修行して得られる果報です。要するに、この七覚支法を実践するならば、最低でも須陀洹（果）を得られて、完璧にそれを修めるならば阿羅漢（果）を得て有余依涅槃に入れる、ということが説かれているわけです。

二本の柱からなる念覚支の修行

さて、それでは七覚支法のそれぞれの徳目について具体的に解説していきましょう。

一、念覚支

『佛教語大辞典』で「七覚支」の項の「念覚支」のところを見てみると、

「(7)念覚支。おもいを平らかにする」

とあります。

しかし、これでは念覚支の修行の説明になっておりません。

わたくしの修行体験からいうと、そんな簡単なものではなくて、「おもいを平らかにする」というのは確かにそうではありますが、それは結果から出てくるものであって、修行そのものではないわけです。

念覚支を修行した結果、「おもいを平らかにする」という状態になるのであって、それ自体が修行ではありません。

わたくしは、この念覚支は、

①念の力を強化する

②四念処観を実践する

の二つに分けることができると思います。

◉念覚支が七覚支法の中心

一つ目の、「念の力を強化する」というのは、要するに、精神力というものを非常に強化するということです。ただ単に「精神力」というと漠然としていますが、意志の力、知能の力、といったものを非常に強化する訓練です。

人間の精神作用というものは、知・情・意、この三つから成り立っています。知性・知能の力、そして情緒的な働き、それから意志の力です。要するに念の力を強化するというのは、この三つの部門（知・情・意）の働きを強化し、しかも、そのいずれにも偏らないようにする、ということです。その結果として、「おもいが平らかになる」わけです。

人間の精神力というものは、この知・情・意の働きから成り立っています。ところが、これが偏りやすいわけです。

夏目《なつめ》漱石《そうせき》（一八六七—一九一六）の『草枕』の書き出しに、

「智《ち》に働けば角《かど》が立つ。情《じょう》に棹《さお》させば流される。意地を通《とお》せば窮屈《きゅうくつ》だ。とかくに人の世は

住みにくい」

とあるでしょう。

だから「知」というものに偏ると、とかく理屈っぽくなって角が立ちやすいわけです。頭が非常に良いと、知能の働きが強いですから、すぐに理屈でものを割り切ろうとします。

情に棹させば流される――それはそうでしょう。人情的になりすぎれば流されてしまいます。

では、意志が強かったらどうかというと、これは強情で、どうにもしかたがないということになりますね。

ですから、知・情・意それぞれの働きを強化し、高める、そういう修行です。しかも、そのいずれにも偏らないように平均化する、これが一番大切なことではありませんか？

知的にも非常に高度で、情緒面においても、いわゆる情操が豊かであるというように、芸術面などでもよく理解することができる。情操的でない人というのは、無味乾燥になりやすいわけです。芸術的なことはなにも分からない、話をしても少しも面白くない、洒落《しゃれ》をいったってニコリともしない。今日、洒落を聞いて、三日ぐらいたって急に笑い出して、

「ああ、そうだったのか」

などというのでは、お話にならないでしょう。(笑)

意志が強いのは結構ですが、それが頑固になってしまうのではいけません。

ですから、知・情・意の精神作用を非常に強化し、高めるという訓練をするわけです。そして、そのいずれにも偏らないということが大切です。

しかし、それだけではありません。念そのものの力を神秘的なまでに強化していきます。一点に集中した時に、火を発するほどの力を出します。ですから、この念覚支の修行には「水の行」と「火の行」、つまり滝行と護摩行が入ってきます。さらにはクンダリニー・ヨーガの修行も入ります。これらによって、絶大で神秘的な念の力を体得するわけです。

そのように強力な念の力をもとにして、二つ目の「四念処観を実践する」修行を行うわけです。四念処観の概略は既に説明しましたので、ここでは割愛しますが、念覚支の中心はこの四念処観

の修行であり、これによって「空観」を体得するわけです。この「空観」の体得によって、諸法の実相《じっそう》が分かるようになります。つまり、「縁起の法」を如実に悟ることになるわけです。

この念覚支が、七覚支法の中の目玉といってよいでしょう。いや、七科三十七道品の中でも、代表的な修行です。

◉選び取ることが修行

二、択《ちゃく》法覚支《ほうかくし》

これは、宗教、信仰、哲学というたくさんの教法、思想の中から真実なるものを選び出す、ということです。

「択」というのは、この場合は「ちゃく」と読みますけれども、普通は「たく」と読みますね。「選択」の「たく」です。略さない旧字では「選擇」と書きますが、「選」も「えらぶ」、「擇」も「えらぶ」と訓読みします。

つまり、本当に真実なる教法を選び取る、ということです。この世の中には、さまざまな宗教、信仰、思想があります。その中から真実なるものを選び取る。そして、間違ったものや偽りのものを捨てる、取捨選択するということです。

そこで、この、教法の選択というものが、果たして修行といえるのでしょうか？　正しい教法を選び取って、真実ではないもの、間違ったもの、正しくないものを捨て去る、それが修行なのでしょうか？　諸君も、そのような疑問を抱くのではないでしょうか？　わたくしも最初、そう思いました。

正しい信仰を選び取って、正しくないものを捨て去るということが修行というのは、どういうことなのだろう？　そう思ったことがありますけれども、考えているうちに、やはりそれは修行なのだな、と思うようになりました。というのは、それが修行であるというのは、自分自身の勉強、知能によってそれをなす、というところにあるわけです。

たとえば、次のようなことです。

お釈迦さまが出家されて、自分が悟りを開くに至るまでには、当時のさまざまな信仰や宗教、いろいろなことを教える思想家・仙人、そういった方々に体当たりしてぶつかっておられるわけです。いろいろな方に会って話を聞かれた上で、それが正しいか、正しくないか、ということをご自分で一生懸命に考えられたということです。

そうして結局、当時のインドにあったところのあらゆる教え、宗教というものは、皆正しくないという結論に達したわけです。お釈迦さまご自身の深い修行と勉強によって、そこに到達されたわけですね。

ですから、わたくしたちも、この択法覚支を実践し、自分自身の勉強と修行によって、本当に真実なるものを選び取り、正しくないものは捨て去る、ということをしなければいけないのです。

例えるならば、瞑想一つ取っても、日本に、瞑想を教える学校みたいなところや、瞑想の先生、そういったものがたくさんあるでしょう。そのたくさんの瞑想の中から、どれが正しい瞑想法なのか？　どの先生が正しい瞑想法を教えているのか？　ということを自分自身がはっきりと取捨選択しなければいけない、ということです。

おそらく、自分自身の研究や勉強、あるいは修行によって取捨選択するという人は少ないでしょう。たいてい評判を聞くだけです。

「あの阿含宗の瞑想というのはどうなの？」

「あれはいいよ」

といったり、

「あれは駄目だよ」

などという。

「瞑想ならばあそこがよいよ」

とか、

「いや、あちらがよいよ」

という人もいますが、その評判だけで決めてしまう人が多いわけです。

お釈迦さまがご在世の時代も、たくさんの宗教指導者がいましたが、お釈迦さまはありとあらゆるいろいろな教法に自らぶつかって、調べられたわけです。瞑想についても、それが良いとか悪いとか、人の評判などには惑わされませんでした。ご自分がその瞑想を試してみて、これは良いとか、これは悪いと判断し選択されたのです。

そういう意味で、択法覚支というのは修行になるわけです。自分が修行をして確かめて、そして選び取るということは、間違いなく修行になります。そう思いませんか？

わたくしも最初は、

「正しい教法を選んで正しくないものを捨てるのが修行だ、というのはおかしな話だなあ」

と思って、じっと考えました。

しかし、お釈迦さまご自身がそうなされたことを知り、なるほどなと思ったのです。「阿含経」によると、お釈迦さまはアーラーラ・カーラーマやウッダカ・ラーマプッタというような、当時の有名な宗教家に会ってお話を聞き、彼らが教えている瞑想法を実際に実践されました。その結果、得るところはありましたが、これは最高のものではないということが分かり、お釈迦さまはそこから離れられたのです。

そのようにお釈迦さまは、当時のいろいろな宗教家の教えを聞き、さまざまな実践を行って、取捨選択されていったのです。つまり、自分が実践することによって、それが正しいか、正しくないかということを選択していくから、これは修行になるわけです。

ですから諸君も、本当の宗教・教法というものを、自分自身の勉強と判断と修行によって選択していくことが大切なのです。それが修行なのです。

しかし、それはなかなか難しいといえます。お釈迦さまのように、あちこち自分がぶつかっていくということはできないけれども、少なくとも、阿含宗の信徒諸君はわたくしの本を読んだり、映画やパンフレットを見たりして、自分が選んで阿含宗に入ってきたわけです。

それだけ諸君は、勉強しているということでしょう。やはり、自分のそれまでのいろいろな経験とか、いろいろなことから、

「桐山靖雄が説いている阿含宗の教えというのは、どうやら本当らしい」

と判断したのだと思います。中には、それまでの宗教や信仰を捨てて、阿含宗の門をたたいた人もいるでしょう。それは、一つの修行を経てきているわけです。

ですからやはり、択法覚支になるのです。そういう気持ちで、この択法覚支というものを考えてみなければいけませんね。

◉宗教の与える救いとは

では、わたくし自身は、どのようにしてこの道を選んだのでしょうか？ 諸君の参考になるようにお話ししてみますと、わたくしは自分自身の因縁解脱を願って、さまざまな宗教、教法に体当たりしていきました。これはいつもお話ししていますし、本にも書いているとおりです。キリスト教の説教も少し聞いてみましたし、聖書を読んだこともあります。また天理教やひとのみち教団の話も聞くというように、若いころは、あちらこちらで説かれている教法の門を片っ端からたたいてみたのです。

しかし、そこでまず、わたくしが考えたのは、

「いったい宗教というのは、どういうものなのだろうか？」

ということです。その考えを持って、それらの宗教に相対《あいたい》してみました。そして結局、宗教というものは、究極的に、「救う」ということと、「救われる」という関係で成り立っていると結論

づけたのです。諸君もそう思うでしょう。

それではいったい、「救う」とはどういうことなのでしょうか？

そして、「救われる」とはどういうことなのでしょうか？

その観点から、いろいろな宗教にぶつかってみたわけです。ところが、なかなか明瞭な答えが返ってこないのです。天理教にしても、ひとのみち教団にしても、その他のいろいろな宗教にしても、

「この宗教で救われるというのは、いったいどういうことなのですか？　どのようになることを〝救われる〟というのですか？」

と訊くと、明瞭な答えが返ってきませんでした。

ある宗教では、

「救うというのは〝幸せにする〟ということで、救われるというのは〝幸せになる〟ということです」

と簡単に答えました。しかし、

「では、幸せとはいったいなんですか？」

と追及してみると、その定義がはっきりせず、明確に答えられないのです。

幸せというのは、要するに一つの満足感を味わうことだ、とわたくしは思います。病気で苦しんでいる人ならば、病気が治れば満足しますから、それで〝救われた〟と思うでしょう。お金がなくて苦しんでいる人ならば、お金が入れば満足し、喜びをもって〝救われた〟と思います。

しかし考えてみますと、満足などという状態はないのです、人間にとって。幸せとか満足とい

う言葉はありますけれども、実体はありません。というのは、幸せにしても、満足にしても、これは人間のその時の状態によって現れるものです。

「私は幸せだ」「予《よ》は満足であるぞよ」

といっても、その幸せや満足というのは、人間が、ある状況下で、ある状態において味わうものので、どこまでも主観的なものです。ところが、人間の状況とか状態というものは、いつも変わります。つまり「無常」です。たとえば、おなかがすいて、おなかがすいて、どうにもならない人がいるとしましょう。二日も三日もなにも食べておらず、ぶっ倒れるほどにおなかがすいていて、もうなんでもよいから食べたいと思っている人の前に、鰻丼や天丼やカツ丼がワーッと出てきたならば、これは満足でしょう。もうむしゃぶりついて食べるでしょう。そして満腹になれば、幸せだと感じるはずです。

ところがぶっ倒れるほどにおなかがすいていた人が、今度はまたぶっ倒れるほどに食べると、そうすると苦しいですよ。消化剤かなにかが欲しくなります。

江戸小咄《こばなし》の中に、そういう話がありますね。

街角に物乞《ものご》いが座っている。そこへ、宴会帰りの旦那が、上機嫌の鼻歌交じりでフラフラやってきた。そこで物乞いが、

「旦那さま、一文やってくださいませ。わたくしは、もう二日も三日もご飯を食べないで、ぶっ倒れるほどおなかがすいております」

といったら、旦那が思わず、

「それはうらやましい！」

といった。旦那は、あんまり飲んだり食べたりしたので気分が悪く、おなかのすいているのがうらやましかった、という話です。

ですから、おなかがすいていれば、うんとごちそうを食べたいし、ごちそうを食べ過ぎた人は、おなかのすいている状態がうらやましくなるのです。

お金が欲しいと願っている人のところへお金が入ると、それは確かにうれしいものです。しかし、お金がたくさん入ると、今度は泥棒が入るのではないか、誰かにだまし取られるのではないか、と気になって夜も眠れなくなります。そういうものなのです。

一つの状況下において、満足感を味わっているというのが、幸せという状態なのですから、その状況が変わってしまったならば、逆になってくるわけです。ですから、そういう幸せは一時的な状況としてはあるけれども、長くは続きません。当たり前のことです。

そういう幸せを与える、あるいは満足を与えるなどということは、決して宗教の目標ではないはずです。宗教によって救うとか、救われるということは、永遠的なものであり、永続するものでなければいけません。

この信仰をすれば儲かってお金持ちになるとか、出世して代議士や大臣になれると説く教団があるようですが、そのようなものは救いでもなんでもありません。それらは、到達し、獲得した瞬間から、それを失いたくないという苦しみに変わるものです。

では、いったい、救うとは、救われるとは、どういうことなのでしょうか？

それを追究して、わたくしはあらゆる宗教の門をたたいて、どれも満足する答えは得られませんでした。そして結局、仏教へ戻っていました。

仏教ではなにを救いとしているのかというと、大乗仏教では「安心《あんじん》を与える」ということをいっています。仏教では安心と書いて、「あんしん」ではなく、「あんじん」と読みます。あなた方が大乗仏教のお坊さんに、

「あなたの宗旨では、どのように人を救うのですか？」

と問えば、禅宗だろうが、浄土宗だろうが、他の宗派だろうが結局は、

「安心を与えます」

とこういいますよ。それでは「安心」というのは、いったいなんなのでしょうか？

◉大乗仏教と安心

儒教から出て、仏教でも使う言葉に「安心立命」があります。「あんじんりつめい」とも「あんじんりゅうみょう」とも読みますが、これは心を安んじて、生きる営みを続けるということです。人間というものは、いつもなにかしら不安に襲われています。そういった不安感をなくし、心を安らかにして命《めい》を立てる、つまり生活をする、それが「安心立命」です。転じて仏教では、仏法によって心の安らぎを得て、動ずることのないことを「安心」というわけです。また、死後の不安を取り除くという意味で、「安心」を使うこともあります。

仏教の各宗派では、いかにしてこの「安心」を与えるか、ということがテーマになっておりま

す。

しかし、それでは、「安心」とはいったいなんなのでしょうか？

いつも心が平安で悩みがない、ということです。

ならば、それをどのようにして与えるのでしょうか？　問題はそこですね。

そうすると大乗仏教では、各宗派ごとに答えが分かれてしまうのです。禅宗の場合は、坐《ざ》禅観《ぜんかん》法《ぼう》することによって「安心」を与えるといいます。浄土系は阿弥陀如来《あみだにょらい》を念ずることによって「安心」を得るといい、日蓮宗はお題目《だいもく》を唱えて折伏《しゃくぶく》することによって「安心」が得られるといいます。つまり、坐禅、念仏《ねんぶつ》、題目とこうなります。

天台宗は「朝題目《あさだいもく》に夕念仏《ゆうねんぶつ》」といって、朝のお勤めには『法華経《ほけきょう》』を誦《よ》み、夕方のお勤めには念仏を唱えます。日蓮上人は天台宗出身ですが、彼は生一本《きいっぽん》な男ですから、比叡山《ひえいざん》での「朝題目に夕念仏」に疑問を持ちました。

「宗教というものは一本でなければいけない。あれもこれもなどというのはおかしい」

というように。ところが天台宗の比叡山での勤行は、右のように「朝題目に夕念仏」です。朝は「南無《なむ》妙法蓮華《みょうほうれんげ》経《きょう》」で『法華経』を唱え、夕方の勤行では「南無阿弥陀仏」と阿弥陀如来を拝んでいます。いったいどっちなのだ？　ということになるわけです。

日蓮上人という人は前述のように生一本ですから、信仰というものはただひとすじでなければいけないということで、彼はいろいろと研究をして、結局は『法華経』ひとすじ、法華《ほっけ》一乗《いちじょう》ということで日蓮宗を立てたわけです。

また、真言宗へ行くと密教の修法——金剛界の法と胎蔵界の法を修行して即身成仏《そくしんじょうぶつ》を目指す、というように皆まちまちなのです。

そして結局、なにを与えるか？

「安心」だとこういいます。その「安心」を与える方法というのが、同じ大乗仏教で皆違うのですよ。いったいどれが本当なのだ、ということになるでしょう。

◉――仏教が与えるものは「成仏」

じつは、これらは皆、落第なのです、そのような答えでは。

というのは、仏教の目標というのは「安心」などではなく、「成仏」することなのです。『葉《は》隠《がくれ》』の表現を借りると、

「仏教とは成仏することと見つけたり」

です。

「仏教とは安心を与えることなり」

などという、曖昧模糊としたものではありません。大乗仏教はそこからおかしいのです。

なぜそうなったのかというと、大乗仏教には成仏法がないからです。前述のように、各宗派ごとに「安心」を与える方法が違いますが、これははっきりとした成仏法がないから、そのようになるのです。そして、「安心を与える」などというような、はっきりしないことになってしまう

のです。

お釈迦さまはどのようにおっしゃっているのかというと、

「成仏せよ。涅槃（ニルヴァーナ）に入れ」

と教えておられます。解脱して、涅槃に入って成仏したら、「安心」も「不安心」もありません。「安心」や「不安心」という相対的なものを超越した、絶対の境地に入ってしまうのです。これが本当の仏教です。

わたくしは、あらゆる宗教を遍歴して仏教に戻り、その仏教の中でまたあらゆる宗旨の門をたたき、最後に最も優れたお釈迦さま直説の「阿含経」にたどり着くことができました。ここに来るまで三十年以上かかっております。その間、択法覚支の連続でした。

あなた方は、わたくしよりもよほど徳がありますから、わたくしのようにそんなに時間をかけなくて済みました。パッと阿含宗にご縁ができました。よほど徳があるわけです。しかし、その分、択法覚支が足りないかもしれませんね。

しかし、そうはいうものの、諸君だって、わたくしほどの勉強はしなくても、現代人としての感覚、教養、常識から、この阿含宗を選び取りました。宗教上の勉強では、プロの宗教家やお坊さんにかなわないかもしれませんが、なによりも、おそらく、自分の人生を賭けるという意気込みで、阿含宗を選び取ったはずです。これは素晴らしい択法覚支であった、と思うわけです。

さらに、それを本当のものにするべく、こうして一生懸命に修行しています。より高度な法を求めて研鑽しています。これは立派な択法覚支です。

◉精進覚支（しょうじんかくし）は梵行と心解脱行

三、精進覚支

択法覚支によってただ選んだだけでなく、選んだものを一心に努力して、自分の身につけなければいけません。阿含の教法を学んで、知識として、これが最高の仏教であると分かっただけでは駄目です。最高のものだと分かった阿含の教法を、完全に自分のものにするために、一心不乱の努力精進というものがなければなりません。

では、尊い教法を自分のものにするためには、どうすればよいのでしょうか？　勤行や瞑想に励むのはもちろんのことですが、梵行を実践して徳を積むことが必要不可欠です。徳を積むことによって、学んだ教法は本当に身についていくわけです。これが精進覚支です。

じつは論書などによると、精進覚支とは七科三十七道品の四正《し しょう》勤法《ごんほう》であるとされます。四正勤法は、次の四つの修行からなります。

①すでに犯した不徳は、断ち切るために徳を積め

わたくしたちは現世に生まれてからも不徳を積んでいますが、前世でも、また前々世においても、さまざまな不徳をなしてきました。その不徳を犯したことから、さまざまな悪因縁が生じているわけです。この「すでに犯してしまった不徳」を断ち切れ、とお釈迦さまはおっしゃっているのです。

どうやって断ち切るのでしょうか?

犯した不徳をなくすには、善法《ぜんぽう》によって徳を積むよりほかにありません。この善法が梵行です。仏さまのために身も心も捧げて、奉仕し、ご供養する。それによって、すでに犯してしまった不徳を断っていくわけです。

②まだ犯していない不徳は、これからも犯すことがないように徳を積め
これは、これから不徳を積まないようにしっかりと徳を積め、ということです。じつに厳しいですね。けれども、わたくしたち凡夫には必要なことです。わたくしたちは徳を積むそばから、不徳を積んでいます。まるで賽《さい》の河原の石積みのように、徳を積んではくずしています。梵行をして徳を積んでいながら、不徳を犯してしまいやすいものです。したがって、不徳を犯さないように梵行をするわけです。厳しいけれども、これは当然のことでしょう。

③まだ行っていない梵行は、早く実行して徳を積め
これにも諸君は納得すると思います。

「梵行をしなければいけない。勤行や瞑想だけをやっていても、徳を積まなければ駄目なのだ」

ということは、修行者は全員分かっているわけです。しかし、やらなければいけないと思っていながら、まだ、やっていません。心の中で、

「よし梵行をやろう。明日から……、いや来月から……、いやいや再来月から……」

と思っているだけです。

これでは、永久に梵行はできません。いくら心の中で梵行の実行を誓っても、やらなければ無意味です。早く梵行を実行せよ、とお釈迦さまはおっしゃっています。お釈迦さまは二千数百年前というはるか昔に法を説かれたわけですが、その内容は、そのまま現代人にも通じています。二千年たっていようとも、人間の行動パターンはあまり変わっていないのでしょう。

諸君もわたくしの法話を道場で聞いているうちは、

「なるほどそうだな。明日から、梵行をしなければいけないな」

と思います。ところが一歩でも道場を出ると、明日が明後日になり、明後日が来週になり、そして最後には来月、来年となってしまう。いつまでもその繰り返しで、「まだ行っていない梵行」になってしまうのです。

「やらなきゃ、やらなきゃ」

ではいけません。梵行は本日、たった今から行うことが大切なのです。

④すでに積んだ徳は、失わないように徳を積め

せっかく梵行をして徳を積んだのだから、その徳を失わないようにさらに徳を積んで、その善法に住するということです。

この説明で気づいたと思いますが、この精進覚支には梵行と同時に心解脱行の要素も加わっております。梵行によって徳を積み、心解脱行によってそれを保っていく、それが精進覚支なのです。

修行が苦しいというやつは一人前になれない

四、喜覚支《きかくし》

しかし、その精進覚支も嫌々ながらにやったのでは駄目だというのが、次の「喜覚支」です。喜覚支とは、喜びに住する修行です。精進する際も、真実の教法を身につける喜びに住する、ということです。喜びに住さなければならないというわけですが、これはちょっと難しいかもしれませんね。

「喜びに住せよ、というのは分かりますが、私は少しも喜べません。少しもうれしくないのです。せめてもう、泣きっ面しないだけ、泣き言をいわないで一生懸命にやっているだけでよい、と思ってください。それくらいで勘弁してください」

という人がいるかもしれませんが、お釈迦さまは、

「それでは本当の修行ではない」

とおっしゃっているのです。どのようなつらい精進も、どのような苦しい修行も、それが喜びに住するという境地でなければ、本物の修行ではない、身につかない、と諭《さと》されています。

「苦しいものは苦しいのです。その苦しいのを、苦しいながらに我慢して、努力をする。それが修行ではありませんか？　それが精進ではありませんか？　それでよいのではありませんか？」

そういう理屈も成り立つと思うのです。ですから、

「苦しいことは苦しい。つらいことはつらい。嫌なことは嫌だ。けれども苦しいと思いながら、

つらいと思いながら、嫌だと思いながら、まあ、とにかく一生懸命にやっているのですから、それが修行というもので、それでよいのではありませんか」

という人もいるかもしれませんが、それでは本当の修行ではない、とお釈迦さまはおっしゃっているのです。それはなぜでしょうか？

◉――つらい修行の中に喜びを見出す

いくつかの理由が挙げられると思いますが、その一つは、本当に最高にして真実なる教法を選択して、それをわがものにするという努力をしているのならば、たとえ苦しくとも、その中に喜びがあるはずだ、というものです。わたくし自身の体験からも、それは分かります。

噺家《はなしか》の三代目桂《かつら》米朝《べいちょう》（一九二五―二〇一五）さんが、『米朝落語全集』という全七巻の本を出しました。昔からのいろいろな落語を全部集めて、彼自身が演じたのを速記に取って本にしたのです。噺自体も面白いのですが、その「あとがき」がことに面白く、演じた噺にまつわる出来事や思い出がいろいろと書いてありました。その中で米朝さんは、明治時代の、名人といわれたある噺家の言葉として、

「修業がつらいというやつで、いまだかつて一人前の芸人になったためしがない」

というのを挙げておりました。それを読んで、わたくしは、つくづくそのとおりだなと感じま

した。

誰だって苦しいことは苦しいのです。痛いものは痛いし、悲しいことは悲しい。それを、

「苦しいと感ずるな！　痛いと感ずるな！　悲しいと感ずるな！」

というのは無理です。しかしながら、自分にとって最高に価値があると思われるものに触れて、それをわがものにしようと一生懸命になっている者にとって、苦しいことは苦しいながら、喜びがその底にあるのです。充実感がそこにあります。そういうことなのです。

その喜び、充実感がない者は、原点に戻って、自分にとって最高に価値あるものをわがものにしようとしている姿勢が本物かどうか、自ら問いただせ、ということです。本物だったならば、苦しい中に喜びがあります。

わたくし自身の修行体験をお話ししましょう。わたくしは京都の五社の滝で、七年間連続で冬の滝行をしておりました。わたくしの場合は夏には滝行をせず、十月ごろからお滝に入って、翌年の四月いっぱいまで滝行を行うわけです。そして五月になったら、お滝場を離れます。なぜかというと、五月から入梅過ぎ、暑くなってくるとお滝場が混んでしかたがないのです。それに、夏の暑くて仕方がない時にお滝を浴びるのは修行ではない、とわたくしは思います。それはレジャーです。海水浴へ行くのと同じです。

やはり冬の寒い時にお滝を浴びてこそ修行になるのであって、夏に、

「暑くてしかたがない。ひとつ滝へでも入ろうか」

などというのは、シャワーを浴びているようなものでしょう。それはもう修行ではありません。ところがおかしなことに、そのような夏場にお滝が混んでしかたがないのです。いろいろな拝み

屋の先生などが、十人、二十人と弟子や信者を連れてお滝場へやってきます。今はもうそういう人たちも少なくなりましたが、あの時代は随分と多くいました。

そういう人たちが、五人、十人、少ないのは三人、四人、多い人は十人、二十人と連れてきて、お滝へ入れて滝行をし、その後、飲んだり食ったりして、時にはけんかなどをしていましたよ。飲んだ後に（笑）。いったいなんのためにお滝を受けているのか、と思ったものです。

これは、まあ、レジャーなんですね。そして家を出る時には、

「わしは、これから行ってお滝をいただいて、修行してくるんじゃ」

「ほう、えろうおまんなあ」

ということでお滝場へ来ます。そしてお滝を受け終わると、精進落としで、酒を飲んで、時には取っ組み合いのけんかなどをします。もう先に立つ先生がベロンベロンに酔って、

「おまえ、いつもお布施ちびって罰当たるぞ」

などとやっているわけです（笑）。もう、どうしようもありません。そのようにうるさくてしかたがないから、夏は行かなくなりました。本当に真剣な師匠と弟子は、冬の霜が降りるようになってから来たものです。しかし、それはごくわずかで、お滝場はシーンとしています、わたくしもそういう時期になってから滝行を行いました。それを七年間続けました。

昭和三十何年でしたか、当時は今よりも寒かったような気がします。そのころは、あるお寺を借りて指導をしておりました。わたくし自身が修行中ですから、朝、暗いうちに起きてお滝場に行くわけです。朝四時半ごろ、まだ真っ暗で世間は寝静まっています。

そこで身支度を済ませて表に出ようとすると、雪が降っていました。ピューッと風が吹いて、

雪が吹きつけてきます。気が重いですよ。これからどこかへ行って、熱燗で一杯やるっていうのだったらそれは心も弾むでしょうけれども、これから滝まで歩いて行って、そこで白衣《びゃくえ》に着替えて、そうしてお滝に入るということになると、やっぱり心臓もドキドキしてきますし、気が重いわけです。

けれどもいったん思い立って、仏さまに、「やります」と誓っているわけですから、否も応もありません。それで勢いよく歩き出します。昭和三十年代の初めですから、車なんて今のように多くはなく、自家用車を持っている人なんてごくわずかで、タクシーだって少ないわけです。ですから、通りは車の行き来もなくシーンとしています。もちろん、お滝に行くのに車を乗りつけるなんていうことはしません。精神的にもそんなことはできませんが、もしもそんなことをしたならば、かえって非常に危険なのですよ。ヒーターを熱くして、パーッと雪の中を飛ばしてきて、そのヒーターの熱い勢いで着替えて、お滝へ飛び込んだならば、いっぺんに心臓麻痺を起こします。ですから一歩一歩、歩いて行くわけです。そのお寺から約三十分くらいかかりました。

一歩一歩進みながら、身体にいい聞かせているのです。

「さあ、これからお滝を受けるんだぞ。しっかりせよ」

と心と身体にいい聞かせています。それは前の晩からそうなのです。床に入ると、潜在意識に、

「明日の朝起きたら、お滝を受けに行くんだぞ。しっかりしなきゃいかんぞ。絶対風邪はひかん。大丈夫だ。寒くないぞ。楽しいぞ」

といい聞かせて眠ります。

それで潜在意識は楽しいと思うかどうか知りませんが、表面意識はやはり、寒い、冷たい、こ

れはたまらんぞ、という気持ちです。

お滝場に着くと『般若心経』を上げて、真言を唱えて、白衣に着替えて、流れで身を清め、それからお滝に入ります。まあ、それはよいのですよ、もう慣れていますから、スムーズに一連の動作としてやってしまうわけです。ところが最初にお滝の水が身体にかかった瞬間、それは冷たいなんてものではありません。おろし金でサーッと肌を削られているような感じです。

ことに、わたくしは結核で死にかかった人間ですし、だいたいが腺病質だった男です。したがって、寒暑に非常に敏感な体質なのです。寒さは人よりも寒く感じるし、暑さも人より暑く感じます。そのような体質ですから、風邪などをひくと危険なのです。

しかし、それはもともと覚悟しているわけで、そんなことを気にしていたならば滝行などできません。そしてお滝から上がると、五社の滝神社の奥さまがきちんと薪を燃やしておいてくださるから、それに当たって身体を温め、食事をいただいて帰ってくるのですが、芯から身体が冷え切ってしまっています。毎日ですからね――。

ですからわたくしが本気に滝行と取り組んでいた時代には、真夏になっても水の音を聞くと、身体中がゾクゾクとしたものです。水道の水の音を聞いただけで、身体中に鳥肌が立ちました。今から思うと、徹底的に水で身体が痛めつけられていたのでしょう。汗をかいていても、水の音を聞くと鳥肌が立ったものです。

食事が済むと、濡れた白衣を風呂敷に包んで、今はもう人家がずっと並んでいるけれども、日赤病院の裏のところの細い道を五社の滝から下りてきました。今はだいぶ変わってしまっているようですね。

その日は正月の七日でしたが、まだ雪がだいぶ激しく降っていて、こうもり傘を差して歩いてくると、道の両側に人家が続いていて、道が狭いですから、歩きながらふと見ると、窓から家の中がのぞけるわけです。のぞこうと思わなくても、目に入るわけですね。

その中の一軒で、その家の親父さんらしいのがこたつに入って、お銚子を二、三本並べ、おちょこを口に持っていこうとしていました。七日正月というわけでしょう。途端に、

「あ、いいなあ。うまそうだな」

と思いました。同時に、人間の人生というものは、じつにさまざまなものだな、と思ったわけです。

「こうして朝暗いうちに起きて滝に飛び込んで、ガタガタ震えながら雪の中を帰ってくる男もあれば、起き抜けにこたつの中に入って、熱燗で一杯やってお正月を祝っている男もいる。それが窓ガラス一枚を境にしているのだから、世の中というものはじつにさまざまなものだ」

つくづく、そう思いました。いったい、自分はなんのためにこんなことをしているのだろうか、と考えました。べつに人にいいつけられたわけでもありませんし、仏さまに命じられたわけでもありません。自分自身、修行に行き詰まって、こんなことでもしたら道が開けるかと思って、やむにやまれぬ思いでお滝に飛び込んだのです。自分独りの考えで始めたのですから、自分自身でやめようと思ったら、明日といわず、今日からお滝に入らずに済みます。

しかし、それでは、やめてしまうかというと、それがやめられません。ここでやめてしまったならば、今までこれだけ苦労し、つらい思いを忍んでやってきたことが、なんにもならなくなってしまうわけです。そう思うと、とてもやめられません。

「五年なら五年、七年なら七年、思い立っただけ、なにがなんでもやり抜こう。ここでやめたならば、今までつらい思いをしてきたことが、それこそ水の泡になってしまう。なにも得るところがなくてやめるのでは、今までいったいなにをやってきたのか、ということになる。なんとかなるか、ならぬか。とにかく、とことんまでやろう」

そういう気持ちになりました。それはつらいですよ、お滝へ入る瞬間は一瞬ではあるけど、もうやめてしまおうかと思います。けれどもそれは一瞬であって、やはり心の根底には、

「こういうつらい行を自分はしている。欲も得もない、ただ純粋に精神的ななにかを求めてこういうつらい行をしている。これだけの行が、世間一般の連中にできるか！　それを今、自分はやっているんだ！」

というような、一つの誇りと喜びが胸の底にあるのです。

ですから、わたくしは、こたつに入って一杯やっている親父さんを見て、ああ、うまそうだな、いいなあ、と思ったのは一瞬だけです。本当にうらやましいと思っているのかというと、少しもうらやましくなどありません。むしろ軽蔑しています。軽蔑というとおかしいですが、あれは普通の人間、おれはちょっと違うぞ、という誇りがあるわけです。

「あの親父さんは今、ああして一杯やって楽しいだろうが、あれだけのものだ。おれは今、こういうつらい思いをしているけれども、きっとなにかをつかむぞ。なにもつかめなくても、普通の人間にはできないことをおれはやっているんだ。そして一歩一歩、仏さまに近づきつつあるんだ。これは誰にもできん。おれだけにしかできないことなんだ！」

そう思うと、一つの誇りと満足感、充実感というものが胸の中にあふれてきました。

わたくしは、行というものはつらいものでなければいけない、とつくづく思いますよ。苦しい、つらい、だからこそ、これだけの思いをするのだから、なんとしてでもなにかをつかまなければいけない、と思って真剣になるのです。精魂込めて、一心不乱に工夫をし、命懸けでぶつかっていきます。そうすると、つらいも苦しいも、吹っ飛んでしまう瞬間が来るのです。

「あ、これだ。これなんだ！」

と天に向かって叫びたくなるような一瞬が来ます。これは喜びなどという、ありふれた言葉では表現できない感情です。

◉――喜びが自然に湧いてくる

米朝さんが本で書いている名人の話というのは、それだと思うのです。今と違って、明治時代の噺家の修業などというのは、大変なものだったと思います。師匠から人間扱いされないで、仕込まれます。それはそうです。人情をかけていたならば、芸など仕込めないのです。

仏法の修行だって同じですよ。諸君を本当に鍛えようと思ったならば、人情などというものを出したら全く駄目なのです。人情などをかけていたら、絶対に人に仏法など教えられるものではありません。人間だと思ったら修行などさせられませんよ。現に、わたくし自身が以前にやってきた修行を、今、あなた方にさせることができるかというと、とてもかわいそうで、させることはできません。かわいそうだという気持ちが先に立ってしまって、やらせられないわけです。

しかし、それではいけないのであって、本当は心を鬼にして、諸君を滝壺にでもなんにでもたき込まなければならないのです。そのくらいの勢いでなければ、人など教えられないし、まして、人を救うなどということはできません。

けれども、わたくしはまだ未熟だから、そこまでできないのですよ、あなた方に対して。たった一泊や二泊の阿含仏教伝法会でも、

「不自由でしょうが辛抱して」

などと言葉をかけているくらいですからね（笑）。

しかし、それくらいの不自由は当たり前なのですよ。それくらいの我慢ができなくて、本当の仏法など修行することはできません。わたくしも心の中で、

「もっと非情にならなければならない。情というものを捨てなければいけない。それが弟子にとって最高の情なのだ」

と考えてはいるのですが、なかなかそれができないのですね。

これも噺家の話ですが、ある名人といわれた噺家がある時、弟子入りして一年か二年の、十六、七か十七、八の弟子を二人連れて、寄席《よせ》回りをしていました。今と違って昔ですから、雪が降って寒い晩ですが歩きです。その師匠が、寄席を終えて弟子と一緒に帰ってきました。もう弟子も師匠も、おなかがすいてぺこぺこです。寒さが骨身に染みます。すると、その師匠がその弟子二人を連れてそば屋の暖簾《のれん》をくぐりました。弟子たちは顔を見合わせて、これは師匠がごちそうをしてくれる、と大喜び。温かい天ぷらそばでもごちそうしてくれるのだと思って、ニコニコして

入りました。

ところが師匠の注文が、天ぷらそば一つ。弟子たちは耳を疑ったわけです。天ぷらそば三つというのだろうと思ったら、一つというのですから。一つの天ぷらそばを三人で食べるのかしらん、と思っているうちに、天ぷらそばが出てきました。師匠が割り箸を口で割って、フウフウ吹きながらそばをすする。ふと、顔を上げて弟子たちの顔を見ながら、

「食いたいか」

といったそうです。片方が唾《つば》を飲み込みながら、

「そりゃぁ、師匠、食べたいですよ」

というと、師匠は、

「そうか、食いたかったら、早く一人前になれよ」

そういってツルツルと食べ終わると、金を払って外に出た。こんちくしょう、と思ったそうです、弟子たちは。こんな鬼のような師匠があるか、絞め殺してやりたい、と思ったといいます。けれども、いくらなんでも絞め殺すわけにはいかないし、その師匠のところを飛び出したならば、もう噺家としては食っていけません。腹の中では、

「こんちくしょう、今に見ていやがれ。おれは早く偉くなって、天ぷらそば三杯食ってやる」

などと思ったかもしれません（笑）。もう、本当に腹が立ったそうです。それでお正月すぎに、藪入《やぶい》りかなにかで家へ帰った時に、父親から、

「どうだ、師匠はよく仕込んでくれるか？」

と訊《き》かれた時に、

「いやあ、おとっつぁん、あの野郎は鬼みたいなやつですよ」

と先日の天ぷらそばの件を話して、

「あんなケチで不人情なやつは見たことがない」

と結んだところ、その親父さんは、いきなりパアンとせがれの横っ面を張り飛ばして、

「こんなありがたい師匠がこの世に二人とあるか！」

と叱りつけたといいます。これが本当に人を仕込む、師たるものの心構えなのです。わたくしにはそれができないのですね。わたくしならば天ぷらそばを五杯頼んで、

「おれは一杯でいい。おまえたち二杯ずつ食べなさい」

などといってしまいます（笑）。しかし、そういうことでは駄目なんです。

「本当に食いたいか？　食いたかったら早く一人前になれ」

これが本当の師匠というものです。話が横道にそれましたが、この弟子たちにしても、こういうことをいつまでも根に持ってしまって、

「つらい、苦しい」

と思っていたら、芸など身につくものではありません。

「ようし、人よりも早く一人前になってやるぞ！」

と発奮して一心に努力すれば、芸が身につく喜びというものが出てきます。そうなったら、もう、つらいも苦しいもありません。そういうつらさ、苦しさが、芸の糧《かて》になってきます。それが自分でも分かるようになるわけです。

ところが、そういう気持ちになれず、修業が苦しい、つらい、といっている人間は、とうてい

一人前の芸人にはなれない、と件《くだん》の名人がいったと米朝さんは書いているわけです。

そのことを、違う角度からお釈迦さまはおっしゃっている、とわたくしは思います。修行はつらいものだぞ、ということが前提なのです。その上で「喜覚支」をせよ、つまり修行をする喜びに住せよ、とおっしゃっているのです。なぜ、お釈迦さまはわざわざ、喜びに住せよ、とおっしゃっているのでしょうか？

それは修行というものは、つらいものだぞ、苦しいものだぞ、悲しいものだぞ、ということを前提にして、その中で喜びを見出せとおっしゃっているのです。いや、喜びを見出すというのだったならば、まだ本物ではありません。住すというのですから、自然に喜びが湧いて出るのでなくてはなりません。ひとりでに喜びが込み上げてくるのが本当なのです。つらい修行が、喜びに満ちた修行になるように修行せよ、とおっしゃっているわけです。

ですから、修行、精進というものは苦しいものだぞ、ということをお釈迦さまは、この「喜覚支」の「喜」という字の陰でおっしゃっているのです。仏法の精進、努力というものは悲しいものだぞ、苦しいものだぞ、つらいものだぞ、と示されています。

しかし、その中において、喜びに住するようにせよ、喜びに住せないようでは本物にはなれないぞ、と説かれています。

「では、どうやって喜べるようにするのですか？」

と質問する人がいるでしょう。その答えは、

「それはお前が工夫するのだよ」

となります。工夫することが修行なのです。ですから、たとえばわたくしが、こうすれば喜べ

るようになる、などと教えたら、それは諸君の修行にはならないわけです。まあ、諸君が現在やっている程度の修行では、苦しくもつらくもないはずですが、もしも、苦しい、つらいと感じている人がいるとするならば、どういう心構えを持ったならば、喜びに住して修行ができるのか、と一心不乱に考えることが肝要です。工夫をして努力する。それが「喜覚支」である、とわたくしは解釈しております。

心に微笑を持て

五、軽安覚支《きようあんかくし》（猗覚支《きかくし》）

軽安覚支は猗覚支ともいいます。これは常に身心を軽やかに快適にする、ということです。修行中、常に身心が軽やかでなくてなりません。どれほどつらい修行、苦しい修行をしていても、しかめっ面《つら》で、のろのろと鈍重なことをやっていたのではいけない、というわけです。チラシまき修行だろうが、お便所掃除だろうが、なんであれ、身心軽快でなくてはなりません。

この反対の言葉があります。

「五蓋煩悩《ごがいぼんのう》」という五つの煩悩の中に、〝惛沈睡眠蓋《こんじんすいめんがい》〟というものがあります。蓋《がい》とは心を覆うということで、煩悩の異名です。惛沈というのは、「心のめいること。ふさぎこむこと。沈鬱《ちんうつ》。不活発な気質」あるいは、「心を暗く沈ませる心作用」というような意味で、人をして懶惰《らいだ》、怠慢ならしめるものです。睡眠というのは「心暗く身を重からしめる」という心作用で、人をして、物事を行うにあたり、不活発、鈍重ならしめます。事を行うに当たって、心巧みでありません。

これではいけませんね。軽安覚支はその正反対です。

阿含宗には阿含仏教伝法会という、泊まりがけの出家修行がありますが、そこでも同じことがいえます。朝早く目を覚まして、起床する。眠いし、身体のあちこちが痛むし、とても身心軽やかどころではありません。それで皆、仏頂面《ぶっちょうづら》をして、口もきかないということになれば、これはどうしようもありません。何十人という人が目を覚まして、誰一人にこやかな顔をして挨拶もしない集団など、なんとも異様でしょう。やはり、朝起きたならば、身心を軽やかにし、ニコニコして、

「おはようございます」

と声をかけ合うのが本当です。

日常生活でも同じですよ。どのようなことがあっても、朝目覚めたならば、おはようございます、と家族でニコニコ笑って声をかけ合う。そこから活気というものが出てきます。それがエネルギーとして盛り上がってくるわけです。

誰も彼もしかめっ面をして、黙ってもぞもぞとやっていたならば、これは惛沈睡眠蓋ですよ。いつまでも沈んだ空気で、活気がありません。誰でもいいから、誰か一人、率先して、

「おはようございます。良い天気ですね」

と笑顔で軽やかにいうのです。誰か一人、そのように声をかけてごらんなさい。明るい軽快な気分が家族全員に広がっていきます。そこから活気が湧いてくるのです。その活気がエネルギー

となって盛り上がり、皆の活力となっていきます。

自分が身心を軽やかにするということは、他者をも身心軽やかにさせてあげなければいけない、ということです。これは自分独りの時でも同じです。

わたくしは、常に、「心に微笑を持て」といっています。そして、心でいつもつぶやくのです。

「軽やかに、明るく、楽しく」

と。

◉──定覚支（じょうかくし）は瞑想修行

六、定覚支

これは、心を一つのものに集中して乱さない瞑想の修行です。その中心は四禅定《しぜんじょう》（四禅法）で、それを深めて滅尽定《めつじんじょう》まで入っていきます。

四禅定は初禅、第二禅、第三禅、第四禅の四つからなり、その瞑想のテーマについては上巻で説明しました（三五五頁）。『長阿含経《じょうあごんぎょう》・阿摩昼経《あまちゅうきょう》』には、それがもう少し分かりやすく説かれているので、それを紹介しておきましょう。

①初禅

禅定に勤め励んで欲望や悪不善のあり方を離れて、覚《かく》（粗《あら》い観察）と観《かん》（詳細な観察）を行い、欲望と悪不善のあり方から離れることから喜《き》（欲した対象を獲得する満足）と楽《らく》（獲得したものを受納すること）が生じる。喜と楽に身を浸し、あまねく満ちあふれて充満する（人が薬湯に入って、身体の内も外も薬が行き渡り潤うような状態）。

②第二禅

さらに深く禅定に入り、覚と観を捨て、信《しん》を生じ、専念して心を集中させ、喜と楽が生じる。心は集中し、喜と楽によって身を浸し、あまねく満ちあふれて充満する（池の中から清らかな水が出て池全体に浸透し、行き渡るような状態）。

③第三禅

喜を捨てた状態で思念を保って乱れず、聖人の快楽を身に受け、思念を保つ楽を起こす。身体に喜はなく、楽に浸り、あまねく満ちあふれて充満する（種々の蓮華が水底の泥から出てまだ水上に出ない時、根も茎も枝も葉も水に漬かって行き渡るような状態）。

④第四禅

喜も楽も捨て、憂いや喜びの心は滅し、苦も楽もなく、思念を保って清らかになる。身心は清らかで、満ちあふれて行き渡っている（沐浴してきれいになった人が、新しい白い布で身を覆い、身体中が清らかになったような状態）。心は清らかで、増減なく、傾き動くこともなく、愛欲や怒りがなく、動くことのない安住の境地となる（密閉された風のない部屋で燃え上がる灯火が、ひっそりとして動かないような状態）。

とりあえず、このようなテーマで瞑想を深めていくのだということだけ、記憶しておいてください。

滅尽定というのは、この四禅定よりももっと深く、潜在意識を滅尽してしまう瞑想です。表面意識は完全に消え、潜在意識も消えてしまいます。深層意識のごく一部だけが、ほんの少しだけともっているような感じになり、その他の感覚は全くなくなります。

滅尽定は最高位の瞑想ですが、じつはこれよりもさらに深い定が一つあります。しかし、言葉ではとても説明できませんので、ここではあえて説明しません。滅尽定にはなかなか入れるものではありませんが、やはり定覚支の最終目標は滅尽定と、その上の秘密の定です。滅尽定に入り、さらにその修行を積んでいきますと、自分の前世も他人の前世も分かるようになります。人が亡くなってから、どういうところへ行くかも、手に取るように分かるようになります。

しかし、まずは四禅定を修めなければなりません。そのためには、わたくしが教えている基本的な瞑想を、きちんと身につけることが大切なのです。

◉―――修行法と梵行

七、捨覚支《しやかくし》

あらゆる物事に対し、とらわれる心を捨離《しやり》する修行です。物事にとらわれ、執着するところから、煩悩が生じます。

「煩悩の犬、追えども去らず」

などという言葉がありますが、十分に分かっていながらこだわり、とらわれてしまうのが人間です。

わたくしは若いころ、そういう時に心の中で、

「サラリ、サラリ」

とつぶやいたものです。とらわれたり、こだわりそうになった時、サラリ、サラリ、とつぶやいて流してしまうのです。サラリ、サラリとつぶやいて横を向いてしまいます。横を向いてしまうというのは、つまり、心を横に向けてしまうことで、心をほかのものに転じてしまうわけです。これは案外、効果があります。いろいろと心の中で理屈をこねて、

「であるから、これは執着してはいけない。とらわれの心を放下《ほうげ》すべきだ」

などと考えるよりも、サラリ、サラリ、とつぶやいて横を向いてしまうのが一番です。

しかし、根本的には、「定覚支」による瞑想、「念覚支」による縁起観法等によって、完全な「捨」の境界に達するわけです。その境界に達すると、一切を捨て去って、心中、微塵《みじん》の影もなく、心《こころ》明鏡《めいきよう》のごとし、ということになるわけです。そうなったら、いつこの世を去っても、渇《タン》愛《ハー》など生ずる余地がないのです。

以上が七覚支法の概要です。

そこで、この七覚支法の講義を終えるに当たって、最も大切なことを一つ、お話ししておきた

いと思います。

この七覚支法の修行法をずうっと見て、なにか、気のつくことがあると思います。

それは、この成仏法が、二つのものから成り立っているということです。

一つは純然たる修行法。

一つは梵行です。

これは非常に興味のあることですね。

どのように分けられるかというと、修行法では「念覚支」と「定覚支」、それから「捨覚支」です。この三つは特殊な修行法から成り立っています。単なる心構え、心がけといったようなものではありません。純然たる修行法です。

梵行に当たるのは、「精進覚支」「喜覚支」「軽安覚支」です。

「択法覚支」は、修行法と梵行の両方の立場があります。

以上のように分けられますね。

それで、これは、七覚支法だけのことかというと、そうではありません。成仏法すべてに当てはまるのです。ただ、その比率が、修行法と梵行とが、半々の割合でできている場合もあれば、七対三、六対四、というようになっている場合もあり、一律ではありません。しかし、必ず成仏法は、純然たる修行法と梵行から成り立っています。

これはいったいどういうわけでしょうか？

お釈迦さまは梵行を修行法に加えることにより、在家の者も出家者と同じく、解脱の成果を上げることができるようにされたのだ、とわたくしは思うわけです。このお釈迦さまのご工夫により、在家者も出家者と同じように、成仏できるようになったのだと思います。

といいますのは、梵行とはなにかというと、それは「徳を積む行」です。出家者は自分の修行をしながら、衆生を済度《さいど》する、指導をするというのが建前ですから、これは特に徳を積むという行をする必要がありません。出家者の生活そのものが徳を積む行をするようになっています。

しかし、在家者は、生活そのものが、徳を積むような仕組みにはなっていません。むしろ、徳を損ずるような方向に行きやすい。これを補正するためには、どうしても徳を積む仕組みを加えなければいけません。それが梵行なのです。

「念覚支」「定覚支」というような、純然たる技術としての修行法をいくらやっても、それだけでは成仏はできないのです。徳がなければ、どれほど技術としての修行法をマスターしても、成仏はできません。いや、第一、徳がなかったならば、その技術としての修行法をマスターすることができないのです。必ず、中途で挫折します。

時々、わたくしのところへ、超能力の修行法を求めてくる人がいます。求聞持法《ぐもんじほう》あるいは「念力の護摩」を体得したいということでやってくるわけです。あるいは霊視力、霊感などを持ちたいといいます。わたくしの門人になって、一、二年の間、法を修めれば、そういう超能力が得られる、と思っているわけです。

ところが、そういう人たちにわたくしがやれというのは、仏舎利宝珠尊解脱宝生行（以下、解脱宝生行）です。そして、チラシまき、便所掃除、下足番をやれといいます。それで、ちょっとやってみて、すぐに、

「なんだバカバカしい。こんなことで超能力なんてものが身につくはずがない。もっとほかに良

い修行法があるに違いない」
と飛び出して、「秘法」を求めて、あっちこっちを転々として歩くわけです。
よろしいですか。

どれほど高度の修行法があっても、修行法で成仏するのではないのです。「徳」で成仏するのです。修行法で修行して成仏力を身につけるのには、どうしても徳がなければなりません。徳がなかったならば、修行法そのものにさえ、ご縁がいただけません。

解脱宝生行は、お釈迦さまの成仏法・七科三十七道品にのっとったものですから、これも修行法と梵行から成り立っています。解脱宝生行には勤行だけでなく、梵行や心解脱行や先祖供養も含まれているのですが、この解脱宝生行で、身見・疑惑・戒取・欲貪・瞋恚の五下分結は必ず切れます。復習になりますが五下分結の各意味について次に挙げましょう。

（1）身見

これには二つの意味があります。一つはアートマン（我《が》）という常住不変の自我が実在していると考えることです。インドのバラモン教では、永遠不滅のアートマンという自我が実在し、そのアートマンが輪廻転生すると考えていました。しかし、お釈迦さまは永遠不滅の「我」などはなく、五陰《ごおん》が因縁によって仮合《けごう》することによって、現在の自分が仮に存在するのだと説かれました。

もしも、永遠不滅の実体があるとするならば、苦も実在となります。したがって、誰も苦しみから逃れることなどできません。全てが因縁仮合の存在だからこそ、運命を変え、因縁を断ち、苦しみを除くことができるのです。要するに、身見とは因縁の道理、因縁仮合の法則を理解しない煩悩です。

そのように身見は因縁の道理や因縁仮合の法則を理解しない煩悩ですが、この煩悩があるために、人間はなにかにつけてわが身を中心に考えて行動します。この自己中心的な考え、仏教の術語でいえば「我執《がしゅう》」「我慢《がまん》」の心が、もう一つの身見なのです。

（2）疑惑

なんにでも疑い迷う人がいますが、これは世間的なことへの疑惑ではなく、お釈迦さまの正しい教法に対して疑い惑うことです。

（3）戒取

戒取とは、仏陀の正しい教法を理解せず、あるいは理解しようとせず、それ以外の道徳や仏教以外の宗教を「絶対に正しい」と信じて固執することです。因縁を解脱して涅槃に至る、というお釈迦さまの教法に勝る宗教は絶対にない。それを知らず、知ろうとせず、低級な宗教や信仰・道徳に固執する態度、これが戒取です。

（4）欲貪

色《しき》・声《しょう》・香《こう》・味《み》・触《そく》の五欲をもとにした、婬欲・食欲・睡眠欲（怠惰）など、卑しい低級な本能に基づく、欲の貪りです。

（5）瞋恚

これは、怒りです。しかし、単に腹を立てるといった感情的なものではなく、思いどおりにならないことすべてに怒りを発する、「愚癡《ぐち》」の心です。要するに瞋恚とは、因縁果報の道理に暗い、愚癡の心から生じる「いかり」なのです。

解脱宝生行を行うならば、以上の五下分結が切れて、阿那含にまで到達することができます。しかしそれには、修行法とともにしっかり梵行をやって、徳を積んでいかなければならないのです。

徳なくして、どうして成仏ができるでしょうか。そもそも、仏さまのことをなんと申し上げるか？

「万徳円満」というではありませんか、すべての徳が完全に備わっている、というのです。成仏というのは、その仏に等しくなることです。徳なくして、どうしてそれができるでしょうか。梵行こそ、それを可能にするただ一つの道です。

修行法に梵行を加えたことにより、お釈迦さまは、在家の者にも広く成仏への道を開かれたのであり、大乗仏教の人たちがよくいうように、決してお釈迦さまの仏教は「出家仏教」ではないのです。出家・在家を問わず、すべてを解脱へ到達せしめる。それが真のお釈迦さまの仏教なのです。このことをよく理解していただきたい。

＊1――色天・欲界・色界　仏教の世界観で、解脱を得ていない衆生が往来・止住する三つの迷いの世界を三界といい、欲界・色界・無色界からなる。欲界は最も下にあり、婬欲・貪欲の二つの欲を有する生き物の住むところで、この世界の衆生は地獄・餓鬼・畜生・修羅・人・欲天（六欲天）に分けられる。色界は欲界の上にあり、婬欲と貪欲とを離れた生き物である色天が住む世界で、清らかな物質（色）からなるので色界と呼ぶ。色天は下から初禅天、第二禅天、第三禅天、第四禅天の階層になっており、さらに分けると十七天に区分される。無色界は物質を超えた精神世界で無色天が住する。

＊2――中有　意識を持つ生き物が死の瞬間（死有《しう》）から次の生を受ける（生有《しょうう》）までの間の時期。中陰《ちゅういん》・中蘊《ちゅううん》ともいう。

◉雑阿含経・七道品経・果報経・七種果経［全文］

如是我聞。一時仏住舎衛国祇樹給孤独園。時有異比丘。来詣仏所稽首礼足。退坐一面。白仏言。世尊謂覚分。世尊。云何為覚分。仏告比丘。所謂覚分者。謂七道品法。然諸比丘七覚分漸次而起。修習満足。異比丘白仏。世尊。云何覚分漸次而起。修習満足仏告比丘。若比丘内身身観住。彼内身身観住時。摂心繋念不忘。彼当爾時念覚分方便修習。方便修習念覚分已。修習満足。満足念覚分已。於法選択。分別思量。当於爾時。修択法覚分方便。修方便已修習満足。如是乃至捨覚分修習満足。如内身身観念住。如是外身。内外身。受心法法観念住。当於爾時。専心繋念不忘。乃至捨覚分亦如是説。如是住者。漸次覚分起。漸次起已修習満足。仏説此経已。諸比丘聞仏所説。歓喜奉行（『七道品経』）

如是我聞。一時仏住舎衛国祇樹給孤独園。爾時世尊告諸比丘。所謂覚分何等為覚分。諸比丘白仏。世尊是法根法眼法依。唯願為説。諸比丘聞已。当受奉行。仏告諸比丘比丘尼。七覚分者謂七道品法。諸比丘。此七覚分漸次起。漸次起已。修習満足。諸比丘白仏。云何七覚分漸次起。漸次起已。修習満足。若比丘身身観念住。彼身身観念住已。専心繋念不忘。当於爾時。方便修念覚分。方便修念覚分已。修習満足。謂修念覚分已。於法選択。当於爾時。修択法覚分方便修択法覚分方便已。修習満足。如是精進・喜・猗・定・捨覚分。亦如是説。如内身。如是外身。内外身。受心法法観念住。専心繋念不忘。当於爾時。方便修念覚分。方便修念覚分已。修習満足。乃至捨覚分。亦如是説。是名比丘七覚分漸次起。漸次起已。修習満足仏説此経已。諸比丘聞仏所説。歓喜奉行（『七道品経』）

如是我聞。一時仏住舎衛国祇樹給孤独園。爾時世尊告彼比丘。如上差別者。若比丘如是修習七覚分已。当得二種果。現法得漏尽無余涅槃。或得阿那含果。仏説此経已。諸比丘。聞仏所説。歓喜奉行（『果報経』）

如是我聞。一時仏住舎衛国祇樹給孤独園。如上説。差別者。如是比丘修習七覚分已。多修習已。得四種果。四種福利。何等為四。謂須陀洹果。斯陀含果。阿那含果。阿羅漢果。仏説此経已。異比丘聞仏所説。歓喜奉行（『果報経』）

如是我聞。一時仏住舎衛国祇樹給孤独園。如上説。差別者。若比丘修習七覚分。多修習已。当得七種果。七種福利。何等為七。是比丘得現法智証楽。若命終時。若不得現法智証楽。及命終時。而得五下分結尽。中般涅槃。若不得中般涅槃。而得生般涅槃。若不得生般涅槃。而得無行般涅槃。若不得無行般涅槃。而得有行般涅槃。若不得有行般涅槃。而得上流般涅槃。仏説此経已。異比丘聞仏所説。歓喜奉行（『七種果経』）

あとがきにかえて

この『仏陀の真実の教えを説く〔下〕』に収録の「阿含経講義」は、阿含宗開祖・桐山靖雄大僧正が「アゴン・マガジン」（阿含宗出版部）六十七号から八十七号に連載されたもので、最後に掲載されている『七道品経』『果報経』『七種果経』のご講義が、ご遺稿となりました。

桐山靖雄大僧正は観音信仰から宗教の道へと入り、『法華経』の研鑽を経て、教えの限界を悟って密教を修め、最終的には仏陀釈尊の教法を伝える唯一の経典「阿含経」へと至り、そこにのみ説かれる成仏法を実践して、因縁解脱を果たされました。そして一九七八年に阿含宗を立宗し、多くの人を正法によって教化しながら、仏勅に基づいて、仏都である京都に阿含宗本山総本殿・釈迦山大菩提寺を建立されました。

また、「恒久的な世界平和実現」との目標を掲げ、日本だけではなく世界各地で正法に基づく阿含宗独自の護摩法要を営み、世界平和を祈念し、また先の大戦で不幸にして犠牲となられた人々のお霊を供養して、成仏への道を開かれました。

九十歳を越えてもなお歩みはやまず、二〇一六年八月末に無余依涅槃に入られるまで、布教伝道と世界平和祈念の旅を続けられました。まさに釈迦牟尼世尊を彷彿とさせます。

ご著書『輪廻する葦』（平河出版社）には、次のような文章が記されております。

わたくしが、阿含経を最も（いや唯一の）尊いお経であるとして阿含宗を立てたのは、ただたんに、阿含経が釈尊のじっさいにお説きになられたただ一つのお経だからという単純な理由からではないということである。

つまり、釈尊直説のただ一つのお経だから阿含経が最も尊いお経なのだ、というのではない。もっとほかに重大な理由があるからだ、ということである。

これまでにあげた諸先生がたの論説は、阿含経こそがただ一つ、釈尊の説法を集録した尊いお経であるというものであった。それはじつに貴重な学問的業績である。わたくしは、これら諸先生の説かれるところによって、阿含経にたいする眼がひらかれたのである。しかし、ただそれだけのことで、わたくしが、阿含宗を立てて、身命を賭《と》して阿含経をひろめようと決心したのではないのである。もっと重大な、そして決定的な理由があったからである。

それはなにか？

「あらゆるお経の中で、ただ一つ、阿含経にだけ、成仏法があるからだ」

これがその答えである。

わたくしは、阿含経を読み、研究するだけではなく、阿含経を修行して、この事実をつかんだ。阿含経を実修して、この事実を体得した。これが、わたくしをして、身命をなげうって阿含経を世に弘めなければならぬと決心させた決定的な理由なのである。

なぜならば、成仏法あってこそ、はじめて仏教は人を救うことができ、世の中をよくすることができるのである。成仏法のない仏教などというものは、仏教ではないのである。成仏法あってこそ、はじめて、仏教は仏教たり得るのである。成仏法のない仏教など、仏教とはいえないのであって、どんなに理論的に高遠なことを説き、どんなにごりやくをうたっても、仏教の価値はそんなところにあるのではないのである。

成仏法によって、ひとは業《カルマ》を断ち、解脱して成仏《ニルヴァーナ》にいたることができるのである。釈尊の教えられる成仏法は、ひとのカルマを断って成仏させ、世の中のカルマを断って社会を浄化する。それだからこそ、仏教は尊いのだ。成仏法によってこそそれができるのであり、成仏法なくしては不可能である。

釈尊直説の阿含経にのみ、その成仏法がある。だからこそ、阿含経が尊いのである。釈尊がお説きになったただ一つのお経だから阿含経が尊いのではないのだ。成仏法があるから、阿含経は尊いのだ。成仏法がなかったら、たとえ釈尊がお説きになったどんなお経でも、わたくしは価値をみとめない。とりあげない。たとえ門前の小僧、八百屋の小僧が書いたお経でも、そこに成仏法が書かれていたら、わたくしは唯一無二の聖典として、ひざまずき、おしいただく。ここのところをまちがってはいけない。


桐山靖雄大僧正のこの思いは、本書を含めた『仏陀の真実の教えを説く』全三巻に貫かれております。『仏陀の真実の教えを説く』シリーズは単なる「阿含経」の経文解説ではなく、全人類そして死者のお霊をも救済する唯一の法である、「成仏法」の講義録です。その点において本シリーズは、仏教学者などの手による他の「阿含経」の現代語訳や解説書とは全く次元を異にしており、まさしく血の通った成仏法のテキストといえます。その根底には、成仏法によって全ての衆生を救い、世界のカルマを断って、「真の恒久的な平和」を実現する、という桐山靖雄大僧正の強い意志が込められています。

仏道には確かに深遠なる「教え」が伴われますが、しかし、それは単なる概念の遊戯でもなければ、思考のみの哲学でもありません。成仏法という「法」を実践して、因縁とカルマを断つための補助であり、理論的な裏づけとなるのが、その「教え」なのです。したがって「教え」だけでは、本当の仏教とはなり得ません。

「どうか、全ての人が〝成仏法〟を実践し、自らの業・因縁を断ち、また世界を覆う業・因縁を断って、真の幸福を勝ち得てほしい」

という桐山靖雄大僧正の生涯をかけた真摯なる祈りを胸に、本書を熟読いただければ、あなたにも必ず〝因縁解脱＝成仏〟という、最高の幸福への道が開かれることでしょう。

二〇一八年九月吉日

阿含宗教学部

引用・参考文献

『大正新脩大蔵経』大蔵出版
『国訳一切経』大東出版社
『佛教語大辞典』中村元著・東京書籍
『現代語訳「阿含経典」長阿含経』平河出版社

● 桐山靖雄（きりやま・せいゆう）

阿含宗開祖、中国・国立北京大学名誉教授、中国・国立北京外国語大学名誉教授、中国・国立中山大学名誉教授、中国・国立佛学院（仏教大学）名誉教授、モンゴル国立大学学術名誉教授・名誉哲学博士、モンゴル科学アカデミー名誉哲学博士、チベット仏教ニンマ派仏教大学名誉学長・客員教授、タイ王国・国立タマサート大学ジャーナリズム・マスコミュニケーション学名誉博士、サンフランシスコ大学終身名誉理事、ロンドン大学SOAS名誉フェロー、スリランカ仏教シャム派名誉大僧正、チベット仏教界・ミャンマー仏教界から最高の僧位・法号を授与、ブータン仏教界から法脈相承・秘法皆伝　法号「ンガワン・ゲルツェン（王者の説法をする仏法守護者）」授与、中国国際気功研究中心会長（北京）、ダッチ・トゥリートクラブ名誉会員（ニューヨーク）、日本棋院名誉九段、中国棋院名誉副主席、二〇一六年入滅。

主たる著書『密教・超能力の秘密』『密教・超能力のカリキュラム』『密教占星術Ⅰ・Ⅱ』『説法六十心1・2』『チャンネルをまわせ』『密教誕生』『人間改造の原理と方法』『阿含密教いま』『守護霊を持て』『続・守護霊を持て』『龍神が翔ぶ』『霊障を解く』『一九九九年カルマと霊障からの脱出』『間脳思考』『心のしおり』『愛のために智恵を智恵のために愛を』『末世成仏本尊経講義』『守護霊の系譜』『一九九九年地球壊滅』『守護仏の奇蹟』『求聞持聡明法秘伝』『さあ、やるぞかならず勝つ①～⑫』『仏陀の法』『守護霊が持てる冥徳供養』『密教占星術入門』『人は輪廻転生するか』『君は誰れの輪廻転生か』『般若心経瞑想法』『一九九九年七の月が来る』『オウム真理教と阿含宗』『阿含仏教・超能力の秘密』『脳と心の革命瞑想』『阿含仏教・超奇蹟の秘密』『社会科学としての阿含仏教』『「止観」の源流としての阿含仏教』『一九九九年七の月よ、さらば』『21世紀は智慧の時代』『21st Century: The Age of Sophia』『You Have Been Here Before:Reincarnation』『ニューヨークより世界に向けて発信す』『THE WISDOM OF THE GOMA FIRE CEREMONY』『The Marvel of Spiritual Transformation』『実践般若心経瞑想法』『変身の原理』『幸福への原理』『守護神を持て』『仏陀の真実の教えを説く上・中』『あなたの人生をナビゲーション』『輪廻転生瞑想法Ⅰ・Ⅱ・Ⅲ』『実践輪廻転生瞑想法Ⅰ・Ⅱ・Ⅲ』『美しい人になる心のメッセージ』『新装版　輪廻する葦』（以上平河出版社）、『アラディンの魔法のランプ』（阿含宗出版社）、『念力』『超脳思考をめざせ』（徳間書店）、『密教入門―求聞持聡明法の秘密』（角川選書）など。

●連絡先——阿含宗に関するご質問・お問い合わせは左記まで

●阿含宗本山・釈迦山大菩提寺　京都市山科区北花山大峰町

関東別院　〒108-8318 東京都港区三田四—一四—一五——TEL（〇三）三七六九—一九三一

関西総本部　〒605-0031 京都市東山区三条通り神宮道上ル——TEL（〇七五）七六一—一一四一

北海道本部　〒004-0053 札幌市厚別区厚別中央三条三丁目——TEL（〇一一）八九二—九八九一

東北本部　〒984-0051 仙台市若林区新寺一—三—一——TEL（〇二二）二九九—五五七一

東海本部　〒460-0017 名古屋市中区松原三—一三—二五——TEL（〇五二）三二四—五五五〇

北陸本部　〒920-0902 金沢市尾張町二—一一—二二——TEL（〇七六）二二四—二六六六

九州本部　〒812-0041 福岡市博多区吉塚五—六—三五——TEL（〇九二）六一一—六九〇一

大阪道場　〒531-0072 大阪市北区豊崎三—八—一〇——TEL（〇六）六三七六—二七二五

神戸道場　〒651-0084 神戸市中央区磯辺通り二—一—一二——TEL（〇七八）二三一—五一五二

広島道場　〒733-0002 広島市西区楠木町一—一三—二六——TEL（〇八二）二九三—一六〇〇

横浜道場　〒231-0012 横浜市中区相生町四—七五　JTB・YN馬車道ビル五階・六階——TEL（〇四五）六五〇—二〇五一

沖縄道場　〒900-0031 那覇市若狭一—一〇—九——TEL（〇九八）八六三—八七四三

●インターネットで阿含宗を紹介——阿含宗ホームページ　http://www.agon.org/

仏陀の真実の教えを説く［下］　――阿含経講義――

二〇一八年十月十四日　第一版第一刷発行

著者――桐山靖雄

発行者――和田尚子

発行所――株式会社平河出版社
〒108-0073 東京都港区三田三-四-八　電話〇三(三四五四)四八八五　ＦＡＸ〇三(五四八四)一六六〇
郵便振替〇〇一一〇-四-一一七三二四

印刷所――凸版印刷株式会社

用紙店――中庄株式会社

ISBN978-4-89203-351-3 C0015

http://www.hirakawa-shuppan.co.jp

●阿含経講義●

仏陀の真実の教えを説く

上

阿含宗開祖
桐山靖雄 著

定価（本体2000円+税）
ISBN978-4-89203-333-9

いかに生きるべきか

仏陀の真実の教えは「阿含経」の中にある。その「阿含経」の中から特に重要な経典を選び、懇切丁寧に解説。

仏陀の説かれた霊魂観、死生観、輪廻転生観が、ここに明確に示される。

「阿含経」の中から修行実践でとくに重要な経典をわかりやすく講義する。漢訳原典、読下し、現代語訳で構成。

◆目次より〔上巻〕

雑阿含経 一切事経
——在家成仏を説くお経

雑阿含経 応説経
——唯一の成仏法、七科三十七道品

雑阿含経 自軽経
——来世は日々の修行によって決定する

雑阿含経 申恕林経
——如来は成仏に役立つ道のみを説く

雑阿含経 出家経
——煩悩と業からの解脱

雑阿含経 仙尼経
——仏教の業報輪廻の思想

雑阿含経 無知経
——お釈迦さまの死生観・輪廻転生観

増一阿含経 善聚品
——輪廻転生を断つ五根法

雑阿含経 分別経
——梵行と特殊な修行からなる成仏法

雑阿含経 向経
——空しく終わらない五根法の功徳

平河出版社

●阿含経講義●

仏陀の真実の教えを説く

中

阿含宗開祖
桐山靖雄 著

ブッダと歩む！

シャカの声や姿を
原初のままに伝えている「阿含経」。
仏陀の真実の教えを知ることにより、
あなたの人生観・世界観は変わる。

定価（本体2500円+税）
ISBN978-4-89203-339-1

「阿含経」の中から修行実践で
とくに重要な経典をわかりやすく講義する。
漢訳原典、読下し、現代語訳で構成。

◆目次より〔中巻〕

中阿含経 七宝経
——地球救済の予言経
増一阿含経 五戒品・有無品
——財施は尽きても法施は尽きず
増一阿含経 三供養品
——運命を転換する下根の成仏法
増一阿含経 等見品
——因縁因果の法則を超越する成仏法
雑阿含経 母乳経
——人間は輪廻転生する存在
雑阿含経 堕胎経
——罪業に苦しむ悲惨な霊体
雑阿含経 百槍経
——苦集滅道の悟りを得よ
中阿含経 貧窮経
——世俗の貧者と仏道上の貧者
増一阿含経 有無品
——止の瞑想で如来と一体になる

平河出版社